教育部产学合作协同育人项目"翻译案例教学与职业能力培养研究"
华侨大学研究生教改项目"MTI商务翻译case study案例库"（18YJG30）
福建省社会科学规划2019年一般项目(FJ2019B149)
福建省高校人文社会科学研究基地"中外文学与翻译研究中心"

商务翻译的
案例教学与研究

BUSINESS
TRANSLATION

陈恒汉 ◎ 著

中国国际广播出版社

图书在版编目（CIP）数据

商务翻译的案例教学与研究／陈恒汉著 . —北京：
中国国际广播出版社，2020.8
ISBN 978-7-5078-4729-1

Ⅰ.①商… Ⅱ.①陈… Ⅲ.①商务—英语—翻译—教
学研究—高等学校 Ⅳ.①F7

中国版本图书馆 CIP 数据核字（2020）第 159061 号

商务翻译的案例教学与研究

著　　者	陈恒汉	
责任编辑	笑学婧	
装帧设计	顽瞳书衣	
责任校对	有　森	

出版发行	中国国际广播出版社 ［010-83139469 010-83139489（传真）］	
社　　址	北京市西城区天宁寺前街 2 号北院 A 座一层	
	邮编：100055	
网　　址	www. chirp. com. cn	
经　　销	新华书店	
印　　刷	天津雅泽印刷有限公司	

开　　本	710×1000　1/16	
字　　数	225 千字	
印　　张	15. 75	
版　　次	2021 年 3 月　北京第一版	
印　　次	2021 年 3 月　第 1 次印刷	
定　　价	65. 00 元	

CRJ 中国国际广播出版社　欢迎关注本社新浪官方微博　官方网站 www.chirp.cn

目　录

Contents

前　言

　　本书探讨商务翻译的案例教学与研究，旨在把管理、法学、医学等相关专业（如 MBA 等专业学位）已经相对发展成熟的案例法，移植到商务翻译的教学与研究上，主要内容基于案例分析进行翻译策略的探讨，强调在具体翻译实践和实例中学习提升翻译水平。著作从讨论其适用性开始，通过商务口笔译不同场景或话题的案例展开，探讨案例中翻译错误的产生原因，并对翻译策略进行总结归纳，从而提升商务口笔译能力。

　　翻译不仅牵涉信息的吸收和输入，也和信息的有效表达与输出息息相关。传统的翻译教学一般强调通过系列的知识讲解，教会学生相关的翻译方法，重视理论输入而忽视技巧输出，这样做的结果往往与翻译的人才培养目标背道而驰。因此，本书强调学习一手或二手的案例来加强产出实践，让学生从别人的翻译中得到启发，也重视学生自身的实践经验，通过对翻译实例的探索获得经验，这符合翻译学习的客观规律，有利于实现翻译能力的提升。

　　商务活动的主要领域，也是商务翻译能力的训练重点，是未来学生就业的岗位所在。因此，我们把商务口笔译案例探讨、翻译策略分析及翻译能力建构分为 15 个主要案例，并围绕这些场景进行相关的教学研究和策略讨论。商务笔译案例分析和策略研究主要涵盖的话题分为九大模块，包括企业简介、商标品牌、公司网站、产品描述、广告策划、合同协议、外贸单证、信函邮件和商务报告等环节，而商务口译案例分析和策略研究的主要话题分为六大模块，包括餐饮接待、游览参观、会议传译、营销推广、贸易谈判和人机协作等场景。基于这 15 个单元模块的口笔译案例分析和翻译策略讨论，串起来基本上就能贯穿国际商务和经济贸易的主要场景。

本书力求选材全面，讨论详细，从各个层面剖析商务翻译的相关策略，并把实践案例的探讨和翻译常用的理论框架、研究成果等结合起来，使其具有相应的实用性和针对性，主要面向高校英语语言文学和翻译专业的本科生及研究生，尤其是 BTI、MTI 专业学位课程的学习者，对从事语言专业、翻译专业教研的教师或研究者，也有一定的参考价值。

第一章　商务翻译课程中的案例应用

　　案例教学有广义和狭义之分，广义上可以指各种互动式的、用故事说理的教学方法，狭义的则是现在我们常说的"案例教学法"——哈佛式的案例教学，即使用事先写好的案例，组织、引导学员讨论，从中学习知识，锻炼能力。

　　19世纪70年代，美国哈佛大学法学院院长朗代尔首先提出案例法（case method），由其编著的《合同法案例》是世界上第一本采用案例教学的教科书。1880年后，哈佛开发完成案例分析法（Case Analysis Method），用于培养高级经理和管理精英的教育实践，后被许多公司借鉴使用，成为一种培养公司企业得力员工的重要方法。1918年，这种教学方法被正式称为"案例教学"，近代案例教学的研究便由此开始。1920年以后，哈佛商学院倡导运用案例教学法，该学院院长华莱士·B.汤哈姆于1921年出版了第一本案例集。此后，案例教学受到了美国教育界的重视与支持，被引入各个领域和学科的教学与研究。

　　案例（case）也称为个案、事例或实例，最早应用于医学领域，后来广泛运用于法学、管理学、军事学、教育学等学科。所谓案例研究（case study，境外也称之为个案研究），是指将已经发生或将来可能发生的问题作为个案形式让学习者分析和研究，并提出各种解决问题的方案，从而提高学习者解决实际问题能力的一种教学方法。

　　商务英语是英语的一种社会功能变体，是专门用途英语（English for

Special Purpose，ESP）中的一个分支，因此，商务翻译所要处理的题材实质上就是商务活动与英语语言的结合。商务笔译就是书面翻译在商务场合中的应用，涉及企业简介、商标品牌、公司网站、产品描述、广告策划、合同协议、外贸单证、信函邮件及商务报告等。商务口译就是口头翻译在商务场合中的应用，包括餐饮接待、游览参观、会议传译、营销推广、贸易谈判及人机协作等。基于这 15 个单元模块的口笔译案例分析和翻译策略讨论，串起来基本上就能贯穿国际商务和经济贸易的主要场景。

案例教学法寓原理于讨论之中，重在讨论过程，通过案例透视，体现因材施教，能够调动学生学习积极性，充分凸显学生是案例教学过程的主体，所学知识可操作性强。案例教学法的优势主要体现在：它是一种问题探究式教学法，能够激发学生的学习兴趣，促进学生学习的主动性，引导学生思考与交流，提高教学质量与效率。同时，案例法将理论与实践紧密地结合起来，强化学科专业能力，能使学生的思维得以开发，思路得以拓展，掌握团队合作技巧，提升理解分析能力，从而提高利用知识解决实际问题的能力。

目前，案例教学法作为一种新型的教学方法不仅在美国备受推崇，也逐渐涉及美国以外的其他国家。案例教学被应用于医学、法学，随后被推广到经济学、社会学等多种学科，受到学生的普遍欢迎，使得语言和翻译课程的案例研究也日益受到关注。

第一节　案例分析法研究综述

一、国内外研究溯源

在西方，案例教学法可追溯到古希腊、罗马时代，古希腊著名哲学家苏格拉底主要采用对话式、讨论式、启发式的教育方法，通过向学生提问，不断揭示对方回答中的矛盾所在，以引导学生总结出一般性结论。苏格拉底的学生柏拉图将这种一问一答编辑成书，以故事的形式说明道理，开辟了西方案例教学的先河。我们现在所说的"案例教学法"主要指由哈佛大学法学院前院长提出的一种教学方法。1918 年，这种教学方法被正式称为"案例教学"，近代案例法的教学和研究便由此开始。1920 年以后，案例教学受到了美国教育界的重视与支持，被引入哈佛商学院，同时应用于医学院、法学院，随后被应用到经济学、社会学等多种学科并广泛受到学生欢迎。作为一种新型的教学方法，案例法也在美国以外的其他国家广受欢迎。各国虽然引进、开展的时间不长，但在大学教学，特别是在管理学、法学等领域中已引起了普遍重视。

在我国，案例教学法可探寻到春秋战国时代，我们所熟知的成语、寓言故事，以及《春秋》《史记》等大量以"案例"说明道理的经典名作都是对今天的案例教学法的最好证明。我国现代的案例教学法是 1979 年由工商行政代表团从美国引入的。据中国知网、维普网、万方数据平台统计，国内最早发表的关于案例教学法的文章是谢敬中的《案例教学法简介》，刊登于 1983 年第 6 期《成人教育》。1991 年，中国开始试点工商管理硕士（MBA）教育，案例教学法才开始在我国管理学领域逐渐展开。受到教育界的广泛关注后，案例教学也逐渐被应用于地理、政治等学科的教学中。鉴于这一教学模式获得的卓越成效和一致好评，案例教学法随后被广泛推广至更多领域、更加具体的学科教学中，如一些有关护理学、审计学乃至远程教育的课程中。案例教学法的影响逐渐波及法学、医学等领域，尤其是相关专业培养应用型人才的硕士专业学位（professional degree），如法律硕士（JM）、医学硕士、公共管理硕士（MPA）、教育硕士等。

二、案例分析法的概念界定

在目前的相关研究文献中，以下几种对案例教学的界定比较具有代表性，重要包括：

（1）案例教学法是一种运用典型案例，将真实生活引入学习之中，"模仿真实生活中的职业情境"，创作"剧情说明书"用来做详细的检查、分析和理解，帮助学习者掌握像从业人员那样思考和行动的教学方法。①

（2）案例教学法是指教学者使用案例，以团体和小组讨论、角色扮演等方式来增进成员间的交流，引发学习者的思考，并给予成员真实状况学习的一种教学方法。②

（3）案例教学法是在教师的指导之下，通过对一系列具体案例情境的描述，引导学生对这些案例情境进行分析讨论、归纳总结，从而得出结论的一种教学方法。③

（4）案例教学法是指教师根据教学目标和内容要求，精心收集、策划、设计案例，将学生置于特定情景之中，通过学生之间或师生之间的互动，引导学生对案例进行深入分析、广泛讨论和交流，借以提高学生发现问题、分析问题和解决问题的能力，同时培养学生的沟通协调能力、创新能力和团队协作精神的一种开放式教学模式。④

应该说，这些定义大都基于研究者不同的研究出发点和学科背景，但都大同小异，其核心就是通过把实际工作中出现的问题作为案例，交给受训学员进行研究分析，从而培养学员的学习观察能力、分析判断能力、解决问题及执行业务的能力等，因此往往应用到培训新进员工、管理干部、后备人员等，能够快速提高其综合素质。通过案例对学员进行培训，能培养学员树立良好的人际关系，提高其解决问题的能力，也能增强团队的凝聚力，加深学员对团队各项业务的了解。

三、案例教学的特殊之处

案例教学法是以教学案例为基础，通过对案例的思考与讨论，使学生的潜能被激发并可获得相关知识的一种教学方法。作为一种卓有成效的教

---

① 陈谭，程瑛. Seminar 教学法、案例教学法及其课堂教学模型构建 [J]. 湖南师范大学教育科学学报，2004（4）：57-59.

② 武亚军，孙轶. 中国情境下的哈佛案例教学法：多案例比较研究 [J]. 新华文摘，2010（9）：130-135.

③ 王玉西. 探索案例教学法在翻译硕士专业教学中的应用 [J]. 中国翻译. 2012（4）：41-44.

④ 刘红梅. 任务驱动式案例教学法的构建与应用 [J]. 教学研究. 2016（4）：71-73.

学方法，案例教学法已受到国内外教育界人士的青睐，该方法尤其适用于工商管理、法学、医学等实践性较强的学科领域。将兼具较强实践性与实用性的案例教学模式迁移至语言课程教学中，既可丰富完善语言能力和技巧的训练，促进应用能力的进一步成熟，又有助于培养更高层次的应用型外语人才或翻译人才，以满足社会发展需要。

与一般的教学方法相比，案例教学的特殊之处主要表现在以下几个方面。

（一）案例法与一般教学方法相比教学目的不同

案例教学法是给学生列举一个或多个具有鲜明特点的、与所学知识息息相关的典型例子，使学生对案例进行阅读、理解、分析、思考和探讨，以便在头脑中形成独立的思维逻辑和分析问题的方法。这种方式可以使学生不断对自己的思维逻辑进行调整和完善，可以使学生达到周密分析问题、妥善处理问题的能力。在实际案例操作过程中提升翻译灵敏度，随着实际情况的变化而变化。

（二）与一般教学方法相比教学过程不同

一般教学方法的过程主要是先由教师讲授知识要点，学生在课上被动接受，最后再完成课后作业这几个步骤组成，传统的教学方法并不重视学生的课前预习和课堂上的案例分析和讨论。而案例教学法则要求学生成为课堂的主体，教师要做的只是相应的正确引导。通过学生自主研究学习使得相关翻译内容记忆更加深刻，提升个人翻译水准。

（三）与一般的教学方法相比教学材料不同

传统的教学方法要求学生主要掌握课本知识，也就是所谓的"应试教育"，而案例教学法则是以生活中的实际案例材料为主，这能使学生脱离课本，通过分析案例材料掌握原本"死性"的知识，并且使这些知识的实用性能大大增强。通过接触内容的实际可操作性加强译者的材料敏感度，使之遇到相关内容可以迅速反应。

由此可见，案例教学法是提高课堂时间利用率的一大妙招，与其让学生在课堂上"昏昏欲睡"地听教师几十分钟直白的讲解，不如让学生成为课堂的主人，自主把握课堂节奏，掌握处理真实问题的能力。教师结合案例教学法举出的案例通常都是与社会热点问题密切相关的，将其与商务英语翻译的教学结合，能使学生更好地了解社会，为学生日后走出校园、步入社会打下良好的基础。

四、案例教学的主要优劣势

由于案例教学法首发于法学、管理学、医学等，被广泛关注后逐渐推广应用于教育学、经济学等应用型较强的学科教学中，这些专业大都以职业需求为目标，课程设置以实际应用为导向，以综合素养和应用知识与能力的提高为核心。教学内容强调理论性与应用性课程的有机结合，突出案例分析和实践研究。教学过程重视运用团队学习、案例分析、现场研究、模拟训练等方法，培养学生研究实践问题的意识和能力。

鉴于案例教学法获得的卓越成效和一致好评，这一教学模式日渐蔓延至更多领域、更加具体的学科教学中，甚至渗透到地理、政治等基础学科的教学中，很多专业学位教育更是对这种方法推崇备至。将案例教学法与商务英语翻译的讲授相结合，使学生通过教师举出的实际例子来感受商务翻译的工作环境和氛围，能把学生带入商务翻译的实践氛围中去，通过举实际例子来对相关问题进行具体分析，还能进行商务英语翻译的教学，还能进行相关模拟测试，教师通过虚拟"现实情况"，锻炼商务翻译人员处理突发问题的临场反应能力。应该说，没有什么能比让学生"设身处地"更为有效地提高学生的语言处理和应用能力的方法了。

案例教学法的优势主要集中体现在三个方面。首先，它是一种问题探究式教学法，引导学生思考与交流，立体透视案例，体现了因材施教，有助于提高教学质量与效率。其次，案例法重在讨论过程，寓原理于讨论之中，可以将理论与实践紧密地结合起来，强化学科专业能力、掌握团队合作技巧、提升理解分析能力，以及利用知识解决实际问题的能力。最后，教学当中引入案例分析法，使得学生成为案例教学过程的主体，不但能够激发学生的学习兴趣，促进学生学习的主动性，而且可以使学生的思维得以开发，思路得以拓展。

然而，案例法也有一定的劣势和不足之处，一方面，案例只是对典型问题的描述，因此学生据此获得的知识是零散的，缺乏系统性，加上案例库建设往往较为滞后，案例教学对于系统知识传授的局限性显而易见。另一方面，案例教学对学生是一种考验：被动变主动，有一定的难度深度；对教师也是一种挑战，要求教师业务素质优秀，课前准备充足，知识储备丰富，并具备相关的实践工作经验。

第二节　案例法在翻译课程中的适用性

一、案例教学法的主要特点

和案例教学的优劣势紧密相关，在教学过程中实施案例分析法，主要特点表现在三个方面，即创新性、挑战性和实践性，下面分别叙之。

（一）创新性

案例教学法是对教学模式、角色参与、教学内容的一种颠覆性创新。不仅改变了传统课堂模式中教师和学生固定的角色参与，让教师不只是信息的发出者，学生也不只是信息的接受者，而是成为彼此的信息交换者。同时教学内容对教师水平也提出了更高要求。"教师要从大量的实践材料中选择出合适的案例并且重新组织，用于学生讨论。如果没有非常恰当的案例，还需要自己动手编写。"①

———————————

① 李家春. 案例教学法在 MTI 笔译教学中的应用 [J]. 教育探索，2014 (11).

（二）挑战性

不论对传统的教学模式而言，还是对参与其中的师生而言，案例教学法的应用，无疑是一种挑战。案例材料的编写或者搜集，对案例的讲授与提问，营造良好的课堂讨论氛围，对教师的教学能力要求较高；而对案例的分析思考，需要学员提前掌握足够的理论知识，并灵活地将理论应用到对应的案例情境当中，进而发现问题并提出解决方案，对学员的综合能力要求较高。此外，案例教学并没有标准答案，讨论者需要从多角度探讨各类思路，并归纳总结出最符合实际需求的方案。

（三）实践性

案例教学法不同于传统的理论讲授方式，而是脱离课本，基于真实案例或情境分析的基础上实施教学。教学目的不再是为了应付考试，而是通过交流讨论，使学习者了解在实际情况中可能遇到的问题及相应的解决办法。相应的教学设计主要围绕"自主学习策略、协作学习策略"和"学习环境"两个方面进行。① 案例教学法提倡以学习者为中心，强调学生是学习过程的主体，注意在学习过程中发挥学生的主动性、积极性。

换句话说，案例教学最突出的特点就在于其教学目的明确，即在于培养学生实际分析问题和解决问题的能力。案例教学法符合人的认知规律，具有鲜明的实践性，能切实提高教师和学生的综合能力，这与商务翻译的课程目标不谋而合。

二、案例分析法在商务翻译课程中的适用性

随着全球化进程日益加深，当前国际形势对翻译人才的需求也日益扩大。作为专门培养高级口笔译人才的商务翻译课程，更应当紧跟时代发展，摒弃传统的应试教学模式，注重培养过程中的实践性和应用性。案例研究法可以让学习者清晰地观察课堂范围内的理论如何应用于现实生活中

---

① 蒋秀娟. 案例教学法与商务英语课堂［J］. 国际商务研究，2006（6）：57-60.

的情况，正是契合了这种不可替代的实用特点。

国外的案例教学法在第二语言教学中一般也应用于专门用途英语（English for Special Purpose，ESP）的教学以培养各种专业型英语人才，要更好地将案例教学法应用于商务翻译教学，必须充分了解案例教学法的定义及特点、操作流程、实施条件和研究意义。在此基础上，根据实际情境，对案例教学法进行相应的改进与优化，才能在教学过程中充分发挥案例教学法的优势，从而周密组织安排教学，指导学生欣赏（或阅读）；提出问题，引发学生分析；集体归纳，回归教学内容；总结评价，提升学习水平。①

实际上，商业英语教学中运用案例研究法的有效性已经为该领域众多研究者所证明。例如，韦斯特菲尔德（1989）指出了案例在一个有效的高质量计划中的必要性。博伊德（1991）认为它是"ESBP 最合适的教学模式"。彼得·达利（Peter Daly）在 2002 年发表了《案例教学法在商务英语教学中的应用》，就集中探讨了案例教学法在第二语言教学中的应用。②案例教学法注重培养实践能力，转变了教育理念，有助于提高学生的职业素养，培养学生独立思考、分析、推理问题的能力。帮助学生熟悉企业对翻译类型的需求及对译员的要求，使学生在今后的实习与就业中能够投其所好，少走弯路。

在教学评价方面，由于翻译文本没有唯一正确的答案，同一个案例可能有多种优秀的翻译版本。教师在评价小组讨论的过程中，需要强调的是翻译思路，而不是翻译结果。这一特点也与案例教学法的教学目标不谋而合。总体而言，在商务翻译教学中推进案例教学法的阻力是相对较小的。

三、我国实施案例教学的主要问题及建议

无论是借鉴国内还是国外的案例教学经验，我们所获得的不仅仅是教

---

① 郭凤广. 案例教学法的误区分析及实施例谈 [J]. 中国电化教育，2007（9）.

② Tatyana G. Beckisheva, Gayane A. Gasparyan, Natalia A. Kovalenko. Case Study as an Active Method of Teaching Business English [J]. Procedia, 2015.

学方法的改革，追本溯源，需要转变的是教学理念。从实践性、实用性角度考虑，案例教学法让学生广泛参与课堂讨论，重视其应用能力的培养，在商务翻译能力培养中具有不可替代的作用。但案例教学模式走进翻译课堂并不是要占据绝对主导地位，而是与传统授课方式相结合。刚开始可作为传统授课方式的补充，再循序渐进，扩大其实施比重和应用范围，以充分发挥案例教学的优势。将案例教学模式应用于商务翻译课堂教学中，可以优化翻译人才的培养方案，使课堂训练与社会、国家对人才的需要，甚至世界交流的需要相对接，培养更多高层次、应用型、懂实务的口笔译人才，满足时代发展需要，促进国家社会间的政治、经济、文化交流，具有十分重要的现实意义。

目前，我国案例分析教学存在的问题，主要是因为我国传统教育体制和模式的影响，并受到学生性格特点和学习模式等多方面的影响，商务英语教师的案例分析教学素养欠缺，实际工作技能不足，以及案例分析教学所需的软硬件环境有待提升等，都在一定程度上制约了案例教学的实践效果。因此，针对提升我国商务翻译课堂案例分析教学的应用，我们提出了以下建议：

首先，教师应该充分准备，充分运用现代化教学方式。多媒体、语料库、翻译工具的引进体现了案例教学的与时俱进，教师需要掌握这些翻译技术和翻译工具并充分利用发达的网络媒体，可以将案例讨论的一部分置于线上，这样可以节约时间，提高课堂效率，让学生在有限时间内得到更多收获。

其次，处理好系统理论讲授与案例教学的关系。在商务翻译的案例教学课堂上，教师要为学生提供一个真实的问题式的商务案例情境，学生要去思考、探讨、担当角色、分析问题、解决问题。除了引用真实的案例之外，案例也可以是教师根据教学需要自行设计的模拟案例，这类案例应以培养学生创新能力和实际翻译能力为主，加强引导，提高学生思考、分析能力。将案例教学与传统授课相结合，要求学生先消化翻译教材中的基本理论，在此基础上展开案例教学，综合运用各种教学方法，博采众长，兼容并包，培养理论功底深厚的实战性翻译人才。

最后，加强教师队伍建设，不断完善案例库。尽快培养或引进能够胜任案例教学法的具有丰富行业知识且阅历丰富的翻译师资，提高教师整体队伍的专业素养和实际应用能力。选择恰当典型的译文案例是翻译案例教学的关键所在，取材于真实工作的案例说服性强、更易提高学生的主动性、参与度，有效激励学生以及完善评价措施。实战经验丰富的职业翻译或教师也可以贡献自己的经验以丰富案例库。

综合上述分析，案例教学法在商务翻译教学中的应用前景广阔，发展空间巨大。当然，这个新兴领域还有很多不足之处有待探索与研究。展望今后的发展，将案例教学法融入商务翻译教学，并使其充分发挥作用，依然任重而道远，需要师生的共同努力，在不断的探索实践中积累经验。

四、案例教学法的实施条件

案例教学法之所以在我国推行速度较为缓慢，与其实施条件不够完备有着密切的关系。多年来，传统教学模式在我国一直占主导地位，因此，国内大环境也主要适应于传统教学模式，而案例教学法对基础设施、教学制度、教学管理、教学技术等都提出新的要求。然而，将兼具较强实践性与实用性的案例教学模式迁移至商务翻译教学中，可以丰富完善翻译教学的手段，促进其进一步成熟，亦有助于培养更高层次的应用型翻译人才，满足社会发展需要，这些实施条件的提升也是非常有价值的投入。下面，我们以哈佛商学院案例教学法的实施条件为例加以说明。

（一）基础设施方面

哈佛商学院有良好的环境设施支持满足案例教学的独特要求，比如，马蹄形的 Seminar 教室和阶梯形桌椅，这有利于案例教学的讨论环节的安排；室内良好的音响设计效果和吸音性；6~8 块记录板乃至可操作的电脑显示屏，以便于记录和总结，等等。这些基础设施的完善能为案例教学的顺利开展提供了基本保障。

（二）案例库建设支持方面

哈佛对案例编写投入了大量的经费，世界第一大案例中心的优秀案例库成了哈佛案例教学的关键技术支持。哈佛在案例的投入非常大，为1.5~5万美元/案例，同时案例编写可作为科研成果，以此激励编写人员。此外，哈佛案例每年增加300~400个，每年约更新1/3的案例，提供数量和质量的双重保证。每年的案例出售收入约为2500万美元，为案例库的开发和更新提供资金支持。

（三）教学制度方面

哈佛商学院制定了一系列的规则以确保教学效果，包括为教师提供事务性工作的服务，如秘书制、行政办公室；学员佩戴名牌；教学中强调核心价值，如尊重多样性、诚实；讨论规则，如防止搭便车、临时决定发言人，等等，制度的完善是案例教学效果实现的前提，也是案例教学可持续发展的有力支持。

（四）教学管理方面

在教学管理方面，配合案例实施的软硬件环境，哈佛商学院在案例教学方面对教师的要求也非常高，其授课教师多具有北美管理学教育背景，具有博士学历，需参加社会实践，有针对性地进行科研和教学；教师会成立课程小组进行教学研究和准备；有教授及专门人员进行案例编写，每学期都会进行学员、教务和同事的评估。

显然，由于我国国情所限，上述条件短期内很难得到充分的贯彻实现，这也是导致案例教学法难以在国内大范围成功推行的主要原因，加上高校扩招后学生基数大，每个班级的学生人数较多，学生水平参差不齐，这也使案例教学法的效果大打折扣。哈佛商学院案例教学的成功模式仍然可以提供我们一些改进国内教学环境的启发，虽然我们不一定要将其完全照搬，如在基础设施方面，为了推行案例教学法而大规模将现有的教学条件改变，不但会耗费大量的资源，也会影响正常的教学实施过程，但借用国外优秀的模式，适当调整教学制度，加大资金投入，用于提升案例质量和数量及教师自身的学习进修，或者用于吸引教学人才，对参与案例编写的教师实行鼓励和晋升制，以此逐步推进案例教学法的应用，服务于教学质量的全面提升，有着十分重要的现实意义。

第三节　翻译案例教研的规范流程

一、案例教学与研究的基本范式

案例研究的主要范式是将已经发生或将来可能发生的问题作为个案形式让学习者分析和研究，并提出各种解决问题的方案，从而提高学习者解决实际问题的能力。

在案例教学基本操作上，一般是由培训教员确定课程的计划，包括培训目的、实施方法、具体内容、对象范围、计划安排等，并从平常收集的资料中选择恰当的案例作为讨论的个案，个案的范围应视培训对象而定。

实施案例教学时教员向学员简单介绍个案研究法的背景、大意、特色、注意事项及预期效果等，以便学员对此有大概了解。然后让学员自我介绍，互相认识并熟悉，以培养一个友好、轻松的氛围。接着将学员分成几个小组，分发个案材料供其阅读熟悉，并且留出时间接受参加者对个案内容的质询。接着各组分别讨论研究个案，找出问题的症结所在、解决问题的策略，并挑选出最理想、最恰当的策略，最后再全体讨论解决问题的策略，由教员进行整理总结。

商务翻译是以实践为核心、以就业为导向的翻译专业人才培养的课程，不同于以往外语人才的培养模式在教育理念上偏重专业的学术性，对翻译的专业性的应用性重视不够的情况，该课程的教学改革要求突出"实践性与实用性"，而案例教学法最突出的特点就是实践性和实用性。这主要体现在三个方面，一是教学内容的实践性，二是教学过程的实战性，三是教学成果的实用性。由于案例教学法常常用于科学管理、风险投资、法学、医学等实践性较强的学科领域，在商务翻译专业教学中引入案例教学法，是对传统教学中存在的弊端进行大胆的改进尝试。

传统教学往往把外语专业等同于翻译专业，把外语人才误认为翻译人才，忽视了翻译专业人才的专门性和特殊性，忽略了对学生创新能力的培养与训练，这样的教学过程和效果，与教学目标相违背。引入案例教学法，注重翻译理论知识的实践讲述，在翻译技能上着重进行技巧的训练，能很好地解决这个问题。

二、案例教学法的操作流程

一般说来，案例教学法的操作流程可概括为三大核心步骤，即案例选编→案例讨论→归纳总结。因此，商务翻译课堂的案例教学法大致遵循以下三个阶段，即准备阶段、实施阶段和总结阶段，基本上覆盖了确定教学目标、案例选择、案例布置、案例陈述、案例讨论、撰写案例报告、教学评价和反馈等基本环节。

因此，案例教学法应用于商务翻译课程教学中主要聚焦几个基本环节：①案例准备：包括理论准备和案例准备。②教学实施：主要分为陈述案例、小组讨论、班级讨论等。③案例总结以及撰写案例报告。下面分别加以叙述。

（一）案例选编

哈佛商学院独特的案例教学法虽一直被世界各大高校竞相模仿，但却很难被超越，模仿者也很难获得优秀的教学成果。主要原因就在于哈佛商学院既是全球最大的管理案例供给者（2005 年哈佛商学院在全球共销售案例 696 万份），又是案例教学法使用最多、最久且技能最熟练的学院，这种模式使其成为商学教育中的领跑者。可以说，案例选择在很大意义上决定了案例教学法的成功与否。我们在选编案例时应考虑同以下因素的结合：

（1）和教学目的相结合：在编写或者搜集案例之前，教师可从教学理论、呈现方式、预期效果等方面进行宏观把控，在对目前行业现状和突出问题进行大量分析总结的基础上，设计出符合实际需求的案例。

（2）和学科领域相结合：运用案例教学法正是为了提高学员解决相关学科或者行业中实际问题的能力。如果教师设计选取的案例与本学科核心内容无关，不仅无法体现专业性，还会偏离教学目标。因此，案例选编应该与学科知识点有机结合，涵盖面要广，涉及学员未来可能遇到的各类问题。

（3）和学员能力相结合：每个学员的学习能力、水平参差不齐。设计案例时应考虑学员的普遍接受度，选取难度适中的案例进行学习分析。难度过大的案例会让基础薄弱的部分学员缺乏学习动力，加大其学习压力，无法跟上教学节奏，令教学效果事倍功半。过于简单的案例会使基础良好的学员思维能力得不到恰当训练，也达不到教学要求。案例的难度应当能够恰如其分地引导学员进行深度思考。

（4）和时代发展相结合：案例选编应具有时效性，针对当下社会中的实际问题才是案例教学法的意义所在。再则，选取热点问题进行案例分析，不仅能够激发学员的学习兴趣，还能加深学员对目前行业发展现状的了解，对之后的自主学习也有指导性意义。

（二）案例讨论

商务翻译过程本就涉及诸多领域，例如，交替传译、笔译理论与技巧、专题口译、同声传译等，可根据不同教学重点设计不同的教学案例，将每课程中各单元的知识点恰当地融入案例的分析和制作过程中。案例讨论通常以小组形式展开。教师可提前分组，也可即时分组，但应尽量保证学习不同水平的学员分在同一组。

讨论的目的在于集思广益，使学员在相互交流、探讨的过程中激发学习潜能、掌握沟通技巧、强化理解能力、深化专业知识。因此，讨论得以顺利进行，是保证案例教学法成功实施的核心。

案例讨论过程可根据教学要求分为讨论前和讨论中。讨论前，为使课堂效率最优化，教师可提前将案例内容布置给学员预习并提出相关思考问题。学员也应在课前充分掌握相关的理论知识，并结合理论提前对案例进行思考。讨论过程中，教师应充分发挥引导作用，保证每一个小组的讨论质量，并营造和谐的讨论氛围，让学员成为讨论过程的主导者。为此，各个小组可以由教师制定组长或由小组成员推选组长。组长的职责在于，负责组织本组的讨论，并整理出本组的发言提纲，代表小组在全班交流发言，并由小组成员对发言者遗漏和不完善之处做出补充。接下来除本组学员之外的学员都可以就发言者陈述的观点进行提问，由发言者答疑。

最后，全班同学一起讨论各组成果的优缺点，并选出优秀方案。

（三）归纳总结

案例教学的特殊性要求教员应做好充分的准备，包括对个案的选择标准，对操作方法的熟悉，在实际应用中出现的问题，讨论后如何总结问题等。讨论结束后，教师应及时对课堂内容进行总结，分析本次讨论中的重难点问题，同时可进行相应的理论补充，保证实践与理论相结合。另外，可鼓励学员写总结报告，让学员自己归纳在讨论过程中已解决的问题和尚存在的不足。为推进教学质量，教师还可采用课后调查、成绩考核等方式进行及时评估，从而可以确定教学目的是否达到。

商务翻译课程教学中，教师可以根据一定的教学目的，选择具有代表性的教学案例作为教学材料，通过组织学生解读源文本的体裁特征、试译、小组讨论、小组间点评、教师点评、对比参考译文样本等进行多向互动交流，使学生更加充分地领悟翻译理论、策略与技巧的应用，从而提高翻译的职业思维和职业技能，同时培养交流与沟通能力、团队合作能力和解决问题能力。

三、商务翻译案例教学的要点

随着案例教学法在诸多领域的专业教学中应用越来越广泛，已经逐渐形成一套较为完善的操作体系。不同专业领域尽管在案例选取上有所不同，但教学模式大同小异，均由几个关键环节组成。缺少这些关键环节，案例教学法将无法进行，也无法取得相应的教学成效。案例教学法能适用于商务翻译教学，实质上是由翻译这门课程的自身特点及其教学目标所决定的，而且，大量的翻译教学实践已证明了案例教学法的可行性、有效性及可操作性。然而，案例教学尚有其不足之处，要使之成为翻译教学中不可或缺的教学方法，尚需不断实践、总结和完善。在商务翻译课堂上采用案例法教学时应注意以下几个要点。

（一）案例的选择充分，设计全面

案例库不够完备，经典案例少。既典型，又适用于学生，还需与教材知识体系相契合的案例少之又少，使用案例教学法，需要运用大量的教学案例，选好案例，是案例教学成功的首要条件。由于案例往往是从实际工作中收集的，分发材料后应仔细解释说明并要接受参加者的咨询，以确定他们对材料的掌握正确无误。直到全体讨论解决问题的策略时，学员依然可以提出质询，并阐明与自己观点差异所在，以相互激发灵感，然后再做进一步的讨论。

（二）案例教学与理论讲授相结合

案例教学一定要在一定理论基础上进行，只有将基本概念、基本原理理解透彻，才能充分展开案例讨论，并与其他传统教学法相辅相成，教师应针对不同的教学内容，不同的教学目的，采用不同方法，以达到最佳的教学效果。教员进行总结时，既要对各组提出的对策优缺点进行点评，又要对个案的解决策略进行剖析，同时还可以引用其他案例进一步说明问题。如果教员发现各组提出的对策仅为没有新意的一般性对策，则应加以提示，以促使他们更深入地思考。

（三）教师对自身的要求需提高

案例教学法需要高素质的教师，包括知识结构、教学能力、工作态度及教学责任心等都需要提高，才能切实提高学生学习的积极性和创造性，引导学生通过自己的观察、分析、思考、选择、领悟去获取较全面的知识，并灵活运用所学的知识解决实际问题。教师的实战经验不够，很可能使案例教学流于形式。在案例教学中，教师既需要深厚的专业功底，又需要具备一定程度的工作经验才可以真正解决学生在讨论中提出的具体问题。

（四）课堂规模适中，评价恰当

商务翻译案例教学的授课班级不能太大，否则将会直接影响教学效果，评价方式要恰当，不能与传统教学法的评价方式简单地等同。若小组在研究问题时思考方向与训练内容有误差，教员或组长应及时修正。学员总结问题的症结可能会零散而繁多，归纳出来的对策也会零乱不整，因此小组有必要根据重要性和相关性做适当的整理和挑选。

可见，案例法与翻译人才培养的创新息息相关，它让学习者和研究者能够快速入门，找到研究的方向与范式。并在固定的框架内，从翻译策略探讨过渡到研究过程，而对教员而言，可以使得教研结合，实践练笔与自身兴趣、批判性思维充分联系起来，并发挥跨学科、工作实践的优势，形成创意，是相关研究的增长点和突破口。

第二章　笔译案例分析与策略研究

　　商务笔译属于翻译的一种，在具备最基本的"信、达、雅"原则的同时，也有其作为商务领域专有的特殊性。这是因为商务英语并非一般的语言描述，常用于招商引资、贸易谈判、商业会议等场合，所以其翻译不同于文学和其他文体翻译，特别强调语义的对等或等效，追求"地道、准确"。把握这种特殊性，就是商务翻译技巧在实际应用中最重要的体现。

　　毫无疑问，商务笔译是一项艰难而又细致的工作，这就要求译者不仅必须精通两种语言及其所属文化，还必须熟知相关商务知识，了解其各领域的语言特点和相关表达方式，以及各种翻译技巧。正因为如此，英国某高端翻译公司基于客户需求并按照准确度将商务笔译分为三种类型：

　　（1）正式文件笔译：迎合客户需求，讲究遣词造句，常见于商务合同笔译。

　　（2）参考性质笔译：保证原文信息理解准确和目标语表达通顺的前提下，满足客户了解大致信息内容的需求。

　　（3）创意笔译：运用超出笔译范畴的技能再创原文意境，常见于标题、宣传、广告翻译。

　　在我国，翻译原则一直是理论界讨论的焦点问题。大多数翻译提倡的原则，实际上仍然离不开"忠实"二字。根据目的论的原则，翻译首先要遵循的原则就是"目的法则"，即翻译行为所要达到的目的决定整个翻译行为的过程。换句话说，结果决定方法，翻译离不开译者的目的、译文的交际目的和使用某种特殊翻译手段所要达到的目的。因此，商务笔译的过程也可以归结为三大要素，即客户（为谁译）、读者（给谁看）和用途（作何用）。落实到商务笔译的实践中，我们通过选取不同商务场景中较有代表性的案例，结合成功的经验或翻译失误，来分析相关的翻译策略，以期切实提升笔译的综合能力。

商务笔译的主要策略涉及用词、造句等的方方面面。例如，由于英语与汉语全然是两种不同的语体，汉语中句子的核心是动词，一句话可能会出现多种动词叠加的情况，而英语严谨细致，在多数翻译中需要注意控制动词的数量，在英译时尽量用名词表达，这样也较为符合英语国家的用语习惯。又如，在商务英语翻译中，动词翻译可能出现的问题还包括如何翻译中文中的抽象性动词，这就要求我们准确理解句子想要表达的中心思想，将其概括提炼，并在英文中选择与之对等的词语进行语义替换。再如，对于商务英语中可能出现的长句、并列句，多出现在对产品或是投资地区的功能性介绍，翻译时也应尽量避免混乱冗杂。一定要梳理好长句的基本结构，善用从句，合理地分配英语行文，避免语法错误。此外，商务笔译比较注重文体的实用性和专业性，译文需保有原文的基本含义，而不讲求落实到每个词句当中，对于汉语中华而不实带有夸张性质的修饰语，可以省略不译。

因此，单靠某一个理论原则来指导商务翻译似乎不太够，例如，企业简介文本笔译，这类文本按英国翻译理论家彼得·纽马克（Peter Newmark）的划分应归属于"呼唤型"文本，其目的在于对外宣传企事业单位的形象，用最直接有效的方式让国外读者或消费者了解自己，促使消费者产生购买欲望。因此，从这个意义上来说，此类商务文本笔译仅仅做到"信息对等"是不够的，它必须发挥强大的"诱导"（appellative）功能去"煽情"和"诱说"。又如，应用翻译界学者指出商务文本翻译必须做到意思准确、术语规范及语气贴切。因此，商贸汉英翻译宜遵循：忠实（faithfulness）、准确（exactness）、统一（consistency）的原则。[①]

---

① 贾文波. 应用翻译功能论 [M]. 北京：中国对外翻译出版公司，2004.

有学者提出应用翻译的达旨、循规和共喻三原则，以在更大范围内适应应用翻译的实践和研究，提高理论的概括力和解释力。达旨即达到目的，传达要旨；循规即遵循译入语规范；共喻即使读者晓畅明白。故翻译过程以"达旨"为目的，以"循规"为纲要，以"共喻"为手段。三位一体，相辅相成，不可分割。由于商务笔译目的在于实现沟通，这往往需要深入了解客户的用意，为客户带来价值，也有学者提出一个更高层次的概念来作为商务笔译的指导原则——"传达原作的意图，再现原文的效果，达到客户的目的"。因此，商务笔译原则可以概括为"得客户之志，迎合读者之需，满足客户之愿"。①

就我国当前商务笔译研究现状看，商务笔译研究偏重理论，因此，将商务笔译理论研究和实践操作方法结合实践和案例分析，应是未来的努力方向。在未来的国际竞争和交往中，我国对外语人才的需求必将呈现多元化，正是基于这一点，商务英语笔译研究显得颇为重要。同时，商务笔译也是翻译专业的核心技能，具有很强的实践性和应用性，其目的在于使学生具备笔头翻译的基本能力。

通过熟悉商务翻译的背景知识，了解各种商务活动语言的特点、汉英两种语言的对比和分析，以及各种不同案例所总结出来的"前车之鉴"，能够培养学生正确的商务翻译意识，掌握商务笔译的基本策略与方法，不断摸清商务翻译的规律，根据情境运用翻译策略，以及在商务翻译实践中解决实际问题的能力。

第一节　企业简介

在经济全球化的趋势下，各国之间的贸易往来日益密切，互联网的快速发展更是给企业带来了前所未有的机遇和挑战，越来越多的中国企业开始走出国门，加入国际市场激烈的竞争中。企业简介，就是企业为树立自

---

① 林超伦. 实战笔译（英译汉分册）[M]. 北京：外语教学与研究出版社，2011.

己形象，使用较为生动的语言对自己的现状、历史、组成、业务范围、业务特色等进行介绍，从而达到宣传自己目的的书面材料。对企业而言，宣传自己极为重要，因为这直接关系到企业在国际市场的知名度，在企业对外宣传中的作用举足轻重，极大地影响了企业产品在国外的接受度及其与外国发展贸易关系。

企业简介旨在树立正面的企业形象，唤起读者对企业的好感，然后决定是否投资该企业、购买该企业产品或服务等行动，而简介的文字材料就是一个企业在国际交往时的名片，反映了企业自身对其国际化的重视程度。由于中英文两种语言背后的思维不同，比如英文重逻辑、汉语重描述；英文重简单、中文重渲染等，所以中英文企业宣传材料在用词和句式上各有其特点，下面我们以娃哈哈集团公司为例，对企业简介的文本类型进行简单的分析，并对比美国的饮品连锁企业星巴克（Starbucks），分别论述中英文企业宣传材料的文体特点及其翻译策略。①

一、企业简介文本类型与翻译现状

（一）企业简介文本类型及翻译原则

彼得·纽马克根据语言的功能将文本语篇分为三种类型：表情型文本（expressive text）、信息型文本（informative text）和呼唤型文本（vocative text）等。同时指出，一个文本可能三种功能兼具，只是某一功能起主导。② 表达型文本的翻译常以"作者第一"为准则，重视忠实于源语的语言风格和表达形式。信息型文本的核心是内容的真实性，因此翻译时强调遵循"真实性第一"的原则，以目标语读者的语言层次为标准。而呼唤型文本强调以读者为中心，其目的是号召读者转变态度、采取行动。此类文本的翻译需充分发挥文本的呼唤功能，遵循"读者第一"的原则，利用目

---

① 娃哈哈、星巴克的案例分析由傅祎、赵雅卉等提供。

② Peter Newmark. *Approaches to Translation*. Shanghai：Shanghai Foreign Language Education Press，2001.

标语的优势使译文尽量达到与原文相同的效果。[①]

根据纽马克的定义，企业简介属于呼唤型为主、信息型为辅的交际文本。而文本类型理论使译者明确，在翻译企业简介这种商业价值极高的呼唤型文本时，要把以文本的功能和目的置于首要位置，以"英语受众为主"为宗旨，以刺激受众潜在需求和积极行动为翻译目的，根据实际情况灵活地选择翻译策略，不拘泥于字面上的对应，必要时候可适当地删减或修改原文以取悦读者，力求达到"功能相似，意义相符"，完成其呼唤功能。

通过不同的中国企业英译简介的对比，我们往往可以发现，大部分高质量的英译版本都与其中文简介截然不同，无论是内容上还是表达上都进行了深度"变更"，从而获得好评。相反地，一些在所谓"忠实原则"指导下译出的简介，不仅错误繁多，而且收效甚微。因此，针对企业简介的呼唤功能，借助纽马克的文本类型理论来指导中文企业简介的翻译策略，可以帮助英译简介更好地达成与读者心理上的共鸣，进而诱发其行动而使企业获利。

（二）中国企业简介的英译问题

尽管中国企业走向国际化的步伐越来越快，但由于企业对简介英译不够重视，加上译者素质良莠不一，因此，企业网站上粗制滥造的英译企业简介不在少数。英译简介除了少数存在严重的拼写失误、语法错误外，大部分企业的英译仍然停留在"直译"的层面，即逐字逐句地翻译原文，不考虑英语受众的接受程度，忽略作者和读者在文化、表达方式等方面的差异。由于文化差异，此类不符合英文读者语言习惯的"不地道"简介常令目标语消费者们一头雾水，给文本的阅读造成极大障碍，甚至还可能触犯他们的禁忌，产生不利于企业形象塑造的联想，直接影响该企业在海外市场的销售获利。下面，我们举两个简单的例子稍加分析，以便更直观地呈

---

① 邵琳．彼得·纽马克文本类型翻译理论对翻译批评的启示［J］．科技资讯，2007（4）：169.

现中企简介英译存在的问题。请看下面的例子：

> 原文：（×××）获泉州市和福建省劳动模范、泉州市和福建省优秀共
> 产党员等荣誉（国内某企业介绍其董事长）。
> 译文：（×××）got the titles of Labor Model and Excellent Communist in
> Quanzhou City, Fujian Province.

很显然，除了头衔翻译值得商榷之外，这个翻译可谓忠实，但却容易引发西方读者的理解障碍，因为在商业中掺杂政治因素容易导致某些人心理上的不适乃至反感，从而使得传播效果与预期的盈利目标相悖。下面，我们再来看另外一个例子：

> 原文：东风公司坚持打造高质量党建，引领促进高质量发展。牢固树
> 立"四个意识"，坚定"四个自信"，坚决做到"两个维护"。①
> （选自东风汽车官网）
> 译文：省译（该网站上，许多政治相关的内容都被省译）。②

中企简介时常出现意识形态或中国特色政治词汇，以侧面显示其对政府的拥护支持，应该说，这也符合多数中国读者的价值观念。然而，在西方的商业语境里并没有这种习惯，西方读者不了解中国国情，往往会对此类内容产生排斥或逆反心理。因此，在商务活动中，对于政治相关内容，省译法不失为一个好的选择，可以避免不必要的误解，获得英语受众的认可。

由此可见，以读者为核心的翻译有助于事半功倍地达成预期的宣传营销效果。简介英译成败与否的关键在于是否实现了对外宣传、刺激消费和招商引资的功能，即是否符合英文简介的文体特点，赢得潜在客户的心理

---

① 东风汽车中文简介，参见：https://www.dfmc.com.cn/zoujindf/qiyegaikuang/qiyejieshao.html.

② 东风汽车英文简介，参见：http://www.dongfeng-global.com/index.php/Aboutus/overview.html.

认同，这是出色的宣传效果，也是企业简介英译的最终追求。

二、企业简介案例描述及分析

杭州娃哈哈集团有限公司创建于 1987 年，为中国最大、全球第五的食品饮料生产企业，在销售收入、利润、利税等指标上已连续多年位居中国饮料行业首位，成为目前中国最大、效益最好、最具发展潜力的食品饮料企业。娃哈哈坚持以创新为企业发展的不竭动力，不断提升企业技术实力，在竞争中把握市场主动权，开发出的产品不仅引导了消费潮流，也推动了中国饮料业健康快速发展。公司参与了 40 多项国家、行业标准、国家部门法规的制（修）订，推动中国饮料行业与国际饮料技术水平接轨。

娃哈哈始终关注国外市场，已经与外国的品牌超市洽谈合作，主推中国茶饮料，并参加了美国迈阿密食品饮料展、英国食品饮料展、南非食品饮料展等一系列国际大展，与澳大利亚古德曼·菲尔德（Goodman Fielder）、英国沃克斯面包有限公司（Walkers Shortbread Limited）、英国德拉米尔（Delamere）乳业、英国 GGS 糖果公司等企业建立了业务联系。其在海外市场的不断拓展，也取得了显著的成绩。国际化策略需要更好地对外宣材料进行翻译处理，进而在全世界地区树立起良好的企业形象。外宣材料翻译则是至关重要的一项工作，其翻译成果也成为我们学习的经典案例，着手研究其翻译策略可以提高我们的翻译素养。

娃哈哈公司简介中文版本如下：[①]

娃哈哈立志成为业绩一流、责任恒久、基业长青的龙头企业。坚持发展实体经济、发展先进制造业、抢占战略性新兴产业、积极发展商超零售业，在现固饮料行业龙头地位的同时，逐步进军奶粉、机械、印刷、零售、奶牛养殖等新产业，实现多元化发展，向世界 500 强进军。娃哈哈从校办企业起家，27 年来一直对社会公益事业倾尽全力。在以宗庆后为核心的高层领导的带动下，始终弘扬由集团公司使命和愿景延伸而来的"产业

---

① 娃哈哈中文简介，参见：https://www.wahaha.com.cn/aboutus/index.htm.

报国、泽被社会，让爱无所不在"公益理念，积极投身各类社会公益事业。

我们再来看看这段文字的翻译，以下为英文译文：

Wahaha is determined to become a leading company with first-rate performance, long-lasting social responsibility and prosperity.

We adhere to the development of real economy through advancing manufacturing industry, supermarket and retail industry, and seize the opportunities in strategic and emerging industries. While maintaining the status of the beverage industrial leader, we plan to gradually enter the business areas of milk powder, machinery, printing, retail, dairy farming and other new industries, realizing diversification and shooting for the Global 500.

Wahaha started as a school-run enterprise devoting all of its effort in social welfare services for the past 27 years. Under the leadership of top management with the guidance of Mr. Zong Qing Hou, Wahaha always upholds the public welfare concept of "Serving the country through industrial development, benefiting the society, and spread love everywhere", which is derived from the mission and vision of Wahaha Group. Based on the aforementioned concept, Wahaha constantly takes part in various kinds of charity activities.[①]

不难看出，娃哈哈的公司简介中文版包含以下信息：公司发展历程、从事行业与服务对象、公司规模、企业特色、价值观念等。文本材料信息量大，以客观叙述为主，常常使用一些表现力较强的语言手段，如"业绩一流、责任恒久、基业长青、实体经济、新兴产业、倾尽全力"等四字格的描述性词汇被频繁使用，既能真实地描述公司的客观情况，用事实说话，又附带一些主观性的评价，以优势吸引人，加强宣传感染力。

① 娃哈哈英文简介，参见 https://en.wahaha.com.cn/aboutus/index.htm.

而英文译本可以看出，翻译时根据上下文进行了适当调整，在保证原文信息功能的前提下，简化一些溢美华丽的词汇或表达，省略一些夸大的表述等，使得译文更符合英文的行文习惯。例如，原文"责任恒久、基业长青"中的"恒久"和"长青"措辞讲究兼顾信息功能和美感功能，但译文"long-lasting"依照英语的行文习惯保留了原文的信息功能，使得用词客观、具体，但不显浮夸。

三、中英企业简介文本的不同特点

如果我们继续对比知名企业 Starbucks（星巴克）的企业简介，[①] 就能发现很多不同之处。根据宁海霖、徐建忠（2008）提出的价值观、语言风格和文章结构三种层面简单分析中英文简介的差异，[②] 我们可以对英文企业简介的文字风格有更深刻的了解，从而在翻译中正视差异，灵活处理，使得英译简介的译文符合译入语的文体特点，符合英文受众的习惯，实现其召唤功能。

（一）中英企业简章的不同特点

中英企业简章的差异主要体现在以下几个方面：

从价值观差异上看，由于审美习惯等差异，中英文企业展现重点不同：中企简介立足于企业价值，注重凸显其荣誉成就以及发展规模，而外企从消费者角度出发，强调产品的消费价值和企业与消费者的利益关系。例如，星巴克的篇章布局采取总分结构，以小标题为提示展现出企业的业务规模、产品范畴、理念宗旨等内容，简单清晰，一目了然。而且该企业着重介绍其产品分类，反映出其以消费者为核心、重视产品价值的理念。而娃哈哈以时间顺序进行阐述，分为发展历程、今日规模、领导关怀、国

---

① 星巴克的简介详见其官网：https://www.starbucks.com/about-us/company-information/starbucks-company-profile.

② 宁海霖，许建忠. 知"异"方可"译"——谈企业简介的汉译英 [J]. 中国科技翻译，2008（4）：21-23.

际市场和展望未来五个模块详细地介绍其公司，面面俱到，但内容过于冗长，略显无聊乏味。

在语言风格上，首先，星巴克简介行文简洁，只有 780 个字符，较少使用大量修饰语，擅长通过具体数字和客观陈述来凸显星巴克的受欢迎，有效信息量大，说服力强。娃哈哈简介中辞藻华丽，四字格丰富，措辞铺陈夸张，多用渲染性修饰语，套话空话繁多。其次，星巴克多使用简单句或复合句，句式灵活多变，结构紧密，逻辑分明。娃哈哈常使用长句、复杂句，以及排比、重复、隐喻等修辞手法，偶尔引用诗歌成语，以达到韵律优美、形式齐整的效果。另外，星巴克采用第一人称"we"，显得亲切友好，方便拉近与读者的距离。而娃哈哈使用第三人称"娃哈哈"，较为客观，有助于增强气势，凸显企业的强大和威严。

从文章结构差异看，星巴克的篇章布局采取总—分结构，以小标题为提示展现出企业的业务规模、产品范畴、理念宗旨等内容，简单清晰，一目了然。而且该企业着重介绍其产品分类，反映出其以消费者为核心、重视产品价值的理念。而娃哈哈以时间顺序进行阐述，分为发展历程、今日规模、领导关怀、国际市场和展望未来五个模块详细地介绍其公司，面面俱到，但内容过于冗长，略显无聊乏味。

（二）中英企业简介差异对翻译的影响

一般说来，中文企业简介常用描述性很强的词汇，多用含有并列结构的长句，善于使用溢美之词，喜好使用修辞手法。而英文的企业简介在叙述时往往使用较为简单的词汇，通过浅显易懂的文字照顾到各个层次的读者和消费者。行文的时候，也尽量使用一些普通词汇。同时，英语企业简介往往也会使用抽象名词让行文看起来比较正式庄重，特别是由动词和或形容词加后缀的抽象名词一般可以分别转化为汉语的动词或形容词。

企业简介的目的在于树立企业良好形象，吸引国内外投资商、厂家、销售商、消费者等群体，使得这些群体产生对企业投资或合作或购买该企业产品或服务的兴趣，属于呼唤型文本。呼唤型文本的功能在于号召读者采取行动、进行思考或去感受，实际上就是号召读者按照文本的意图做出"反应"。所以，有许多企业在宣传自己的企业前会用大量的篇幅引经据典，对当地的城市进行一番描写，宣传措辞往往远离了平实和准确的标准，有点"王婆卖瓜"之嫌。

另外，企业简介具有重要的信息功能，因为这些材料要为宣传对象提供一些有关企业情况的实质性信息，使读者对企业有一个大致的了解。企业简介的文本一般会包括企业的沿革、经营性质和目的、股东情况、注册资金、从业人员构成及人数、厂房状况、业务范围、联系电话和传真、联系人等，这些都是企业宣传的实质性信息。因此，很多企业在宣传自己的时候，会使用一些描述性较强的词句，中文企业宣传材料尤其如此。

由此可见，由于中英文语言表述特点和句法结构的不尽相同，企业的宣传材料在翻译的过程中不仅要注重中英文语义的转换，还要注意源语与目的语表达方式的转换，对特殊名词的翻译要准确。唯有了解中英文企业简介的语言特点和行文差异，才能成功翻译出英文受众认可的译文。

四、文本功能视野下企业简介的翻译策略

根据纽马克的文本类型理论，企业简介具有信息功能和呼唤功能，主要以美化企业形象、招商引资为目的。准确的翻译可以为企业和产品创造良好声誉，有助于提高企业在国际市场上的竞争力。下面，我们从三个方面来展开，讨论文本功能视域下企业简介的翻译策略。

（一）价值观层面

在价值观层面，翻译时可以删除有关政治、意识形态、宗教等敏感信息不译以避免读者误解，损伤企业形象和利益。针对中企简介中喜闻乐见的荣誉奖项，如果一字不落地翻译会引起英语受众的困惑甚至厌恶。因此，一句简单的"have won many honorable titles"便可证明企业的知名度和声誉。

英汉读者的关注点不同。中国消费者重视发展历史，而英语受众强调

发展前景，因此，翻译中企简介应投其所好，突出企业的发展空间与未来展望。针对占据大量篇幅的企业发展历程，应给予适当省译或简化。此外，还可增译中文简介缺乏的内容，如消费者关心的可持续发展、环保、安全、慈善等相关信息，这样不但能取悦读者、博得读者的心理认同，还能展现该企业先进向上的价值观，利于招商引资。

当然，不是所有奖项都需省译，以下有两种具有国际价值的信息可进行直译：（1）具有一定国际知名度的、关系企业销量的奖项，如"中国驰名商标"等。（2）关系到外商在华利益的，如"中华人民共和国海关保税工厂"（bonded factory）等。① 例如，娃哈哈英文简介中罗列的 8 项称号中，"全国对口支援三峡工程移民工作先进单位"此类国际价值较低的称号可省译。

（二）语言风格层面

由于审美心理和语言风格差异，中文简介充斥着华丽辞藻，四字格，文化负载词，以及宣传套话，而且擅长使用夸张、排比、隐喻等修辞手法使文章更具有吸引力，可是英语受众习惯于严谨简洁的客观语言风格，文字的堆砌和意义的繁复是英文大忌。因此，在英译简介的四字格及排比等修辞时，可以这样处理：

（1）对于语义重复且浮华累赘的四字成语和冗余信息最好适当简化成词组或删减，以英文受众所习惯的话语方式传递原文的核心信息即可。

（2）采用套译法，即套用英语中相似意义的表达来翻译，使译文地道，更加贴合受众的习惯。② 例如，中企简介时常出现"龙头产业""龙马精神"等词语，然而英文中的龙是丑陋邪恶的残暴怪物。直译为"dragon"不免会使得企业产品无人问津。因此，翻译时不妨采用英文读者所熟知的火车头和旗舰作为比喻的归化译法，译成"locomotive""flagship""market

---

① 宁海霖，许建忠. 知"异"方可"译"——谈企业简介的汉译英 [J]. 中国科技翻译，2008 (4)：21-23.

② 陈宏薇，李亚丹. 新编汉英翻译教程 [M]. 上海：上海外语教育出版社，2013.

leader",清晰明了。① 或像娃哈哈一样将"龙头企业"意译成"a leading company"。

（3）使用第一人称"we"来变译中文的第三人称,以拉近同顾客的关系,提升亲和力。

（三）文章结构层面

英文简介布局整齐,逻辑清晰,文字简短有说服力,大多以简短标题将文本划分成几个内容独立的模块,一目了然,便于读者阅读。而中文简介崇尚起承转合的文章结构,擅长浓墨重彩地描写各方面来营造气势,但内容过于繁多,重点不明,顾客易疲于阅读。因此,在英译简介时,译者不妨将冗长的中文简介以小标题的形式划分成几个主题,② 通过主题句引领从句、使用连接词等方法将中文结构松散的"意合"逻辑化成英文的"形合",从而符合英文的文章布局规范,提高顾客浏览速度,赢得其好感。

除此之外,为更好履行呼唤型文本的功能,译者还应灵活调整简介结构,以星巴克为例,该企业别出心裁地用绿色标注"Starbucks Mission"和其内容,充满环保和人文色彩的宗旨一下便吸引了读者眼球,给顾客留下良好印象。这个细节不但满足了消费者的心理需求,而且激发了他们的购买欲望,充分发挥了简介的呼唤功能。这些手段包括:

（1）用增译来引发消费者心理共鸣的信息;

（2）删减中文简介中读者无须知道的信息;

（3）改变原文本的形式,然后换成适合译语读者的内容或形式;

（4）编排（按英文简介常用顺序将原文内容重新排列）;

（5）编写（将原作提供的材料加以整理,写成译语文字）等"变译"手段,使得内容迎合英语受众的胃口。③

---

① 余桂兰. 我国出口企业对外宣传资料的翻译问题及解决办法［J］. 对外经贸实务,2010 （12）:67-69.

② 董姿均,张磊. 消费心理视角下企业网站英文简介的特殊翻译［J］. 商场现代化,2017 （20）:19-21.

③ 徐晓晔. 变译策略在中国企业简介英译中的使用［J］. 湖北经济学院报,2009（7）:156-157.

五、结语

通过娃哈哈企业的外宣材料原文及其译文的对比，并对比外企的文本风格，可以明确分析有关此类外宣材料翻译案例的翻译策略及其技巧，并借助有关专家学者的观点，进入更深层次、更加详细具体、更大范围的讨论。我们可以观察信息型文本、感染型文本、表情型文本与工具型翻译策略等在此案例中是如何运用的，并将此种方法手段概括抽象出来，去讨论在其他同类案例中是否适用并如何适用，以及汉英企业简介文本在价值观差异、语言风格差异、文章结构差异是如何影响我们翻译策略的选择，进而引发我们在翻译实践中更多的思考，以期有效地获得潜在顾客的心理认同并诱发其购买行为，从而帮助企业获利，也在未来指引我们的翻译实践活动。

第二节　商标品牌

随着中国加入世贸组织和全球经济一体化的加剧，大量外国商品涌入中国市场，琳琅满目的外国商品让中国消费者目不暇接，许多知名品牌竞相在中国设立工厂和营业事业部。一个恰当的品牌名称可以吸引目标消费群体，增加消费者对于品牌的理解和认识，提高商品销量，从而更进一步促进品牌的发展。因此，商标品牌的翻译对于中国企业"走出去"或外企在中国的发展至关重要，越来越多的企业开始重视其旗下品牌名称的设计和翻译。

品牌名称的翻译不仅是把名称从源语言转换为目的语（很多时候在目的语中也找不到对应词汇），而且是产品功效的传达，甚至是品牌价值的传递。因此，品牌名称翻译有独特的要求和特征。在对品牌名称进行翻译的时候，必须注意这些要求和特征，才能获得一个恰当的译名，甚至为一些原文中并无亮点的品牌名称译出一个十分出彩的译名，增加品牌吸引力。在品牌翻译过程中所采取的理论、策略和方法，都要以最终效果为目的，即让目标消费群体了解、接受和选择该品牌产品。

一、品牌、商标和品牌名称的概念厘清

在讨论商标品牌的翻译之前，有必要先明确一下核心概念，如品牌、商标和品牌名称。一般意义上，品牌（brand）是指一个名称、名词、符号或其他特征，其目的是识别某个销售者或某些销售者的产品或劳务，并使之同竞争对手的产品和劳务区别开来[①]。商标（trademark）是识别某商品、服务或与其相关具体个人或企业的显著标志，可以是图形或文字，也可以用声音、气味或立体图来表示。[②] 商标是受法律保护的品牌名称、商标标志或交易特征（或三者的某种组合）。商标也有助于促销，并有助于保护卖方免受模仿。商标可以通过注册商标获得附加保护，主要是专属使用，但需要采取特别措施以保持注册和独占使用。注册商标由©注明；未正式注册的商标可以用商标符号（™）或服务标记符号（ˢᴹ）标记。[③] 而品牌名称（brand name）可以说是品牌的一部分，包括字母、数字或单词。总的说来，商标一词涵盖品牌的所有形式（品牌名称、品牌商标等），但品牌名称是使用商标时最常用的形式[④]，品牌较其他两个概念的定义都要广泛一些。

在国内目前出版的著作和所发表的文章中，多数学者或作者都用了"商标翻译"这种说法。然而，参照前述商标的定义：商标可以是图形或文字，也可以用声音、气味或立体图来表示。因此，"商标翻译"就不仅仅是文字的翻译，还包括图形、声音、气味和立体图的翻译，然而图形、气味和立体图能使用何种手段翻译呢？解金沙（1998）对这一提法提出了异议。他认为"商标翻译"这一提法欠妥，因为品牌或品牌的一部分注册

---

① 参见：http：//www. marketing-dictionary. org/Brand.

② 参见：https：//cyber. harvard. edu/metaschool/fisher/domain/tm. htm.

③ 参见：http：//www. marketing-dictionary. org/Trademark.

④ 参见：http：//www. marketing-dictionary. org/Brand+Name.

后成为商标，若被注册的仅是品牌标记（即品牌中可以识别但是非语言的部分，如图案、颜色等），由此产生的商标可能没有文字。例如，加拿大 Royal Bank 在注册商标时仅注册了它的品牌标记——由狮子、地球和皇冠构成的图案——因此它的商标没有文字，没有文字的图案如何翻译？"实际上我们要译的是品牌名称，而不是商标。在英美工商界乃至其他非英语国家，是没有 'the translation of brand' 之提法的，只有 'the translation of brand name' 的提法"，[①] 而在谷歌学术搜索中以 "translation of trademark" 为关键词进行搜索，出来的也大都是国内学者发表的文章。[②] 因此，这里所言的商标品牌的翻译探讨，主要针对的就是品牌名称的翻译。

二、品牌名称翻译原则及其对营销的促进

由于国内大多数学者对于品牌名称的翻译一直有"商标翻译"的说法，因此在知网上搜索关键词首先是"商标翻译"。关于"商标翻译"，国内研究众多。大多学者根据商标的目的，即识别产品、提供产品信息、宣传产品、刺激消费、激起消费者的消费欲望，认为商标翻译宜采用的是功能对等原则（肖辉，陶玉康 2000；许金杞 2002 等）。孙顺平（2005）认为"商标翻译"应遵循三个原则：简洁独特，便于记忆；指明产品的功能或品质；具有象征意义，易引起正面联想。朱益平，王靖涵（2009）归纳"民族性"原则，而最早提出这一原则的是潘红（1996），随后，顾建新（1997）、徐荟（2004）、陈振东（2005）等都在各自的文章中提到了这一原则。但他们的侧重点都各不相同。王朝晖，刘刚凤（2009）提出新视野下的商标翻译原则：合法性原则、目的原则、市场适用原则、灵活性原则。

一个广受欢迎的品牌名称译名要遵循以下三个原则：首先，译出语信息最大限度地接近于源语信息；其次，做到简单有特色，容易识别记忆，

---

① 解金沙 . 是商标？是品牌？还是其他？ [J]. 中国科技翻译，1998（3）：41-42.

② 参见：https://scholar.google.com/scholar? oi = gsb95&q = translation%20of%20trademark&lookup =0&hl=zh-CN.

朗朗上口，给受众留下深刻印象；此外，能够向消费者宣传该品牌产品的特征和优点，使消费者产生关注兴趣及购买欲望。从成功的品牌名称译名可以看出，翻译品牌名称更加倾向于"阐释"。在不能直译的情况下，可以通过解释描述的方式向受众传达原文要表达的主旨。"阐释"在某种意义上来说是一种"重新书写"，根据实际情况来增添原文中不存在的意义，或删减原文中会给受众造成不好联想的意义。品牌名称翻译是一种说服性交际，是销售者为了说服消费者遵循他们意图的一种手段。品牌名称翻译主要是为了让消费者能够更加容易地接受品牌名称原文要表达的意义和文化内容。许多成功的品牌名称译名甚至比它们的原文更加精彩，如"Coke-Cola"被翻译成"可口可乐""Lays"被翻译成"乐事""BMW"被翻译成"宝马""Revlon"被翻译成"露华浓"等，这些看上去并不忠于原文的翻译反而受到消费者的欢迎。

在全球化时代，任何一款产品要想打入国际市场，除了品牌的设计要符合国际惯例，以适应不同的社会文化环境外，更重要的一点便是商标品牌名在国际市场要有一个符合销往国文化传统、风俗习惯，以及消费心理的译名。[①] 一个成功的商标品牌译名不仅要能吸引目标消费者，引发他们的美好想象并激发他们的购买欲望，还要做到使译名产生与其原名在本国相同或相似的宣传效果。可以想象，如果外国知名品牌在中国市场上没有官方的统一中文译名，消费者将会自行命名，从而导致一些别有用心的不法商家抢注在中国市场上没有中文译名的外国商标品牌，这既会让消费者受害，更会使外国知名品牌企业遭受巨大的经济损失。

从外国公司的角度看，国外产品在进入中国后若是依然使用他们原来的名称，这对保持产品的国际性有一定的作用。但从消费者的角度考虑，对于一些受教育程度不高的消费者来说，产品的名称难以说清楚，也就难以记住品牌并成为其长期的忠实消费者。因此，外国品牌进入中国市场，无论是从本土化需要，还是从法律层面考虑，为自己的商标品牌确定一个中文译名都是非常必要的。对外公布的外国商标品牌名的统一中文译名既

---

① 冯修文. 应用翻译中的审美与文化透视 [M]. 上海：上海交通大学出版社，2010：121.

要能获得国内消费者的心理认同，在中国文化中产生正面美好的联想，同时还要符合目标市场消费群体的文化习俗、审美情趣等。

在品牌名称的翻译过程中，在多种翻译策略中，要求译者选取那些能尽可能完整地向消费者传递品牌信息，并且能被消费者接受和喜爱的译名，使其迎合目的语的文化，符合目的语的审美。品牌名称在翻译时区别于其他文体，特别要遵循语用对等的原则，同时还要考虑到商品广告的特殊语境，尽量选取那些能够产生正面联想效果的译名，避免产生负面联想效果的译名，并且容易被记住的译名，甚至考虑到消费者的成长环境、教育程度和购物心理，从而让目标消费群体接受一个品牌并选择该品牌的产品。

三、品牌名称翻译分析：以宝洁公司为例

宝洁公司（Procter & Gramble，P&G）是源于美国的跨国消费日用品公司，也是目前全球最大的日用品生产商之一。始创于 1837 年，其总部位于美国俄亥俄州辛辛那提市，全球员工近 140 000 人。通过坚持用细微但有意义的方式美化消费者每一天的生活，宝洁公司得以 180 年保持持续的增长。宝洁公司在全球大约 70 个国家和地区开展业务，在全球 80 多个国家设有工厂或分公司，所经营的 65 个领先品牌的产品畅销 180 多个国家和地区，其中包括美容美发、织物和家居护理、女性婴儿用品、家庭用品、健康护理、食品及饮料等十大品牌。

宝洁公司通过旗下品牌服务全球大约 50 亿人。1988 年，宝洁落户广州，并成立了宝洁在中国的第一家合资企业——广州宝洁有限公司，从此开始了其中国业务发展的历程。宝洁公司大中华区总部位于广州，目前在广州、北京、上海、成都、天津、东莞、江苏等地设有多家分公司及工厂。宝洁公司进入中国近 30 年，中国市场成长为宝洁公司全球发展速度最快的市场之一。目前宝洁在中国拥有 8 000 多名员工，超过 98% 为本土员工。①

---

① 参见：http：//www.pg.com.cn/Company/China.aspx.

　　宝洁公司中国官网上的品牌产品主要有 15 个，主要分为美容美发品牌、清洁护理品牌和女性婴儿用品品牌。从表 2-1 就可以看出：

表 2-1　宝洁中国官方网站所列主要品牌

类别	品牌名称
美容美发	Olay、SK-II、Head & Shoulders、Pantene、Rejoice、Vidal Sassoon
清洁护理	Safeguard、Ariel、Tide、Crest、Oral-B、Gillette、Braun
女性婴儿用品	Pampers、Whisper

　　根据表 2-1 所示的"美容美发"品牌名称的翻译进行分析，主要分为两部分，第一部分为美容品牌名称的汉译分析，第二部分为美发品牌名称的汉译分析。这里，我们选取宝洁公司旗下的美容美发品牌名称汉译案例，其中所运用的翻译策略也只是众多翻译策略中的小部分，但却可以展现众多国外品牌名称汉译的冰山一角。

（一）美容品牌名称翻译分析

　　Olay 发源于南非，原名为 Oil of Olay。由前 Unilever（联合利华）化学家格雷厄姆·伍尔夫（Graham Wulff）于 1952 年创立。其关键成分为 Lanolin（绵羊油），这也是 Olay 名称的由来。在五年的时间里，Olay 在南非取得了巨大成功，并于 1959 年将影响力扩大到英国、美国、荷兰、加拿大和德国等市场。1970 年，Olay 被美里尔（Merrill）收购，即后来的理查德森·维克斯公司（Richardson-Vicks Inc）。1985 年，宝洁公司收购了理查德森·维克斯公司，将 Olay 品牌收入旗下。1989 年，Olay 以中文名"玉兰油"进入中国市场。Olay 创立的初衷是格雷厄姆想为爱人创造一款新的内容产品——一款不仅可以滋润她的肌肤，还能让她始终感知自己的美丽与女人味的产品。因此，Olay 的目标人群是成熟、知性的女性群体或想要拥有这种特质的女性群体，这一理念在"玉兰油"这个中文名上可见一斑。

　　很显然，对于 Olay 的翻译，使用了意译法，利用了目的语的语言特点从而使译名更加通顺、更易被接受，而且能使受众产生正面联想。一看到"玉兰"二字就使人联想到玉兰花，纯洁无瑕，芬芳馥郁。玉兰花背后的传说也和女性有关，反映人们对美好事物的追求、对完美的向往。而单看"玉"和"兰"两个字，也是两个非常好的意向，"玉"多形容美好、洁白和珍贵。"兰"为一种植物，是"美人之草"。这些意向和联想都很契合护肤品的理念。2004 年，在入华 15 周年之际，Olay 打败当时的本土品牌大宝，成为中国市场的最大护肤品牌，占据护肤市场 12.38% 的份额，这与它以精美的汉译名称"玉兰油"获得中国女性的青睐不无关系。

SK-II 是一个源自日本的走高档路线的化妆品及护肤品品牌。1980 年，SK-II 品牌以及商标被宝洁公司收购，并授权日本的宝洁公司负责品牌的全面生产。SK-II 本身并没有官方的中文名称。品牌旗下销量第一，也就是最为出名的一款产品名为"神仙水"，受到广大女性消费者的欢迎。它的主打功效是延缓肌肤衰老，重现光滑紧致，产品本身的英文名字是 facial treatment essence（护肤精华）。护肤精华这个词本身就没有任何特点，每个护肤品牌旗下都会生产护肤精华。但"神仙水"这个名字就能使人留下深刻印象。这里既没有采用音译法，也没有采用意译法，而是顺应了目标消费者的消费心理。"神仙水"与原文毫无关系，但它在中文语境里能使人产生无限美好联想。"神仙"在中文意向中代表着长生不老，这与产品主打功能完美契合，而"神仙"二字也能产生一种高贵感，与"凡人"不同的联想，这也体现了品牌的高端路线这一特征，满足消费者的心理期待。

（二）美发产品名称翻译分析

Head & Shoulders 是宝洁公司的一款洗发露产品，属于中档洗发水品牌。1988 年进入中国大陆，以"去头皮屑"为其特点。其官方中文译名为"海飞丝"。这里译法采用了混合译法，既保留了部分读音的直译，"head"对应"海"字，"shoulders"的尾音对应"丝"字，也采用了意译方法。英文名称原意为"头和肩"，如果直接使用直译的方法，会让人很难理解产品的类别，或许会被误解为保健用品，而且不具备任何特别之处，难以吸引人的注意。而"飞丝"可以使人联想到飘扬的头发，产生于头发相关的联想，而且给人"用过整个产品就能拥有秀发"的联想。海飞丝产品的外包装多为蓝色，与"海"相联系，都给人留下清爽、飘逸的联想。

Pantene 成立于 1956 年，原本为日本盐野义制药创立的个人护理品牌，后于 1985 年被宝洁公司收购。"Pantene"一词来源于"Panthenol"，维生素 B_5 的另一种名称，这种物质也是潘婷洗发水的一种主要原料。这一品牌的名称翻译成汉语不能意译，否则会误导消费者，使他们将产品和医药保健品相联系起来。因此"潘婷"采取音译的手法，直接取自"Pantene"的读音，读起来朗朗上口，且易引发美好联想，使人容易联想起"娉婷"一词，"娉婷"多形容女子美好的姿态，这两个词读音也非常相近。

Rejoice 于 1989 年 10 月进入中国洗发水市场，引领了洗发护发二合一潮流。[①] 本着为人们升级柔顺体验的信念，不断改良，一直保持卓越地位。Rejoice 原义为高兴、愉快。"飘柔"既非音译，也非意译，将 Rejoice 翻译成"飘柔"，也与产品的理念契合。当时在国内洗发水行业还未出现洗润合一的技术，经过广泛的问询调查，营销人员发现头发的柔顺、易梳理是消费者的普遍需求，于是"柔顺的发质"被作为这一种洗发水的定位。一经推广，便奠定了"飘柔"在消费者心目中的地位。

而 Vidal Sassoon 是宝洁公司洗发水品牌中的后起之秀，他们请来国际著名美发专家维达·沙宣（Vidal Sassoon）做自己的品牌形象大使，并用维达·沙宣本人的名字作为品牌。由于维达·沙宣在全世界各地拥有多家专业美发沙龙和多家培育专业发型师的美发学院，其知名度不言而喻。沙宣直接音译自 Sassoon，既保留了本身的知名度，也带上了异域色彩，投放市场后，立即引来对流行敏感的年轻女性的青睐，成为洗发水中的知名品牌。

四、商标品牌翻译本土化的主要策略

与其他西方跨国公司相比，宝洁公司进入中国市场较早，早在改革开放之初就开始在中国市场进行大规模的市场调研工作。为了更好地实现在

---

① 参见：https://www.rejoice.com.cn/zh-cn/flexible-main-section/brand-story.

中国市场的本土化，它非常注意品牌的本土化。在中国市场的营销方面，它采用了独具中国特色的营销策略，即在大量市场调研的基础上，将其旗下的品牌换上十足中国化的名称，如舒肤佳（safeguard）就是神来之笔。可以说，为产品取中国名称是宝洁品牌中国本土化最成功的标志之一。

在商标名本土化方面，宝洁公司先是采取了本地研究调查的方法来了解中国的消费者情况，后是依据可靠的翻译方法来对商标名进行翻译。例如，宝洁在中国推出的第一个产品是"海飞丝"。宝洁公司一直把研究消费者需求和消费趋势作为一项最重要的基础工作来做。当时，经过对中国市场的详细调查，发现了许多中国人都有不同程度的头屑，而国内生产洗发水的厂家又没有这方面的技术，经过一年多的时间，"海飞丝"成为国内去头屑洗发水的代表。"Head & shoulders"原意是想表示"头和肩膀"上都无头皮屑的意思，而在其中文译名"海飞丝"中，我们依然能够体会到这层含义，因为"飞丝"一词能给人带来摆脱满头头屑，重获清爽、飘逸的感觉。

通过上面的分析我们可以看出，宝洁针对产品在中国市场营销的本土化策略，在商标翻译的策略上，主要采取了音译（transliteration）、意译（free translation）、直译（literal translation）、音意结合、转译等方法，下面分而叙之。

（一）音译传播品牌名的音美

商标翻译最直接的办法就是用完整的汉语拼音，如大宝（Dabao）、郁美净（Yumeijing）、隆力奇（Longliqi），等等，由于音译是采用相似发音进行翻译，有些品牌如果自身名称没有实际意义或是人名地名可采用此翻译方法，其中拼音翻译是指直接用汉语拼音作为商标的英文名，不进行语义上的翻译，但根据发音创造的新词在英语中不一定含有意义，国内有些品牌名称有实际意义，音译成英语却不具有原本的意义，这样的翻译就不能使外国的受众产生良好的反映，也无法体现品牌的内涵，只能传递声音上的相似，因此按照动态对等的理论，这种翻译并不是成功的翻译策略。

因此，很多时候会采用不完整的拼音，比如雅倩（Arche），佳雪（Cathy），这也可以称之为"谐音法"或"谐音取意法"。根据原商标品牌名的读音，在众多目标语同义或近义词中选取有吉祥之意的字眼组成译名，以适应消费者的文化心理取向。① 例如，Pantene 译为"潘婷"，"婷"在汉语中常用来形容美好的女子，因此很贴合女性消费者的心理需求。Sassoon 译为"沙宣"会让人想到沙龙，从而联想到专业美发。②

（二）意译体现产品特性

意译是指用目的语中现成的对等词汇来传达源语的意义，这种译法与动态对等原则是殊途同归的，其效果都差不多。对消费者而言，成功的译名能使产品显得亲切，易于被接受。例如，Rejoice 被译为"飘柔"，从其名可感受到这是一款能够让人拥有柔顺头发的产品，符合中国语言中飘逸、柔滑的特点，使人一看便知是一个洗发水的商标，同时，还能让人联想到使用这种洗发水能够让头发变得飘逸、柔顺。

（三）直译体现忠实原则

直译是指按照商标名称的汉语意思直接翻译成英语，这种翻译可以传达源语的内涵，传递品牌理念，但是品牌本身产生的音韵美就没有办法传递了。世界上没有哪两种语言是完全对等的，在商标翻译上，根据动态对等理论，如果意义传递清楚了，又能产生积极的印象，就不失为好翻译。例如，"蜂花"被译为 Bee & Flower，"小护士"被译为 Mini Nurse，等等。这种翻译适合那些本身具有一定意义的商标名，直译可以非常清楚、直接地传达源语所要表达的信息，也不失为好的翻译。

（四）音意结合法提升品牌辨识度

音意结合法也就是音译法和意译法的结合。对于商标品牌名的翻译，

---

① 冯修文. 应用翻译中的审美与文化透视［M］. 上海：上海交通大学出版社，2010：135.

② 孙顺平. 商标名的翻译原则与品牌文化［J］. 皖西学院学报，2005（3）：95.

音译是为了传递原商标品牌名的读音，而意译是为了更好地弥补音译所不能传递的原商标名深刻含义。[①] 例如，Pampers 译为"帮宝适"，在读音上两者非常切合。而从意思上看，消费者能够明显从其名体会到这是一款帮助宝宝感受到舒适的纸尿裤。又如，Safeguard 被译为"舒肤佳"，"肤"表示该产品的用途，让消费者一看就知道这是与皮肤相关的清洁产品，"舒"能够给人以舒适的感觉，而"佳"则表示产品的功能效果。此外，safeguard 直译本应为"安全小卫士"，"舒肤佳"一词虽没能很好地传达这一层含义，却通过广告弥补了这一不足。广告重点强调了"除菌"这一概念。另外，还通过"中华医学会验证"增强了品牌信任度。[②]

（五）意思转译，彰显意美

如果直译商标品牌名，译文中无法再现原文的内涵，我们可以对原商标品牌名进行意思的转译，以此彰显商标品牌名的意美。[③] 例如，Head & shoulders 被译为"海飞丝"，这是一款针对需要去屑消费者而推出的产品。"飞丝"一词能给人清爽、飘逸之感。这样处理既注重音韵美，又顾及带给受众的形象，既有相似的发音又有相似的形象，往往也是神来之笔，因此可以创造全新的形象，给受众制造相似的感受，即做到了动态对等。

我们知道，在中国的洗化品牌中，力士和舒肤佳都是家喻户晓的品牌。从进入中国市场的时间来看，力士是 1986 年进入中国，舒肤佳是六年以后的 1992 年才进入中国市场。在力士抢先占领市场主导地位的优势下，当时的舒肤佳无论是在企业的整体实力、产品技术，还是产品的品质、包装、广告的传播表现、策略的稳定性等各个决定营销胜败的要素上都不如力士。[④] 但舒

---

① 冯修文. 应用翻译中的审美与文化透视［M］. 上海：上海交通大学出版社，2010：136-137.

② 舒肤佳 VS 力士：一点之差　胜败迥异，参见易贤网：http：//www. ynpxrz. com/ n1704557c2320. aspx

③ 冯修文. 应用翻译中的审美与文化透视［M］. 上海：上海交通大学出版社，2010：140.

④ 舒肤佳 VS 力士：一点之差　胜败迥异，参见易贤网：http：//www. ynpxrz. com/ n1704557c2320. aspx.

肤佳却能够后来居上坐上霸主的位子，其中品牌翻译功不可没。

"力士"的拉丁文原名 Lux，虽然让人联想到沐浴在阳光下健康有光泽的皮肤，同时在英文中"Lux"和"Lucks"的发音相同，有好运祝福的含义，满足了商标名易读易记的原则，但中文译名和原商标的寓意和内涵相差甚远。反之，舒肤佳不仅完美贴合品牌形象，还带给人心理享受，让人产生使用后会全身舒爽的联想。由于女士偏爱于表现女性温柔、浪漫气质与典雅、亲切的风格商标，"舒肤佳"（Safeguard）洗涤用品似乎给天下关爱肌肤的女性找到了自己的 bodyguard（保镖），非常迎合女性喜欢受保护、有安全感的心理需求。所以，从商标名翻译的角度看，力士之所以不及舒肤佳的主要原因有二：一是缺乏亲和力。"力士"一词显男性化，而在中国，洗化产品的消费人群主要是女性。二是商标名与其产品功能性联系不够紧密。

因此，在选择合适的翻译方法前，首先应当了解本地消费群体的语言文化，充分了解产品的销售市场及销售对象，结合当地文化和语言表达方式，根据商标品牌名所涉及商品的内涵，选择能激发消费者美好联想的词句，做到既能切外国语的音，同时又能将原商标品牌名的含义表达出来，从而达到译文音美和意美，充分发挥商标的商业广告效应，提高商标词的表意功能，并吸引目标语消费者的眼球，抓住他们的消费心理，激发他们的潜在购买欲望。[①] 由此可见，一个好的品牌名称的译名能够有效推动产品的营销。

五、结论

总之，品牌名称的翻译是一个涵盖语言学、广告学、消费心理学、市场营销学、美学和跨文化交流等的综合过程，在这个过程中要考虑到品牌的目标消费群体的心理需求、文化取向和审美趣味等。品牌名称翻译过程中的一切努力和最终结果，全部都是为了迎合消费者的各种需求，最终实现销售目的。成功的翻译有助于树立良好的形象，传递品牌的理念。好的

---

① 冯修文. 应用翻译中的审美与文化透视［M］. 上海：上海交通大学出版社，2010：125.

商标译词本身就应是绝妙的广告词，具有很好的宣传作用，一个适应于国际流通的商标名称能促进该产品的国际竞争力，而评价商标译词的好坏则应与目的语的读者，即目标市场的消费者接受度为标准。然而，目前国产品牌商标翻译质量参差不齐，一些新上市的品牌并没有正确的英语翻译，在走出去的过程中难免会有障碍。

随着经济全球化进程的加快，也会有越来越多的国外品牌源源不断进入中国市场，国外公司在将其产品投入中国市场时，应当因地制宜，将其产品的商标名进行本地化处理。正如奈达所说，没有哪两种语言是完全相同的，因此只能选用最切近最自然的对等。翻译时应关注受众的感受，以译入语国家的文化与语言为参考，不局限于品牌的字面意思，创造出不仅完整传达意义，而且是意义积极的翻译。这样才能让商标名满足中国消费者的心理需求，推动产品在中国市场的营销。高质量的英文译名有利于树立良好的产品形象，使国有品牌在国际市场上占有一席之地。各种领域已经产生的许多经典汉译案例，需要我们更进一步地去分析和学习，翻译界也会有更多更精彩的作品进入我们的视野。

第三节　公司网站

在经济全球化的背景下，"走出去"成为中国企业求生存谋发展的一大战略。而企业若想成功走向国际市场，首先要借助各类宣传手段打造并宣传自身形象，让产品走出国门、走向世界。随着我国经济的迅速发展，国内许多企业已不仅仅满足于把目光投向国内市场的开拓和发展，而是转向世界这个大舞台。许多企业甚至走出国门，成为享誉海内外的知名企业。有些企业已经用英文宣传进行自我宣传，甚至建立自己的英文网页介绍产品、招商引资或寻找合作伙伴。企业网站的翻译已经如雨后春笋般涌现，成为应用翻译的重要组成部分。国内不少企业的网站也设置为可进行英汉双语一键切换的模式。在双语网站中，海外客户关注的重点之一就是承载产品信息的产品介绍部分，恰当的翻译至关重要。

网站文本往往是企业为树立自己的形象，使用较为生动的语言对自己的现状、历史、组成、业务范围、业务特色等进行介绍，从而达到宣传自己目的的书面材料。其翻译内容涵盖新闻翻译、人物资料翻译、公司简介翻译，以及各类公关活动翻译，这些都是公司的门面，对错漏翻译的容忍度很低，但又都是容易错漏并且无从下手的，这就要求我们不仅要把商务翻译的技巧、原则，熟记于心，在翻译时避免出现此类错误，同时也应该多练、多译，熟能生巧，百炼成钢，用经验来消磨翻译中生硬与僵化的痕迹，这样到最后才能孕育出好的译文。企业网站作为一个重要的窗口，其翻译必须得到充分的重视。在企业网站的翻译中，最重要的是要保证行文准确简洁，体现其商务性，又要区分中英国家在文化习俗，以及日常用语上的翻译。不能想当然地随便翻译，也切忌发挥过度导致译文失真。

一、企业网站的功能与翻译研究概况

企业网站是海外消费者和投资者了解企业信息的重要窗口，企业网站文本宣传资料的目的是让外界了解自身、招商引资、合作发展，因此网站翻译时要做到表达准确，让人知其所云，从而为企业形象加分，对于实现企业网站的主要功能来说也十分重要。除此之外，企业在翻译网站时除了注重企业信息的传播，还应当尽力让海外消费者和投资者信任企业的产品质量。

（一）企业网站文本的主要功能

1. 呼唤功能

首先，根据英国翻译理论家纽马克对文本类型的划分，企业网站材料属于呼唤型文体。① 呼唤型文本的功能在于号召读者采取行动、进行思考

① 纽马克（Newmark，P.）. 翻译问题探讨［M］. 上海：上海外语教育出版社，2001.

或去感受，实际上就是号召读者按照文本的意图做出反映，而网站的宣传材料的目的在于树立企业良好形象，吸引国内外投资商家、销售商、消费者等群体，使得这些群体产生对企业投资或合作或购买该企业产品或服务的兴趣。所以，很多企业在宣传自己的时候，会使用一些描述性较强的词句，中文的企业宣传材料尤其如此。

2. 信息功能

在互联网时代，企业网站为受众了解企业提供了一条快捷之路，其文本材料还兼有信息功能，因为这些材料还要为宣传对象提供一些有关企业情况的实质性信息，使这些对象对企业有一个真正的了解。具体说来，企业宣传材料一般会包括企业的沿革、经营性质和目的、股东情况、注册资金、从业人员构成及人数、厂房状况、业务范围、联系电话和传真、联系人等。这些都是企业宣传的实质性信息，是了解一个企业最便捷的途径。

（二）企业网站翻译的研究概况

网站翻译通常行业性更强，行文更为严谨，介于科技翻译和广告翻译之间。作为这样一种特殊的文体，理应受到翻译界更多的关注。

关于公司网站翻译的相关研究，国内现有的成果主要是以案例分析为主，主要分为三大类：一是基于网站翻译本身提出宏观建议。如宁海霖，许建忠（2008），① 韦晓萍，刘明忠（2009）②，等等；二是先分析案例，指出案例中的问题，再提出解决意见。如以浙江省外向型企业的英文网站为例，探讨外向型企业网站的翻译策略；三是在一定理论框架的指导下，分析案例并提出网站翻译应该坚持和采用的原则、方法和策略。如目的论视角、本地化视角、语境顺应论视角、消费心理视角，等等。此外，还有

---

① 宁海霖，许建忠 . 知"异"方可"译"——谈企业简介的汉译英 [J]. 中国科技翻译，2008（4）：21-23+61.

② 韦晓萍，刘明忠 . 企业英语网站翻译策略研究 [J]. 社科纵横，2009（7）：167-169.

学者借助语料库对比分析国内外英文网站的文体特征。大多数学者在研究中指出中国企业英文网站中存在的语法错误、单词拼写错误、排版不当、中式表达较多、专有名词翻译欠妥、文化差异处理不当等问题，并从企业和译者两方面提出了相应的解决建议。

总的说来，企业网站英译的理论研究规模较小，研究视角有待进一步发展。企业网站是多种类型文本的集合体，不同的文本对翻译方法和策略有不同的要求，纽马克的语义翻译、交际翻译和文本类型理论对企业网站的翻译有较大的指导意义，但当前较少有学者从这个角度研究。下面，我们就从此视角切入，主要借助案例分析法和内容分析法，进一步提出切实可行的网站文本翻译方法和策略，以期丰富我国企业网站英译的研究成果并为当前网站英译提供一定的指导。

二、纽马克翻译理论视角下的网站翻译探究

传播学是研究人类社会信息传播活动的一门交叉学科，20 世纪 20 年代起源于美国，研究对象包含人类社会的一切传播活动，研究网站翻译，用纽马克的翻译理论来指导网站翻译有其可取之处。

（一）纽马克翻译理论下的翻译原则

纽马克是英国重要的翻译家和翻译理论家，他的理论贡献主要为语义翻译（semantic translation）和交际翻译（communicative translation）。语义翻译重点在于，译文要尽可能地保留原文的语义和句法结构，再现原文的语境意义。在遇到难以理解和表达的内容时，语义翻译也增加额外的解释性翻译。而交际翻译则试图使译文对译入语读者产生的效果与原文对原文读者产生的效果一致。在翻译过程中遇到语义和效果的冲突时，交际翻译偏向效果而牺牲语义。①

许多作家和翻译家，如奈达，都曾提到两到三种翻译方法，但他们又大

---

① P. Newmark，Approaches to Translation. Shanghai：Shanghai Foreign Language Education Press，2001.

多推崇其中一种而贬低另一种。纽马克则认为，语义翻译和交际翻译并不互相排斥，反而相互影响，相互包容。在实践中，译者可以且应当在两种翻译理论的指导下选择恰当的翻译方法，以取得较完美的翻译成果。除此之外，根据不同的文体和内容，纽马克还将文本功能分为六类，即表达、信息、呼唤、审美、应酬和元语言功能（蔡萍，2009：78）。其中，纽马克重点论述了文本的表达功能（expressive function）、信息功能（informative function）和呼唤功能（vocative function）（Newmark，2001：13）。文本功能的差异自然与文本类型密切相关，纽马克将文本类型相应地分为"表达型文本""信息型文本""呼唤型文本"。表达型文本和信息型文本偏向客观，重在传达语义，而呼唤型文本偏向主观，强调文本的效果，以使读者采取预期的行动为目的。如此，表达型文本和信息型文本的翻译应当侧重语义翻译，注重准确传达原文语义，而呼唤型文本的翻译则偏向交际翻译，注重译文对译文读者的效果。

某食品集团网站中的内容主要目的在于宣传企业形象，吸引海外合作商及消费者，因此其翻译更注重译文对译文读者产生的效果。从这个意义上讲，译文忠实与否或其忠实程度便略显次要。所以在企业网站的英译上，应当主要采用交际翻译方法，注意译文读者的感受。但同时也应该注意到，企业网站中关于企业经营理念和企业愿景的内容属于表达型和信息型文本，重在宣传企业的价值观，应当侧重语义翻译。

由于网站内容通常是多种类型文本的结合，在翻译中要注意分清文本类型，按照语义翻译和交际翻译的要求，灵活采用直译法、删译法和改译法以及其他能够实现翻译活动目的的具体翻译方法，并始终遵循下面这些基本原则：

（1）遵循信息忠实的原则。在进行公司介绍的翻译时，或直译或意译都应做到信息忠实，具体来说，要求译文必须通顺易懂，符合规范，杜绝文理不通、结构混乱、逻辑不清的现象。

（2）遵循通顺的原则。公司网站文本在很大程度上也属于广告文体，应力争做到符合语言习惯，符合时代特点，符合促进产品营销的出发点，避免死译、硬译。

（3）注重保持原文风格。由于民族风格、文化背景、时代特点、经营特色、产品特点等各不相同，这就要求在翻译过程当中要深入了解所介绍公司的情况，抓住特色要点，正确表达。必要时采用意译法。

（二）纽马克翻译理论指导下的网站翻译

对企业网站的翻译力求准确、完整、全面，翻译此类企业资料的基准就是简洁、达意、交代清楚企业的基本信息，这样才能真正克服语言障碍，促进企业形象的确立。基于以上分析，笔者提出以下三种具体的翻译方法。

1. 直译法

在信息型或表达型文本的翻译上，为准确传达原文语义应采用直译法。

原文：全员参与控制　人人负有责任

　　　遵守食品法规　确保安全卫生

　　　抓好质量管理　满足客户需求

译文：Everyone is involved in and accountable for quality control

　　　Abide by food laws and regulations to ensure food safety

　　　Guarantee quality management to meet customers' needs

如此既保留了原文的语义，也凸显了原文的逻辑关系，且译文形式也符合英语口号式句子正式严谨的行文习惯。

2. 删译法

多处重复的内容采用删译法。如此既有利于节省版面，优化布局，又能帮助浏览者快速准确地找到目标信息。如果网站中包含了大量无效的重叠信息会使国外消费者无法准确把握公司的宣传重点，所以译者在翻译过程中要删去重叠的信息，只翻译企业发展历程和现状、现有机构和现有品牌概述等内容。

包含于英语读者无效信息的内容采用删译法。汉语中时常包含许多极具中国特色的信息和表达，在网站内容翻译中，综合考虑英语中的文化空缺，网站布局和宣传效果等因素，应当采取删译法。

3. 改译法

汉英两种语言在行文规范上存在许多差异，在对应文本的翻译中，为达到良好的效果，应当根据英语的行文规范做出相应的调整。为取得更好的宣传效果，译者在翻译时可根据西方产品介绍的规范，适当采用改译法，准确传达有效信息。例如，将纯豆奶产品信息改译如下：

原文：纯豆奶，不添加蔗糖，只用非转基因大豆和水两种原料，植物蛋白含量4.0克/100毫升，满足追求健康生活品质的人士饮用。包装采用利乐砖无菌包装。

译文：Pure soybean milk

Raw materials：non-GMO soybeans，water

Nutrition facts：sucrose - free，4 grams of vegetable protein per 100ml

Suitable for：people longing for a quality life

Packaging：Tetra Pak

以原文信息有基本依据的删译法和改译法的主要目的在于尽可能减少汉语和英语之间的语言差异和文化差异带来的消极影响，使译文在译文读者身上产生的效果与原文在原文读者身上产生的效果一致，实现翻译活动的目的。但必须注意的是，删译法和改译法不可滥用，只能在有助于实现预期目标且译者能够充分把握原文和译文差异时加以利用。①

4. 掌握常用句式，借助翻译软件

公司网站介绍中多使用一些固定句型，在翻译实践中可以结合具体的例子，并从中找出词汇语言、句法特点，从语言层面对企业网站材料翻译进行分析。同时，确保多页面间的风格统一、表达一致，全面提升网站品质。网站英译句型常见的词组有：

（1）be established... 创建于……

（2）be founded... 创建于……

（3）be incorporated... 合并于……

（4）be involved in... 涉及……，从事……

（5）be listed as the... 被列入……，跻身于……

（6）be located in... 位于……，坐落于……

（7）be named one of... 被命名为……

（8）be ranked... which were the top three... 跻身前三甲

（9）have a general assets of... annual turnover... and trading value...
拥有资产总额……年销量……年贸易额……

（10）manufacture a wide range of... 生产一系列……

此外，网站翻译完成之后，上线前要进行语言和文化测试，确保无误无瑕，并及时更新，检查互联网相关术语的准确性，并让母语为英语者进行润饰，使其更加地道。

三、结论

基于当前在网站翻译研究中结合纽马克翻译理论和文本类型理论，仍有较少被学者涉及，但通过试译，我们发现纽马克的语义翻译和交际翻译

---

① 陈小慰. 翻译功能理论的启示——对某些翻译方法的新思考 [J]. 中国翻译, 2000 (4): 12.

对企业网站内容的翻译有现实的指导意义，这一理论视角能够被应用到企业网站英译实践中，我们尝试提出直译、删译和改译三种具体的翻译方法，但这三种具体译法并非放之四海而皆准，企业网站内容繁多、类型丰富，如网站中宣传口号、产品名称的英译仍需再做针对性探讨。在实际的企业网站翻译实践中，译者首先要对网站内容的文本类型归属有一个清晰的定位，才能判断在翻译实践过程中采用何种翻译方法。

企业网站作为传播企业信息的重要窗口，其建设和翻译必须得到充分的重视。企业应当选择能力相当的译者，组建翻译团队且严格把关英文网站的质量。译者必须本着认真负责的敬业精神，做好充分的调查、分析和研究，努力实现宣传企业形象，吸引消费者及合作商的目的。翻译技巧中最重要的一点——认真、细心、谨慎，有一种匠人精神和精益求精的追求，就是翻译中永恒不变的真理与法则。

第四节　产品描述

随着全球经济一体化的不断推进，各种各样的外国商品涌入国内市场，也有越来越多的国内商品"走出去"布局全球国际市场，满足了国内外消费者的需求。产品描述（product description）是市场了解商品的最基本途径，通过对某产品进行相关的描述，使人认识、了解产品，这是制造商向消费者介绍说明商品属性、结构、规格、用途、使用和维护方法、注意事项、质量保证、销售范围时使用的经济文书，其主要功能是向消费者传授相关商品知识，指导消费者和宣传企业与产品，这也使得其文体特征有别于其他文本。

对产品说明书翻译的需求随着贸易量的增长而日益增长，由于产品描述的文字有其独特的一面，包括其中的词汇、句法、语篇等方面的语言特点，在翻译产品说明书的时候，译者需遵循一定的翻译策略和翻译原则，根据其语言特点进行有针对性的翻译。正确规范的翻译如同一个面向市场的窗口，既能让客户了解产品，也能增强消费者对产品的兴趣和满意度，提升企业的整体形象。反之，如果产品描述的翻译错漏百出，消费者则会对该产品产生不良印象，进而损害了对企业整体观感，甚至影响了一个国家的国际形象和对该国文化的接受度，产品说明书的翻译质量对于产品的重要性由此可见一斑。

一、产品描述的文本特点及翻译理论

（一）产品说明书的文本特点

产品描述，也就是商品说明书，是一种介绍商品性能、特点、规格、用途、使用方法和保管方法、产地、注意事项等信息，从而激发消费者购买并满意使用该商品的应用文体。产品描述的目的主要有二：一是向消费者介绍产品的性质、功效和使用方法等信息；二是在介绍中兼有广告的成分，用艺术性的语言激发起人们选择和购买产品的欲望。简而言之，产品描述的目的就是介绍产品（传递信息）和指导消费。

根据纽马克的文本功能理论，说明书既属于信息型文本，也属于呼唤型文本。译者在语言运用上可以不用照搬原作的形式和内容，而应该以目标语读者的语言层次为准，让目的语读者顺利接受信息。所以说明书的语言规范、准确、简洁，能明确传达产品信息；同时也要求其语言优美，以消费者为中心，提升消费者购买产品的欲望，最终得到消费者的认同并购买产品。产品说明书的语言特点如下：

从词汇特征来看，产品说明书的词汇专用化程度很高，有时候可见长词和生僻词，让消费者感觉更专业正式，也能赢得消费者的信赖。复合词的使用也能节约篇章，增强专业性，起到鼓励和刺激消费者的作用。语词的美感也是一种好的营销手段，能吸引顾客的注意。在快节奏的社会，产品说明书的用词在完整的同时若能做到简单精练，就会越受消费者喜爱，也能让消费者心情愉悦畅快，因为消费者都希望在最短的时间里熟悉产品。

从句法特征来看，产品说明通常是为了告知用户使用产品的方法以及注意事项，在句式上多采用祈使句，让人有一种面对面交流的感觉，也可以拉近与消费者之间的距离。一般使用现在时表示一种同时进行的动作或状态，以便拉近与顾客的距离，仿佛面对面同步告知使用方法，也迎合人们在现实生活中表示客观存在的真理或永恒持续的事物这一心理定式。多使用简单句能让说明书看起来简洁清晰，英语中的非谓语结构包括不定式、分词、动名词等在产品说明书中的运用非常广泛，能在提高语言表达层次的同时，精简句子结构。

而从篇章结构来看，产品说明书的内容一般简短精练，结构层次明了，太长会引起消费者的阅读疲劳，格式也是相对固定，主要是由几个部分组成：名称、成分、功效、使用方法、注意事项，等等。产品说明书具有科技文献的普遍特征，结构严谨，层次清楚，在形式上需要美观，从而发挥一定的广告作用，吸引消费者购买。在篇章结构上各个部分有时候没有直接的字面上的关联，上下段或上下句之间没有很密切的推理或演绎等逻辑关系，基本上没有过渡句或过渡段。

（二）翻译产品说明书的主要理论

总的说来，产品介绍属于应用型文本，主要功能在于向目标顾客或投资者传递信息并诱导消费、投资，因此其英译不仅要关注语言的转换，更要注重其交际的目的。产品描述翻译可能涉及的理论包括目的论、文本功能理论及生态翻译学理论等，下面简而叙之。

1. 翻译目的论

翻译目的论认为翻译是一种人类的有目的的行为活动，目的决定翻译行为。该理论的基本规则包括：（1）译文由其目的决定；（2）译文在目的语文化和语言中传达信息，该信息与原文化和语言中传达的信息相关；（3）译文传达的信息，不可以清晰地译回原文；（4）译文必须与原文连贯，译文内部必须连贯。

2. 文本功能理论

英国翻译理论家纽马克将语言功能与翻译相结合，运用语言学家布勒（Karl Buhler）的语言功能学说，并参照赖斯（Reiss）的文本功能将各类文本体裁划分为三大类：（1）表达型，核心是突出作者及文本本身；（2）信息型，旨在传递信息的真实性，其核心在于内容及主题；（3）呼唤型，其核心是读者层，它注重信息的传递效果和读者效应，引起读者的行为反应。

3. 生态翻译学

生态翻译学（eco-translatology）是译者适应翻译生态环境的选择活动，强调以生态学的角度和方法进行宏观的翻译研究。该理论强调"翻译适应选择论"，顺应了中国古代"天人合一"整体观等传统哲学思想，也从英国生物学家达尔文的生物适应选择学说发展而来。目前，生态翻译学研究主要有下列的焦点和理论视角，包括生态范式、关联序链、生态理性、译有所为、翻译生态环境、译者中心、适应选择、三维转换、事后追惩，等等。

二、产品描述的重要性及其翻译原则

根据 2014 年 1 月 15 日的《人民日报》（海外版）的一则报道：

近日，在美国南加州华人超市及中餐馆内销售的龙利鱼片被质疑用猫鱼片混充。消费者反映，在华人超市中购买的龙利鱼片带有较重的土腥味，而龙利鱼属海鱼，不应该有土腥味。经调查发现，商家在贩售这种鱼片时使用的英文名称是"秋鱼（或猫鱼）鱼片"，而标注的相应中文却是"龙利鱼片"。这两种鱼经常被混淆，但实际上所指的并不一致。猫鱼是鲶科拟鲿属的物种之一，属淡水鱼；龙利鱼为舌鳎科、舌鳎属，是一种暖温性近海大型底层鱼类，口感较猫鱼更为爽滑鲜美，价格也更昂贵。把"猫鱼"翻译成"龙利鱼"，不知是利益驱动下的有意为之，还是翻译者的概念不清使然。总之，不负责任的中文翻译给当地华人超市形象蒙上了"失信"的阴影。[①]

由上述案例可见，产品描述不仅是消费者了解产品最直观的渠道和媒介，也关系着产品、企业乃至国家的整体形象。因此，在翻译产品描述的时候，要遵从的主要基本原则包括以下三个方面。

（一）忠实原则，传达客观真实

说明书要向消费者介绍的相关信息，翻译时不可夸大产品的功能，欺骗消费者，不然则会损害企业形象，不利于企业的发展；也不能减弱产品的功能，否则消费者将没有意愿购买该产品，而说明书的目的就是促成购买，这与说明书的目的相悖。更为严重的是，那些劣质的译文还可能影响到正常的生产秩序，甚至危及消费者的生命与财产安全。所以，在翻译时，译者应该对产品作出客观真实的翻译，保证内容的完整性和准确性，从而使目标语读者了解产品，翻译的缺失或随意篡改都会造成消费者的误解。比如，在翻译药品的说明书时便要尽最大可能地忠实于原文，因为这涉及病人的生命安全。

（二）连贯原则，传递产品美感

连贯性原则指的是译文必须符合语内连贯的标准。所谓"语内连贯"是指译文必须能让接受者理解，并在目的语文化以及使用译文的交际环境中有意义。产品说明书除了向消费者传达产品的相关信息外，同时具有广告功能，即用艺术性的语言激发起人们选择和购买产品的欲望。所以目标语读者应能从译文中获得美的享受。比如，在翻译化妆品的说明书时，褒义词是优先考虑的。目的就在于引起消费者的美感，并且带来美好想象，使人们愿意购买。

---

① 武玥：《海外翻译能否破解华人之"囧"?》，载《人民日报》（海外版），2014年1月15日，第006版。

（三）专业术语规范，信息传递完整

产品说明书是一种专业性较强的应用型文体，其中包含相关产品的专业技术知识，专业技术词汇在所难免。译者在翻译过程中一定要使用与译入语相对等、恰当的专业术语。另外，向用户或消费者传递的信息要完整，不可遗漏，而且必须客观准确、清晰明白，不可有任何容易产生歧义的地方。

熟记了这些原则，我们可以继续通过案例来进行分析，这里选择的是国内家喻户晓的上海家化联合股份有限公司旗下的"六神"系列产品。应该说，根植于传统中医的"六神"品牌在国内口碑极佳，从 1990 年第一瓶六神花露水上市开始，六神花露水就成为国内许多家庭的必备日用品。2016 年，"六神"开始进军国际市场，取得了良好效应。但是，国外的顾客大多把六神花露水作为香水使用，并不清楚六神花露水蕴含着更强大的祛痱止痒、驱蚊抑菌等传统中医药配方的效用。出现这种现象的一个主要原因在于国外顾客对于"六神"产品的不了解，因此，恰当的产品介绍的英译对于推广具有中国特色的产品十分重要，有利于扩大具有中国特色的产品的海外市场，让世界更加了解中国产品、中国制造。

下面，我们主要从生态翻译学的理论出发，分析"六神"系列产品的说明书的目的和文本类型，并以在官方网站中的产品介绍的英译情况为例，结合生态翻译学的转换原则，分析"六神"产品介绍英译的优点与不足，以期为日后相关领域的产品介绍英译提供借鉴。

三、生态翻译视域下产品描述的翻译策略

（一）生态翻译学理论在产品描述翻译的适用性

生态翻译学的研究理论主要关注源语与目的语之间语言维、文化维、交际维三个维度的转换，这是由胡庚申在其所提出的翻译适应选择论的基

础上发展而来。"生态翻译学着眼于翻译生态系统的整体性,从生态翻译学的研究视角,以生态翻译学的叙述方式,对翻译的本质、过程、标准、原则和方法以及翻译现象等做出新的描述和解释。"[①] 生态翻译学强调在翻译的生态环境中三个维度的适应性选择转换,语言维的适应性选择转换指在翻译过程中对语言形式进行不同层次、不同方面的转换;文化维的适应性选择转化关注源语与目的语的文化差异,关注整个文化系统;交际维的适应性选择转化则要求译者除了要关注翻译的语言维和文化维以外,还要关注交际意图。语言维、文化维、交际维这三个层面不是相互独立的而是相互联系的,正如生态系统一样环环相扣。因此,在翻译时不能只考虑某一层面的传递而忽略整体的表达。

同时,生态翻译学也对翻译适应选择论的翻译文本解释功能做出了进一步论述,认为:(1)翻译过程——译者适应与译者选择的交替循环过程;(2)翻译原则——多维度的选择性适应和适应性选择;(3)翻译方法——三维转换;(4)评价标准——多维转换程度、读者反馈以及译者素质。由此可见,从生态翻译学的研究理论出发,翻译时必须关注语言、文化、交际三个维度的转换,有助于提升文本的译文质量,从而达到更好的推广效果。

同样,生态翻译视域下产品描述的英译,也可以从语言维、文化维、交际维的适应性选择转换来进行展开。我们知道,六神系列产品主打中草药配方,具有中国传统中医药特色,而六神所蕴含的中草药成分是一大特色也是一大卖点,却也是国外受众无法自动获得的常识性理解。由于产品介绍的主要目的在于吸引顾客购买产品或进行投资,因此,其英译还涉及传统文化的传递,才能切实提高品牌的海外知名度。

(二)产品描述翻译的三维适应性选择转换

通过商品说明书的英译及汉译实例论证,主要涉及三维层面的适应性选择转换。在语言维层面,这里主要探讨六神系列产品在官方网站中产品

---

① 胡庚申. 生态翻译学解读 [J]. 中国翻译, 2008 (6): 11.

介绍英译的表达的准确性。在文化维层面，主要分析其英译是否有效传达文化信息，突出产品特点。而在交际层面，主要考虑译文能否达到作为产品介绍文本应有的交际效果。通过分析这些选择转换的案例，可以提出行之有效的翻译策略，从而达到预期的目的。①

由于语言所涉及的因素比较多，涵盖各个层面，因此，语言维的适应性选择转换在翻译时也涉及多方面的考虑，比如词汇的选择、句式的使用、语法是否正确、译文是否达意、专有名词或高频率出现的名词是否保持一致等。语言维是达到有效交流最基本的也是必不可少的重要因素，实质信息是否得到有效传递往往取决于这一层面的适应性选择转换是否达到良好效果。

（1）产品名称英译的词汇选择

"六神"系列产品最为著名的就是六神花露水，但是风靡国内的六神花露水在海外并没有"扬名海外"。导致这种现象的原因可部分归咎于六神花露水的英译名称。通常来说，一个产品的名称，尤其是外来产品名称的翻译，最好能让消费者对不太熟悉的产品之品质、性能有个大概的了解。比如，Goodyear 轮胎的中文名称"固特异"，就通过其中文名字表现出了轮胎的高品质，该产品在中国也迅速被接受并广为人知。

六神花露水的英译名称有两种：一为"Liushen Florida Water"，另一种为"Liushen Floral Water"。第一种英译名称采用的是借用的方法："Florida water"指美国版的古龙香水，与中国版花露水成分相似，被认作古龙水的一种，以柑橘味为主调，并没有"六神"强大的驱蚊功效。借用译法不失为一个传递习语含义的好方法，但作为产品名称的翻译，直接借用可能会使消费者产生望文生义的问题。"借用译法是翻译习语的常用方法之一，即借用目的语中相似的习语来套译原语中的习语，它能使译文言简意赅、易于理解，但如果译者对习语的文化内涵缺乏正确和全面的理解，容易造成借用不当。"② 因此，当六神花露水被译为"Liushen Florida

---

① 本部分"六神"系列产品介绍英译的案例分析由李春燕提供。

② 董晖. 习语翻译中的借用译法 [J]. 成都信息工程学院学报，2003（3）：322.

Water"，这一借用的译法虽然给海外的消费者带来熟悉的感觉，但由于采用与香水同样的名称，海外消费者联想到美国的 "Florida water"，会误以为六神花露水仅仅是一种香水，从而无法了解到六神花露水止痒驱蚊等功效，使得该品牌在海外的传播也因此受到限制。相比之下，采用直译法的译文 "Liushen Floral Water" 虽然可能会让消费者对产品产生疑惑，但是却不会误导消费者，也不会在名称的层面降低六神花露水的性能，更带有一丝神秘感，只要宣传到位就能产生很好的推广效果。

（2）无主句的翻译

在考虑语言维的适应性选择转换时，译者一定要考虑的因素就是英汉语言之间的差异。汉语的产品介绍中常常出现无主句的表达而英语是主语显著的语言。应该说，六神系列产品的英译本注意到了英语与汉语间的这一点差异，采用补充主语或译为被动句的方式来翻译无主句，译文符合目的语的表达习惯。例如：

原文：六神沐浴露添加多种程度的天然清凉成分，洗去汗水、黏腻和烦躁，恰到好处的清凉触感，淋漓畅快，焕活身心。富含本草成分，以健康自然的方式解决汗味困扰。

译文：Liushen body wash series contain a variety of natural ingredients to cool the body, wash away sweat, and remove stickiness and irritation to leave you feel energetic. Rich in herbal ingredients, Liushen vitality floral water eliminates the odor in a natural and healthy way.

以上例句的译文都采用了直接补充相应的主语，即产品名称的方式，从而即使译文符合语法规则，也增加了产品名称在产品介绍中出现的次数，起到了突出强调的作用，并保证了译文句意完整。我们再来看一个语态转换的例子：

原文：另含天然植物洁肤配方，易冲洗。

译文：The natural plant formulation can clean the body and is easily washed off.

无主句的翻译除了可以直接补充增加主语外，还可以在句中选择合适且重要的信息作为主语，这样既可以译成完整的句子符合英文的语法规则，也符合英文的表达习惯，突出主要信息。

（3）误译及改进

不论是产品介绍的翻译还是任何其他类型文本的翻译，符合语法规则是一个最基本要求，否则会产生十分严重的后果。比如，像产品介绍文本的翻译，若是译文出现语法错误，会给目标读者留下不专业的印象，潜在的海外客户不仅会认为译者不专业，甚至会怀疑产品的质量，怀疑整个企业的水平。六神系列产品介绍的英译总体上来讲较为规范，但个别地方仍出现了语法错误。除了出现语法错误之外，产品介绍的英译中还出现由于源文理解错误或其他原因造成的翻译不当，这也会严重影响客户对产品的了解及对产品的印象。例如：

原文：六神中草药健肤沐浴露系列

　　　·富含高活性艾叶/甘草精油，健肤有效更安心

　　　·泡沫丰富，香气清雅

译文：Liushen Chinese Herbal Shower Gel Series

　　　·This series are rich in highly active silvery wormwood and licorice oil, so they are more effective and safer for healthier skin

　　　·They generate rich foams, refreshing and elegant fragrance

其中，"泡沫丰富，香气清雅"属于并列结构，意为这一系列的沐浴露会产生丰富的泡沫和清雅的香气。该译文中两个并列结构之间缺少了连词，不能只用一个逗号连接，这里应把逗号去掉并增加一个连词"and"，

即译为 "They generate rich foams and refreshing and elegant fragrance" 较为理想。我们可以再看一个例子：

原文：六神宝宝系列

    ·幼科本草，天然呵护

译文：Liushen Baby Series

    · The young Chinese herbal medicine gives babies natural care

这个英译则犯了翻译不当的错误，将"幼科草本"译为了"The young Chinese herbal medicine"这样逐字翻译的译文显然没有达到传递正确语义的效果，容易让读者产生误解。"幼科"指"小儿科"，"幼科草本"指的是适用于婴幼儿的草本。在六神宝宝系列产品介绍的语境下，这里的"幼科草本"指的则是"婴幼儿可以放心使用的草本"，因此，译文可改译为"The safe Chinese herbal medicine for babies gives them natural care"。

（三）文化维的适应性选择转换

文化维的适应性选择转换，指的是译者在翻译过程中关注双语文化内涵的传递与阐释。"这种文化维的适应性选择转换在于关注源语文化和译语文化在性质和内容上存在的差异，避免从译语文化观点出发曲解原文，译者在进行源语语言转换的同时，关注适应该语言所属的整个文化系统。"① 根据胡庚申对"文化维的适应性选择转换"的阐释及说明可以了解到文化信息的传递需要关注文化差异，需要关注语言所属的文化系统。"译文只有依托源语文化，积极适应译语生态环境，才能顺利完成文化维的适应性选择转换，将源语所承载文化传递到译语文化生态环境之中。"② 六神品牌植根于传统中医，中草药文化是六神品牌的重要特色，六神系列

---

① 胡庚申. 生态翻译学的研究焦点与理论视角 [J]. 中国翻译，2011（2）：8.
② 曹万忠，熊曦瑞. 生态翻译学视角下的文博翻译研究——以信阳博物馆解说词为例 [J]. 外语教育与翻译发展创新研究，2019（8）：286.

产品的产品介绍中出现了许多蕴含传统中医药文化特色的词汇，如"中草药""汉方精粹""幼科草本""草本精华""六神原液"等。因此，六神系列产品介绍的英译不能忽视文化信息的传递。例如：

> 原文：六神玻璃瓶花露水系列
>
> ·经典玻璃瓶，始于 1990
>
> ·多样功能，满足多种夏日需求
>
> ·蕴含"六神原液"
>
> 译文：Liushen Glass-bottled Floral Water Series
>
> ·This series use classical glass bottles, firstly launched in 1990
>
> ·With diverse functions, they can meet different needs in summer
>
> ·Contain "Liushen crude liquid"

"六神原液"指从六味天然植物中草药中萃取的原液，这是汲取《本草纲目》六神丸古方的精髓，也是六神品牌解决燥热驱除蚊子的主要配方。"六神原液"一词多次出现在六神系列产品的产品介绍中，包括花露水、沐浴露、香皂等。由此可知，"六神原液"是六神系列产品主打特色、独家配方，其中医药文化元素是一大卖点。然而，从该产品介绍的英译本来看，译文采用了直译的方法直接将"六神原液"译为"Liushen crude liquid"没有起到突出产品独特的中医药文化的作用。

"中国文化对海外消费者具有一定吸引力，以独特的中国文化元素为卖点的同时，满足海外多数消费者对产品的功能及情感性需求，可使中国品牌将海外消费者对异国文化的好奇提升为其对异国文化特色品牌的好感。"[①] 为了突出产品的独特中国文化元素，可以在翻译时对必要的信息进行补充说明，采用直译加释义的形式。因此，"六神原液"可改译为"Liushen crude liquid（extracted from six different types of Chinese herbal

---

① 傅慧芬，孟繁怡，赖元薇. 中国品牌实施外国消费者文化定位战略的成功机理研究［J］. 国际商务，2015（4）：114.

medicines）"。

（四）交际维的适应性选择转换

产品介绍的最主要的交际意图是向读者传递信息并倡导购物。交际维的适应性选择转换主要是指译者在翻译过程中关注双语交际意图的适应性选择转换。它要求译者除语言信息的转换和文化内涵的传递之外，把选择转换的侧重点放在交际的层面上，关注原文中的交际意图是否在译文中得以体现。因此，为了在译文中实现原文的这一交际意图，翻译时需要采用符合受众语言习惯的表达，让译文更加自然得体。

在汉语的产品介绍中，由于文化传统和思维模式的影响，常常会出现一些华丽的词语和句式。而根据英文的表达习惯，产品介绍应注重实质信息的传递，因此在翻译过程中可对原文进行适当的改写、简译或调整。例如：

> 原文：添加多种程度的天然清凉成分，洗去汗水、黏腻和烦躁，恰到好处的清凉触感，淋漓畅快，焕活身心。
>
> 译文：Liushen body wash series contains a variety of natural ingredients to cool the body, wash away sweat, and remove stickiness and irritation to leave you feel energetic.

很显然，原文属于传统中文的表达方式，使用了许多四字词语，如"淋漓畅快""焕活身心"等，和"恰到好处的清凉触感"这些表达来修饰产品。例句的译文则进行了较大的改写和简译，把"恰当好处的清凉触感""淋漓畅快"这些过多的修饰信息省去不译，并对"焕活身心"进行了改写，译为"to leave you feel energetic"。这样，经过简译改写后的译文，可以"恰到好处"地将原文信息传递出来，符合目的语的表达习惯，达到了原文的交际意图。

四、关于翻译方法的延伸思考

"六神"品牌产品介绍的英译从整体上看不存在太多的误译，但从实现原文与译文生态平衡的角度来看仍有许多需要改进的地方。生态翻译学所关注的语言维、文化维、交际维三个维度的转换是密不可分的，忽视了其中任何一个维度都无法创造出和谐生态化的译文，也无法实现原文的交际意图。就目前来说，产品介绍的翻译多以交际翻译理论或语义翻译理论为指导，但对于像"六神"这一类通过文化元素形成独特卖点的品牌的产品介绍的翻译，除了要关注语言和交际方面的转换，还要关注文化信息的传递与翻译，将翻译置于整个语言生态环境中去。因此，要准确规范地翻译专业术语，生态翻译理论对于具有相似特色的品牌的产品介绍翻译提供了新视角并且具有指导意义。我们可以就这个案例的分析做进一步的思考，好的翻译大致要做到以下几点。

（一）传达准确信息

一切的翻译都要以信息完整为基础，无论是直译还是意译，归化还是异化，最核心最关键的就是要把信息内容表达完整。产品说明书的翻译也是如此，作为信息传递性的科技问题，翻译时应该尽量忠实于原文，但并不代表是逐字译，即所谓的"信息对等"。从内容和含义上都要依据原文，真实传达，极具客观性，实现它作为信息型科技文体的语用功能。

（二）注意中西文化差异

汉语是动态语言而英语是静态语言，汉语重形象思维，而英语喜抽象思维，在翻译过程中一定要注意这些差异性。通过上述多项译文与原文对比我们可以体会到，中文说明书会较多使用比喻等修辞手法，通过使用带有美好意义的名词作为喻体，引发读者美的感受。而英文则多采用比较客观的语气，用祈使句和非人称形式，很客观地呈现说明书的内容。

（三）注重翻译的美感

翻译产品描述的时候不能离开"美"，包括内容美、形式美、和谐美等，在词汇的选择上要注意美感，在结构的组织上也要注意美感。好的说明书的美感会给销售加分。经调查，有些顾客在购买产品时，极大可能会因为产品的介绍来选择产品，因此在翻译过程中，对原文内容了解通透之后，要在忠实于原文的同时，给译文以美感。

五、结语

综上所述，产品说明书整体短小精悍，用词专业准确而富有美感，在词汇、句法，以及篇章上都具有其独特的风格，在翻译过程中，要注意信息传达的完整性和准确性，另外也要注意不同语言之间的对等和一致，要注意避免文化差异的"雷区"，对于某些特定产品，在翻译时要恰当使用带给人美感的词汇。落实到具体做法，产品说明书的翻译应该从目标语的语言和目标语读者的语言层次出发，遵循功能目的论进行翻译。在翻译时，首先要传递真实、完整的信息，遵循忠实的原则；其次译文的语言要简洁通顺、通俗易懂，照顾目标语读者，必要时可进行减译，只译出主要信息即可；产品说明书不仅起到传递信息的功能，更重要的是起到广告功能，指导消费，所以就要求译文要具有美感，使得目标语读者能从译义中获得美的享受，带来美好想象。由此可见，在翻译产品描述的过程中，褒义词是优先考虑的，除此之外，译文应该还具备形式美和内容美。更重要的是，要能够达到吸引和感染消费者，促进消费者进行消费，为该产品带来最大的经济效益。

第五节　广告策划

广告（Advertisement）是一种特殊的应用文体，语言规范准确，但又有别于其他类型文体，一般短小精练且富于艺术性，好的广告文案能吸引消费者的注意，激发消费者的购买欲望。优秀的广告，不仅具有很高的商业价值，同时也有一定的语言研究价值和审美价值。面对国际市场的激烈竞争，所有生产商都面临着一个无法回避的问题，那就是如何更多地卖出自己的商品，因此，广告宣传必不可少。随着中国经济发展大步向前，民众生活质量的不断提高，国际贸易日趋频繁，大量中国产品"走出去"的同时，国外产品也不断涌入中国，丰富了广大群众的物质文化选择，也使得广告在人们的日常生活中扮演着越来越重要的角色。

在信息社会中，广告策划的重要性日趋显著，广告词是否能给人们留下深刻的印象是衡量广告投放成功与否的关键。从某种程度上说，广告就是一个企业的文化标牌，广告策划的成功与否直接关系到企业在国际市场上的竞争力。为了使广告具有特殊的感染力，能在最短的时间里促进产品的销量，许多广告用词优美独到，句法洗练而内涵丰富，具有强烈的艺术感染力、视觉冲击力和语言说服力。因此，广告词应易于理解，便于记忆，还要新颖独特，具有较高的审美价值。在国际商业舞台，很多跨国公司的英文广告强调巧妙的设计和良好的效果，而奇巧的构思和强烈的感召力很大程度上体现在广告词之中。这也使得广告策划的翻译往往需要经过多番推敲，也为翻译从业人员带来各种新的挑战。

一、广告翻译的主要策略与方法

广告翻译的最终目的是吸引目标语的消费者，最终成功地销售产品。在实际的翻译过程中，译者可以根据不同的语篇，通过深入了解广告的目的性质，灵活地运用各种翻译策略来完成翻译，并做出相应的调整以使译文更易于读者接受。常见的翻译策略与方法包括直译、意译、改译、创译、套译、转译、仿译、修辞译法等，基于广告的功能要求，其翻译也要求译者调动一切有效策略、手段和方法，以广告语音、词形、意向、字符书写印刷、图文共现视觉效果或产品的功能特征凸显等作为依据，在目标语投放形式新颖、内涵丰富、让受众喜闻乐见、接受效果显著的翻译作品。

（一）直译

直译是指翻译时没有对源语信息做任何的删改，是广告翻译中经常采用的方法。在直译过程中，源语语言是翻译唯一的信息材料来源。译文在符合译入语语言规范，又不会引起错误联想的前提下，既保留了原文的内容，又保留原文的形式。从等效翻译策略的角度来看，目标语言的反映必须在一定程度上与原文相同，直译采用源语的语言规范，保留原文内容和原始形式、结构，尤其是保持原有隐喻、意象、民族色彩和地方色彩，从而有效地表达原文意义，同时反映原文风格，也不会造成与前提相关的错误。例如：奔驰汽车的广告 "Engineered to move the human spirit"，汉语被译为 "人类精神的动力"，句子简短自然，每个普通人都能理解，体现了汽车的特点，也易于阅读，引起读者的反思。又如，有个化妆品的广告 "Look young in only two weeks" 被译为 "两周之内变年轻"，两者都是运用夸张手法，使广告产生了极大的艺术感染力，这也让人想起中国有句关于美容香皂的广告词 "今年二十，明年十八"，两者可谓异曲同工。

直译的优势在于保留了源语语言的形式和内容。不少化妆品，特别是国外的化妆品，喜欢使用人名作为品牌名，翻译时也多采用直译音译的策略，如 Dior "迪奥"、Amarni "阿玛尼" 等，这样的翻译虽然洋味十足，但往往也会导致吸引力不够，尤其是顾客在第一次看到这些品牌对他们并不了解的时候。

（二）意译

由于中英在文化和语言上的巨大差异，翻译时常常需要以不同于源语形式的表达呈现，这也使得意译成为广告翻译的另一种比较常用的翻译方法。与直译不同的是，意译比较注重原文的内容而非形式，译者会考虑到由于文化差异而引起读者在阅读和理解上的差异，使得翻译出来的译文相当地道，可读性也很强。例如，翁伯玫瑰香水（Ombre Rose）的英文广告 "The One Fragrance that will make you forget all others" 被译为 "一瓶在手，不恋他香"。这则英文广告均是由简单句组成，译者在翻译时考虑到中文的语言形式比较青睐四字短语，所以用了两个简洁明了的四字短语，却能够全面地传达出原文所要表达的信息。虽然在句法层面上对原文做了很大改动，然而译文却达到了传递信息、吸引读者的目的。

　　一般说来，当中英文的词序、语法结构和修辞手段存在很大差异时，最好采用意译的手段。译者必须摆脱原文形式，充分发挥想象力，使广告更符合译入语的行文习惯和文化。例如，有个篮球鞋的广告"The who, what, when, where, and why of Basketball Shoes"就是被译为"涵盖一切的篮球鞋"，该广告中的 5 个疑问词（Wh-word）原本是指一篇报道性的新闻应具有的要点，这里指"包括一切要素"的意思，很显然，意译比直译更明了。又如，食品说明常见的"本品可即开即食"往往译为"Ready to serve"，若直译为"Opening and eating immediately"，会让外国人误以为该品不易存放，所以采用意译法是更好的方法，能使国外消费者产生相同的联想。

（三）改译

　　有时候，在翻译商品广告时，如果只注重忠实于原文，就不能很好地起到吸引消费者的作用。所以，为了让译本更具促销效果，许多品牌广告翻译时都采用了改译原则，在保留想要传递给消费者信息的前提下，做一些适当的调整。改译是译者对目标文本做了较大的改变，从而使原文文本和目标文本无论在形式上还是在内容上都有很大的不同。当然，译者必须理解原文的意图，并在此基础上灵活地采用各种翻译策略，必须服务于能否促进商品销售这个主要目标。对于原文的某些关键词，译者要进行引申或扩充，使其深层意思加以凸现。例如，化妆品的品牌名称"Kiss Me"（眼部系列，包括眼线笔、眼影等），该产品中文被译为"奇士美"，如果直译为"吻我"，传统的中国消费者会觉得难以接受，因此，这时候再去抠字眼反而失去意义了，译者用词也较为保守，用"美"这个字指代了消费者对于化妆品所能带来的一种美的渴求，反而更能为中国消费者所接受。

由此可见,改译产品广告已不拘泥于源语本身,而是更注重推销产品,突出功效并使得消费者感受到译语语言的优美,这样艺术性的修改使得消费者能够感受产品之功效及美感,继而引发购买的欲望。改译有时是大幅的修改,如别克轿车的"志在千里",英文其实是"In search of excellence",此处译者就是使用改译来翻译广告,以适应目标语言的文化品位。有时候,改译只是根据意思进行了一些意义上的信息增加,比如,国际知名的健康美容连锁店 The Body Shop 被译为"美体小铺",对"body"不是直接译为"身体",而是增加了形容词,目的在于体现了该品牌的最初目的,使肌肤变得更加健康、美丽。

实际上,改译的这种"不忠实"有点类似广告语本身有时也突破语法规则的约束,反而往往能收到意想不到的效果。作为广告翻译的一种常见手段,改译在传递源语本身意义的基础上,不仅为广告翻译提供了新的视角和思路,而且更能表现出音形意的结合,既给消费者美的感受,也能提升产品的销售量。

(四)创译

创译是一种再创型翻译,是一种基于功能目的论原则的拓展,以译语文本往往具有创意性为目标。创译往往需要打破源语文本句子结构和字面意义,重构整个促销译文文本,进行创造性的翻译,从而使消费者能更好地接受。因此,从某种程度上来讲,创译可以说是一种再创作,为的就是使译文在目标语的文化语境中听起来和读起来更加自然优美,富有更强的感染力。在译出原文的基础上进行创造性翻译,不仅传达出产品本身的成分、功效,而且给予消费者听觉和视觉的享受,以及美好的想象,可以有效劝诱消费。通过创译的句子往往短促有力,营造晴朗明快之感,使顾客眼前一亮。

(五)套译

所谓套译,更多是基于一种文化对等的考虑,是指套用文化色彩浓厚的名言佳句，以便营造一种亲切的氛围，使译语读者有一种似曾相识的感觉，从而引起共鸣，达到广告文本的功能效果。我们来看一个速效救心丸广告的例子：

英文：A friend in need is a friend indeed.

中文：随身携带，有备无患；随身携带，有惊无险。

这则广告的中文版用了中国人喜闻乐见的四字格，并运用反复和排比，突出了药品的优点。其英语广告则套用英语谚语，应用反复和拟人手法，将救心丸比拟成朋友，在患难中随时对你施以援手，这种译法比直译更能引起共鸣。又如，日本三菱汽车公司向我国市场销售产品时使用了"古有千里马，今有三菱车"。该广告词巧妙地利用了中国谚语，使中国消费者读来有亲切感，进而引起了购买欲。

一般来说，套译是一种保持原文风格，但不能保持文本特征的方法。在翻译过程中，需要进行变通。由于地理、风俗习惯和历史文化的差异，不同观念对同一事物有着各自独特的表达方式。因此，当我们使用套译来解决这个问题时，并不意味着随意改变翻译，使翻译偏离原来的方向，译者能做的只是使用不同形式来表达相同的意思。

（六）仿译

仿译先确定原文的意义，然后按照其艺术特点进行模仿翻译，这一概念来源于美感、风格和读者接受的观点。很多中外广告在内容和形式上具有大致相同的意象意义和修辞色彩，这时候采用模仿翻译的方法，不仅能够保持产品形象，满足顾客的心理，而且尊重源语和目标语的文化传统和语言表达习惯。例如，日本丰田汽车在英语国家的广告是"Where there is a way, there is a Toyota"。当它进入中国市场的时候，其广告就被翻译成"车到山前必有路，有路必有丰田车"。这里，它以功能对等为基础，高度重视中国文化，所以借用了一个汉语成语，给中国消费者留下了深刻的印象。这是以读者为中心，使用读者的文化背景来翻译广告，姑且称之为模仿性翻译。仿译的一个最大的优势就是它能让人们对产品产生积极而深刻的影响，同样可以达到广告的商业目的。

众所周知，《独立宣言》的第一句话是"All men are created equal"。因此，当三菱进入美国市场时，英语广告是"Not all cars are created equal"。日本广告商把"人"变成了"汽车"，强调广告诉求。他们把肯定句改为否定句，强调三菱比别人好，使得三菱成功地在美国上市。日本汽车之所以在世界市场占有最大份额，其中一个主要原因是日本广告商非常重视当地的文化背景，强调用习语与顾客产生共鸣。再看一例汽车广告"Chevrolet：Future for my future"，这里被译为"雪弗兰：未来，为我而来"。很显然，这也是一种"神来之笔"，如果我们逐字逐字去机械地翻译它，就无法实现原汁原味的功能对等。

（七）补译

由于语言差异既与思维方式的表现形式有关，也与文化有着密不可分的联系。社会语言学和人类文化学的研究表明，语言既是一种文化活动，又是文化的载体，它对文化起着重要的作用。不同民族之间的语言是有差异的，而不同民族之间的文化差异必然会在语言中有所反映，成为我们交际中的障碍，这是在翻译中客观存在的根本性问题。我们在翻译时要认识到语言文化背景的多样性，认识到不同文化背景下的语义多样性、文化蕴含的差异性等，根据不同情况和需要，适当进行翻译补偿，使原文语义信息与译文信息尽量对等，从而有效地传达出源语言承载的文化信息或语义信息，减少翻译时语言间"代码转换"过程中文化语义信息的缺失或扭曲。

二、广告翻译中的常见问题与处理原则

商务广告语的翻译是企业形象战略和对外交流的重要组成部分，翻译的商务广告语如符合异国文化和语言习俗，就容易得到新市场的认可。实

际上，在商务广告语的实践翻译中，译者是在从事一种再创作。因此，译者应在遵循基本翻译原则的前提下，尽可能地发挥想象力和创造力，把握好商务广告自身的规律和语言特色，挖掘商品表征和译入语文化上的相似特征，考虑价值观念和象征意义等方面存在的差异，综合运用各种知识和翻译技巧，尽可能使译入语充分传达出源语文化或语义信息，以充分展现商品的特色。这需要牵涉各个环节的谨慎处理，也往往导致出现的广告翻译问题更是多种多样。

（一）广告翻译的常见问题

1. 广告翻译的用词不当

我国广告的英语译文中用词不当的现象相当严重，这主要是因为译者的语言水平或文化意识没有跟上，翻译用词时缺乏推敲，把一些想当然的词语信手拈来，导致以讹传讹，甚至闹出不少笑话来。

比如，上海生产的"标准牌缝纫机"曾被误译成"Typical Sewing Machine"。"标准"在《新华词典》中是指产品质量技术和规格都符合进口市场的标准，而"typical"则是"典型的"之意，容易被理解成"普通"的意思，而一个"普通的缝纫机"在追求新、奇、异的国际市场上怎么会有销路呢？

又如，有一则锅巴的广告词："本品可即购即食，食用方便"，曾被译为"Opening and eating immediately"，这里用"immediately"来翻译广告中的"即"不是很好，因为国外消费者读到此词时所产生的联想是"不吃掉，商品马上会坏"，请问谁会买这样的产品呢？

2. 广告语言平淡，缺乏感染与吸引力

一则广告能否吸引消费者的眼球、激发其购买欲望，关键在于广告语言的感染力。可是一些翻译广告的语言平淡，缺乏吸引力，也会失去广告的感染力和艺术色彩。例如：

原文：Coke refreshes you like no other can.

译文：没有什么能像可乐那样令你神清气爽。

这里如果我们把原文和译文相比较，就会发现译出语广告平淡，而原文则透出一种"只有我才能做到"的霸气。而且，将"Coke"译为"可乐"也不甚妥当。实际上，广告中 Coke 指的是 Coca-Cola，是商标的简写体，在美国已很少用其全名。所以，如果译为"可乐"固然没错，可以指代"可口可乐"，但很容易引起误解，因为市场上还有其他品牌的可乐，比如百事可乐、非常可乐，等等，因此，该英文广告可译为："可口可乐——提神醒脑，无与伦比"。我们再来比较两个译文版本：

原文：A deal with us means a good deal to you.
译文 A：和我们做买卖意味着您做了一笔好买卖。
译文 B：同我们做的买卖，都是回报丰厚的好买卖。

可以看出，译文 A 机械照搬原文用词，表达生硬，翻译痕迹太浓，相比之下，译文 B 虽然摆脱了翻译腔，但没有将"mean"对号入座地翻译出来，也使得译文广告文字表达没有力量，不像原文广告那样给人充满自信的感觉。因此综合考虑，不妨译为"同我们做买卖，保您回报丰厚"。

3. 翻译时重形似轻神似，缺乏广告味

我们知道，翻译说明文要有说明文的"味"，翻译记叙文要有记叙文的"味"，同样翻译广告也要有广告的"味"。很多广告翻译相比原文广告仅仅做到了形似，而无"神似"，缺乏"神来之笔"的广告味。翻译广告之所以因形损神，往往是由于译者"一厢情愿"强求再现原语的某些表现形式，比如夸张、双关、典故等修辞手段，企图让读者欣赏广告语言的妙趣，可是这些原语修辞所带来的妙趣只能意会不能言传，结果反而得不偿失，弄巧成拙。例如：

原文：We take no pride in prejudice.

译文 A：对于您的偏见我们没有傲慢。

译文 B：对于有失偏颇的报道，我们并不引以为自豪。

这是《泰晤士报》为自己做的一则广告，稍有英国文学基础的人都知道该广告源于奥斯汀的名著《傲慢与偏见》（*Pride and Prejudice*）的标题。不难看出，译文 A 是想让译文读者同样领略原文典故的妙趣，但效果并非如此，恐怕没有几个读者能够看懂，这种"形似"却付出重大的代价。相比之下，译文 B 虽然不像译文 A 那样使人不知所云，也能巧妙地将原文用典的妙趣传达出来，但文字不精练简洁。如果能译为"我们不以偏见为荣"，就显得掷地有声，铿锵有力，广告的效果就出来了。即便译文看不出原文用典的精妙，但原文的本质神韵却在译文中得以体现。

（二）广告翻译问题的处理原则

广告的最终目的是诱导消费者的购买行为。我们在进行国际商务活动时，为了达到良好的销售业绩，翻译的商务广告首先应尽可能地引起公众注意力，达到激发起公众兴趣及购买意愿的效果，最终诱导其采取消费行动。只有充分意识到广告翻译中经常遭遇的问题，从中提炼应对策略，才能最大限度地规避此类错误。因此，处理广告翻译的问题可以遵循以下原则。

1. 简洁原则

广告作为一种特殊的文体，因其短小化、商业化和文化性的特点，译者必须通过简短的几个字，同时体现商品内涵、企业文化及宣传功能。同样，广告翻译也要以简明扼要的语言说明产品的优点，需"简洁"时，就尽可能用简练的文字传达出源语尽可能多的信息，这也使得广告翻译难上加难。例如，雀巢咖啡的著名广告语"The taste is great"，原句语言简单、朴实、直白。因而在翻译时，也无须顾及专门的修饰。汉语译文为"味道好极了"，简单而又意味深长，就像发自内心的感受脱口而出，成为公众熟悉、喜欢的一则广告语。又如，摩尔香烟的广告"I'm More satisfied"，翻译成"摩尔香烟，我更满意"，既照顾了More（香烟品牌）和构成比较级"更"的双重意义，又显得简洁有力，朗朗上口。这也正是其经典之所在，故能长久地传诵下去。

2. 易记原则

商务广告的译文要达到"易记"的效果，应尽可能通俗上口，令人遐想。因为通俗易懂、生动亲切的译文，比较容易在消费者心中引起共鸣，甚至激发起他们丰富的联想。这样的传播效果就是，广告语容易给大家留下深刻的印象，使之难以忘怀。比如，"Eat fresh"就是一则快餐店的广告，简短、通俗，一语道出了快餐店的特点和卖点，翻译时直接译为"吃得新鲜"也是不错的。又如，糕饼店的广告"A taste of paradise"，译为"美味天堂"，也能很好地传达出广告含义，并容易激发人们的联想，达到了糕饼店广告的目的。再如，"Get the feeling"（身临其境），这是《运动画报》的广告，口语化强，仅仅几个词，简练、生动，富有感染力，引人入胜。此外，"Where the magic never ends"（魅力无限）这则旅游广告同样简短，有亲和力，很容易吸引公众眼球，抓住注意力。

3. 灵活原则

缺乏灵活性有时会影响语言表达的效果，甚至还可能损害其原则性。例如，美国小说Gone with the Wind广为人知，享有盛誉。原意为"随风而去"，傅东华先生灵活地将其译为《飘》，以简练的话语涵盖了原名信息，足以表达出原作丰富的蕴意。后来，也许出于商业目的，改编的电影译名为《乱世佳人》，美貌佳人的传奇经历以及作品描述的深刻时代背景，使之更增加了诱人色彩，电影自问世以来，多年一直畅销不衰。可见，灵活性在此译名中得到了充分体现。尽管有争议，但从商业的角度讲这个翻译版本是成功的，此译例可供我们借鉴。需传达"个性"特征时，就尽量运用相关语言句式、修辞手段等以展现出产品或服务的独到之处。这样的广告语言针对性强，且风格、特色各异，容易达到商务广告希望取得的效果。

三、结论

商业广告在 17 世纪初就出现在英国报纸上了。很多广告词都简洁生动、富有美感，在全世界范围内广为流传，乃至成为人们经常引用的警言隽语。例如，戴比尔斯钻石公司的"钻石恒久远，一颗永流传"（A diamond is forever）、飞利浦电器的"让我们做得更好"（Let's make things better），都是广为流传的经典广告词。在经济全球化和国际经济交流的进程中，世界各国不可避免地成为世界经济体系的一部分。成功的广告可以让产品赢得消费者的青睐，使销售获得巨大的好处的同时，还可以促进文化交流，提升本国产品的美誉度，从而在一定程度上反映一个国家的文化素质。

广告语翻译不同于一般翻译，其本质是文化之间的交流与沟通，它承载着商品销售的目的，如若在广告语翻译上，译者不注重功能对等、语意对等，那么译入语消费者可能对商品造成误解，无法引起大众对商品的注意和兴趣，从而影响到企业的经济利益。翻译广告时首先要了解广告自身的特点，以译文是否达到与原文相同的宣传效果为标准，并且注意文化背景的差异，选择恰当的翻译技巧，做到语言自然、准确、简洁、易懂，以迎合不同受众的心理，进而实现广告的目的。虽然有些产品的绝大部分消费者是本土消费者，母语都为中文，但作为大企业，担负着社会责任，应履行传播正确中文、英文广告语的义务。

总之，译者从不同语言的思维习惯和文化角度进行大胆创新，灵活翻译，尽量减少翻译失误，创造出各具特色的广告翻译作品，从而达到宣传的效果，提升产品魅力，刺激消费者的购买欲，从而为企业带来利润，实现广告宣传的商业目的，也在不同的语境里最大限度地实现广告的商业功能和目的。

第六节　合同协议

　　合同协议（Contract/Agreement）是商务贸易和对外合作中最重要的法律文本，是双方权利义务的重要保证。随着经济全球化的深入和中国对外贸易的日益频繁，中外公司之间的往来日益增多，合同协议在商业活动中得到广泛的应用，成了对外交易中必不可少的环节。商务合同的签订可以保护双方当事人的利益，但商务合同协议的翻译失误可能会带来各种各样的问题，使公司蒙受巨大的声誉损失和财富损失。因此，对其翻译的质量要求也越来越高，尤其是牵涉具体合作的条款，更是容不得任何的疏忽或差错。

　　商务合同的签订具有法律效应，由于直接关系到当事人的经济利益，商务合同用词必须正式规范、措辞准确严谨。然而，在双方达成协议的过程中，面对合同协议的不同理解或分歧肯定会影响双方沟通协商，一份高质量的翻译合同不仅能够使合作双方明确责任和权利，同时也能有效规避合作过程中的分歧，避免双方因对合同理解的偏差而产生的纠纷，所以翻译合同协议也是需要我们深入研究的一个重要课题。

一、合同协议的定义和文本特征

（一）合同协议的定义和构成

　　"合同"的英文翻译是"contract"或者"agreement"，是指平等的主体之间设立的确定民事权利和义务的协议。商务合同是一种通用合同，指的是有关各方之间在进行某种商务合作时，为了确定各自的权利和义务，而正式依法订立的、经过公证的、必须共同遵守的协议条文。在国际贸易中，若双方对合同货物无特殊要求的条件下，一般都采用格式化的商业合同之内容和形式，常见的商务合同有销售或购货合同、合资或合营合同、代理协议、来料加工合同，等等。

由于商务合同是依靠基础的法律文件完成一方面至几方面内容的法律化控制，保证各类义务和权益的共同性文件规定，因此，一般用词较为严谨，以保证语言措辞的准确性和严谨性。行文时基于双方利益为主要核心，加深语言的整体准确性，保证合理的内容复杂程度，加强词汇的正式和规范性，采用合理的术语形式完成商务合同英语的表达过程，从而有效地确保语言表达的清晰程度，实现语言内容的真实性，这在实际上就是具有法律效力的文书。在外贸经济的相关要素中，合同协议在商务交流中具有非常重要的作用，商务合同的翻译质量直接影响商务工作的有效开展。因此，追求准确、高效、合理的商务合同，理解清晰准确的相关合同条款中的语言有效化定义，才能保证合理的措辞特点，实现翻译实际技巧的效果体现。

在结构上，商务合同包括前言、正文和结尾。前言一般包含法人资格的当事人名称或姓名、国籍、业务范围、法定住址、合同签订日期和地点等。正文由各类实质性条款组成，是合同协议的主体，明确规定当事人各方的权利、义务、责任和风险，等等，具有一定的法律效用。结尾也称合同的最后条款，其主要包括合同生效、合同使用文字、份数、补充条款、买卖双方签字及额外协议等。

因此，翻译合同协议时必须针对商务合同文本的相关问题进行合理的分析，熟悉商务合同中不同语言的相关词汇，加深相关缩略语的有效理解，加深专业术语的有效化使用，合理完善翻译技巧。同时，也要注意商务合同中的特殊表达，例如，为了避免合同双方对合同中的金额进行恶意修改、涂抹，正式商务合同中对金额的表述方式和翻译方法也有规定，金额数字与符号之间不可以有空格，防止被修改。

（二）商务合同的用词特点和句法特征

商务合同是双方维护自己权益的法定书面依据，要求运用正式文体或书面体语言。合同的基本体式即为纲目、条款和细则，这也是译文的重要特征。条理性主要体现在语言体式上，包括用词和句式。为了求得行文和语言上的条理清晰，商务合同的条款在句式结构上大同小异，讲究结构上的一致性。

1. 商务合同的用词特点

（1）用词正式、准确、专业

由于商务合同是法律性的文件，具有一定的法律约束力，为了显示其公文的规范性、约束力和庄严性，商务合同经常选用正式、严肃的词或词组。这就要求译者同样必须熟悉拟定人所用的法律词语和合同术语。使用一些专业性极强的商务用语、普通词或者复合词，以及缩略词时，必须做到精确、到位。这样才能显示出其正规、严密的特点，同时也是对法律权威性的一种维护。在翻译商务合同时，必须尽量选择正式、严肃的中文词汇以使原文和译文在用词方面做到功能对等，无任何歧义。下面来看一个例子：

> 原文：世界国际产权组织和世界贸易组织，希望他们建立相互支持的关系，以便建立适合他们之间合作的关系。
>
> 译文：The World Intellectual Property Organization（WIPO）and the World Trade Organization（WTO），desire to establish a mutually supportive relationship between them, and with a view to establishing appropriate relation of cooperation between them.

从这个译文，我们可以看出，与 wish 或 want 相比，desire 较正式；而相比 in order to，with a view to 更为正式。另外，商务合同属于法律文本，所以会经常用到法律词汇，对其加以重视才能使合同翻译更加正式准确。例如：

This contract is hereby made and entered into between Guangdong Jiaxing

Industrial Co., Ltd. （hereinafter referred to as Party A） and Tailong Electronics（Singapore）Co., Ltd. （hereinafter referred to as Party B） on October 12th, 2002 in Guangzhou, China on the basis of equality and mutual benefit and through amicable consultation.①

这里单词"hereby"意为"特此，因此，兹"，常用于法律文件等正式问题的开头用语。"Party A"属于商务合同中的高频词，当然也不可以直译为"派对 A"或者"政党 A"，应该将其翻译成"甲方"，该词同时也属于法律词汇，翻译时必须非常熟悉。又如，"Article 1　Contents of Transactions"里的"Article"不可被直译为"文章"，在合同文本中，该词含义为"条款"，且常指法律体系中大纲类法律文件中关于具体内容的描述条款。

（2）近义词、成对词和缩略词的使用较多

为了追求语意确切、论证周详，商务合同条款中经常出现近义词、成对词并列使用的现象，这种表达的目的是使合同条款更加严密，表述更加准确到位，最大可能地避免歧义和疏漏。合同协定中同义词或近义词的并列结构往往是由 or 或 and 连接，其作用通常会使包括的内容更全面，也更具弹性。例如：

原文：本合约由甲方和乙方于 2014 年 11 月 4 日达成。

译文：This agreement is made and entered into on November 4th, 2014 by and between Party A and Party B.

不难看出，该句中"made and entered into"和"by and between"两个词组分别属于近义词和相关词的并列，在日常的表达中会显得有点啰唆重复。另外，缩略词的使用也是合同协议的一大特点，如前面例子中"Co., Ltd."是"Company Limited"的缩写形式，意为"有限公司"，国际上标

---

① 易露霞，陈新华，尤彧聪. 国际贸易实务双语教程［M］. 北京：清华大学出版社，2016：71.

准的缩略写法为"Ltd",已经广为接受,反而没有必要用全称。

（3）情态动词的使用频率较高

由于权利和义务的约定构成了商务合同的主体部分,因此,相关的情态动词就非常频繁地出现在合同协议的条款里,与商务合同特别相关的情态动词主要是 may 和 shall。另外,must 用于强制性义务（必须做什么）,may not/shall not 用于禁止性义务（不能做什么）,翻译的时候必须仔细斟酌,认真揣摩其中的细微差别。

情态动词 may 旨在约定当事人的权利（可以做什么）,例如:

The Buyer may, within 15 days after arrival of the goods at the destination, lodge a claim against the Seller for short-weight being supported by Inspection Certificate issued by a reputable public surveyor.

情态动词 shall 一般用来约定当事人的义务（应当做什么）,例如:

Party A shall open a usance L/C in favor of Party B to pay by installments the entire cost of the Assembly Lines to be supplied by Party B.[①]

这里"shall"作为情态动词,经常出现在法律文本中,但是其在法律文本中却常常表示合同双方所应尽的责任和义务,有时可以翻译为"必须",以此来表示该法律文本的约束力。词组"in favor of"也不可以直译为"支持,赞成",在法律文本中应翻译为"以……为受益人"才符合商务合同的用语习惯。

2. 商务合同的句法特征

由于商务合同的专业性极强,一份商业合同即为多个领域专业知识的复合文本,涉及金融、商贸、检验、关税、海关、物流、法律等多项领域。因此,商务合同翻译过程要遵循严格的程序进行,翻译的过程就是一

---

① 易露霞,陈新华,尤彧聪. 国际贸易实务双语教程 [M]. 北京:清华大学出版社,2016:73.

个不断吸纳、整合新知识的过程。对于文本的句法，更要认真加以深究，才能避免日后可能出现的纠纷。商务合同的主要句子类型，包括陈述句、复合句、被动句以及长句等。

（1）陈述句

与普通的英语文本相比，商务合同的英语句子更多使用陈述句。陈述句主要用于阐述、说明、解释客观事实。商务合同主要陈述和规定合同双方的利益和义务，以及涉及运输、保险、付款方式等各方面的规定，因此，在商务合同中，一般都使用客观平实的陈述句，具有浓厚的专业特点。

（2）复合句

为了确定合同双方的权利与义务，避免曲解、误解或歧义，英文商务合同往往采取结构复杂的长句。在英文合同中，往往出现多个状语从句和/或定义从句，或其他修饰成分，对主句的意义进行解释或补充。实际上，多用长句与条件句，可以清晰表达该合同在某些条件下对合同双方的约束力，因而句子结构复杂，增加了翻译的难度。

（3）被动句

由于商务合同是规定各方权利与义务的文书，因而英文商务合同中较多地使用被动句，以体现合同文体的严谨性。英文商务合同中有关包装、运输、保险、付款方式、检验、争议解决等条款大多采用被动句结构，显得非常规范而有条理，这也是合同协议的最大特点，翻译时应该适当加以考虑是否还原成主动语态。

（4）长句

和普通文本相比，商务合同的句子明显较长，长句的形成主要有以下三种方式：复杂的长句、多个并列结构和多个分句。这是最容易引起纠纷和歧义的地方，翻译完成后，只有经双方同意后，才能对语言文字进行变动或修饰。例如：

Both the Assembly Lines and the Color TV Sets shall be priced in terms of

US Dollars. If the Color TV Sets are also to be sold on the home market within the term of compensation and thus have a price in RMB, their export price shall be its equivalent in US Dollars according to the exchange rate then prevailing.[①]

很显然，这句中后半部分较长，在翻译时应当适当拆句，调整句序，使之符合中文短句的松散特点，英文中的长句使得该文本更加正式。此外，商务合同文本中常使用条件句。

二、商务合同的翻译步骤和示例

商务合同的翻译过程，主要包括理解、分析、表达及校正等环节，通过具体事例的翻译过程展现，可以让我们对合同翻译有非常直观的认识。

（一）商务合同的翻译步骤

1. 熟悉句式，研读原文

商务合同的语言和文学语言不同，往往句子长、术语多，缺乏丰富的趣味性，理解上又颇费工夫。因此，翻译时首先要读懂合同文件，尤其是合同中的句子结构，因为合同文件中的句子具有结构严谨、句式较长的特点，为了使表达的内容清楚、无歧义而特别设定的句式，需要我们仔细揣摩，认真研读。

2. 按照体裁，具体分析

对合同的体裁和种类进行具体分析，例如：服务类合同、经营类合同、文化类合同、金融类合同、知识产权类合同、技术类合同等。同时，面对复杂的行业术语或专业词汇，认真研究，掌握其确切含义，才能在商务合同翻译中得心应手。

---

① 易露霞，陈新华，尤彧聪. 国际贸易实务双语教程 [M]. 北京：清华大学出版社，2016：73.

3. 深入理解，准确表达

经过了前面分析和理解之后，接着译者要把译文表达出来，能否成功表达也受多种因素制约：译者对原文的理解程度、翻译技巧、手法和风格等。表达也就是产出，是商务合同翻译过程中很重要的一步。决不能仓促作业，提笔就译，注意词义理解片面；用法搭配不当；语体不尽一致；表述不合逻辑等问题。

4. 仔细校正，完善成稿

仔细校正，完善成稿是商务合同翻译活动的最后一关，也很重要。在校正过程中要注意的问题是细节，如合同中的重要条款、细节部分和容易被忽略的细微之处；是否有漏译或错译，数字是否一致，等等。比如，关于货币的支付形式，就需仔细加以说明是美元、港币或人民币等，以免因货币不明而导致日后的法律纠纷。

（二）商务合同翻译过程示例

为了更好地理解这些步骤，我们可以结合具体的案例，来说明这些步骤是如何得到贯彻的，先来看这段原文：

When the goods have arrived at their destination, the consignee that demands delivery of the goods under the contract carriage shall accept delivery of the goods at the time or within time period and at the location agreed in the contract of carriageor, failing such agreement, at the time and location at which, having regard to the terms of the contract, the customs, usages or practice of the trade and the circumstances of the carriage, delivery could reasonably be expected.

具体在翻译的时候，首先就是"拆分"句子，找出句子的主干部分。可以看出，在这一长句中有多个从句：when 引导的时间状语从句，the 和

which 引导的定语从句；该句子还有 or 和 and 引导的多个并列结构，以及介词成分。经过分析句子的主干部分为 the consignee shall accept delivery of the goods.

接着，分别翻译各个从句，包括：When the goods have arrived at their destination（当货物到达目的地时）；The consignee that demands delivery of the goods under the contract of carriage（要求交付货物的收货人）；Having regard to the terms of the contract, the customs, usages or practices of the trade and the circumstances of the car（考虑到合同条款和行业习惯、惯例或者行业做法以及运输情形）；At the time and location at which delivery could reasonably be expected（能够合理预期的交货时间和地点）。

最后，将各个短句的译文进行组合，就能得出译文："当货物到达目的地时，按照运输合同要求交付货物的收货人应在运输合同约定的时间或者期限内，在运输合同约定的地点接受交货；无约定的，应考虑到合同条款和行业习惯、行业惯例或行业做法以及运输情形，在能够合理预期的交货时间和地点接受交货。"可见，在实际的翻译实践中，为了使翻译出来的译文更加符合译入语的表达方式，应该在进行翻译前调整语句，进行拆句或者连句，完成译前编辑。我们再来看一个例子：

If the Color TV Sets are also to be sold on the home market within the term of compensation and thus have a price in RMB, their export price shall be its equivalent in US Dollars according to the exchange rate then prevailing.①

可以看出，本句用 if 引导条件句，within 之后是具体条件，thus 顺承，their 之后说的是条件会带来的结果，according to 后又跟一个小条件，句子成分较复杂，所以在进行翻译之前应当适当进行拆句，先找清句子内部逻辑关系后再进行翻译。在找到逻辑关系后，可将本句翻译为："如果彩电在补偿期内也在国内市场上销售，因而具有人民币价格，其出口价格应为

---

① 易露霞，陈新华，尤彧聪. 国际贸易实务双语教程［M］. 北京：清华大学出版社，2016：73.

按当时汇率折算的美元价格。"

三、商务合同翻译的常见问题与对策

从事合同协议的翻译，除了对译者外文理解能力要求较高之外，最重要的还需熟悉合同的准确意思，以及不同语言中合同的行文风格。商务合同翻译的常见问题涉及语言层面、文化层面和沟通层面等，这些问题可能和缺乏写作技巧、翻译技巧等相关，往往会导致业务损失。从这些层面进行有针对性的修正，就能避免翻译错误，以免重蹈覆辙。

（一）语言层面的问题及对策

在语言层面，最典型的问题是词汇的错误使用和句子结构的不适当选择，英汉商务合同翻译失败的一个主要原因往往与语言维度的选择和顺应能力之缺乏有关，词汇误用的主要类型是同义词的不恰当使用。除此之外，商务合同翻译中的另一个典型问题就是情态动词的处理，由于汉语是高语境和高内涵的，人们往往难以识别情态动词，翻译不当就很容易影响翻译的有效性。在翻译实践中，译者应选择适合原文和译文的语言风格，既要使用体现原文内涵和写作风格的词语和短语，又要适应翻译语言的特点和习语用法，以确定合同双方的权利和责任。同时，要仔细选择同义词，考虑其内涵、语法和文体是否符合商务合同的特点。

（二）文化层面的问题及对策

在文化层面，导致翻译的问题主要有两个原因，包括不同的思维方式和不同的习语。英汉两种思维方式的负向转移往往会让译者感到困惑，有时在翻译商务合同时处于进退两难的境地。对于源语与目的语在语境和性质上存在差异，译者应重视源语的转换，通过翻译两种语言的文化内涵来适应源语文化。另外，除了不同的思维模式所引发的问题之外，商务合同中的不同惯用表达方式还存在一些其他问题，如 herein, provided, except, as，in witness，whereof，including，等等。虽然有些习惯用语在现代英语中很少使用，但它们经常被用于合同，使合同更加正式，需要译者多加熟悉，准确翻译。

（三）沟通层面的问题及对策

在沟通层面，由于商务合同在其应用中具有交际的功能，其交际目的与实用文本的功能有关。如果它的沟通功能被忽略，商务合同可能失去它的应用目的。有时候即使译者有很好的语言学和文化知识，也不能保证他们能很好地翻译商务合同。没有达到交际目的的主要原因就是缺乏专业知识或不恰当的省略和添加。事实上，翻译中的歧义也往往是由不同文化造成的，交际意图的误解会导致商务沟通的问题，从而影响商务合同翻译的严谨性和清晰性。因此，译者可以逐字地改正错误，重新理解原文，并把重点放在困难或歧义上，检查它们是否使用了适当的表达或目标语言的语法，并通过对原文和译文的对比，使译文不仅适应译文语言系统，而且能够达到沟通的目的。

我们知道，对于合同协议的翻译，机器翻译可以起到很大的帮助作用，按照一定的规范进行套译就不失为一种高效的辅助手段，这时译后编辑尤为重要。译后编辑的主要作用就是根据规定性原则，修改词汇及语句，使词汇得变正式、简练，更加具有法律效应。由于合同文本有大量的法律术语或商业贸易术语，在译后编辑过程中，译者可以根据原文和所有相关法律和专业知识找到最合适的词汇来修改法律词汇，从而使文本更加正式。这是因为商务合同自身的一些特点，也是因为机器翻译的局限性所致。

四、结论

综上所述，商务合同的内容广泛，种类繁多，牵涉的利益大。合同协议的翻译不是一件小事，尤其是涉及商业问题和国外企业的合作，切不可掉以轻心，一方面是为企业与国外企业的合作发展，另一方面也是保障双方的利益。译者不仅要掌握足够的专业知识，而且要有较好的中英文表达和理解能力，掌握一定的翻译技巧更是必不可少，这样才能以不变应万变。

与其他商务文本相比，商务合同文本属于正式程度较高的契约文体，句子结构具有逻辑周密严谨，句式复杂。因此，商务合同的翻译要达到既忠实原文又正确通顺，不仅需要深厚的专业知识和扎实的语法功底，而且还需要对国际贸易相关的术语有较全面的理解。翻译合同时应掌握其句式特征灵活运用翻译策略，使译文准确规范。商务合同翻译中的问题，有时是由于不同的语言和文化所导致的，译者在处理这些问题时，除了加强对合同用词和句式的掌握之外，还应考虑商务合同的交际功能和文化背景所带来的沟通障碍。

由于合同协议翻译的复杂性和严密性，也给译者带来了一定的难度，高标准翻译需要译者对自身专业素养提出更高的要求。因此，每个译者必须本着严谨求实的精神，勤于思考，善于总结，才能在实践中不断总结，提升水平，为更多的翻译工作者的实践和翻译学习者的学习提供有益的建议，使这项工作日趋完善，以更好地满足商务交流的需要。

第七节　外贸单证

自改革开放以来，中国逐渐走上了由过去的计划经济向社会主义市场经济的转轨，与其他国家的经济往来与日俱增。越来越多的中国公司和企业纷纷走出国门开拓国际市场，世界各国的公司和企业也纷纷涌向中国前来寻求商机，使得中国的经济持续健康发展，国际贸易规模稳步扩大。

国际贸易业务在很大程度上就是单证业务，贸易单证是指国际贸易业务中所涉及的常见单证、表格或文书。这些单证在国际贸易中起着举足轻重的作用，对买卖双方都有着尤为重要的意义。贸易单证通常都是英文版的，所使用的英语往往属于专门用途英语（English for Special Purpose, ESP）的一种，即国际贸易英语，这就要求国际贸易从业人员必须充分掌握外贸业务知识、国际贸易英语及单证翻译策略。

下面，通过对主要单证的基本介绍和外贸单证操作流程熟悉，结合海运提单案例进行具体分析，从而分析海运提单的语言特点及翻译技巧，有助于国际贸易从业人员准确地理解和翻译国际贸易单证，促进实际业务的进行，提高国际贸易的业务效率。

一、外贸操作流程和单证的分类

在国际贸易实务中，主要包括询盘（enquiry）、报盘（offer/quotation）、还盘（counter-offer）、成交、签约等主要步骤，其中贸易单证记载、约束了这些步骤的全过程，扮演着非常重要的角色，其作用基本上可以从下面的基本流程看出：

客户询盘—报价—得到订单—下生产订单—业务审批—下达生产通知—验货—制备基本文件—商检—租船订仓—安排拖柜—委托报关—获得运输文件—准备其他文件—L/C 收汇—业务登记—文件存档—收集信息，等等。

由此可见，外贸中的单证主要包括信用证（Letter of Credit）、提单（Bill of Lading）、合同（Contract），等等，单证贯穿了外贸的整个流程，对国际贸易顺利进行和业务关系发展起着十分重要的作用，下面分别叙之。

（一）信用证

外贸过程中的支付条款也很重要，包括付款金额、付款时间、地点及货币币种、支付方式及工具等。国际贸易支付方式通常分为三类，即汇付、托收和信用证。信用证是国际货物买卖中最重要的一种支付方式，指开证银行根据买方的指示和要求开立的、以卖方为受益人，保证在卖方履行信用证规定各项条件、交付规定的单据时支付一定金额的书面承诺。[①] 在国际贸易中，怎样支付货款对卖方至关重要，因为一份国外的坏账是很

---

① 贺雪娟. 外贸单证实务［M］. 北京：科学出版社，2006.

难收回的。因此，对信用证的语言风格的充分理解对保证贸易顺利进行来说不可或缺。

（二）提单

提单是承运人收到承运货物后签发给托运人的证明文件，是交接货物、处理索赔与理赔，以及向银行结算货款或进行议付的重要单据。[①] 承运人在接管了货物或将货物装船后，通常会签发具有同等效力的提单正本一式三份。如果其中一份提单完成提货，其他几份则自动失效，以保证一套提单提货的唯一性。提单不仅是收货人到目的港提货的依据，也是发货人向银行结算货款的重要单据之一。提单的每一个环节都必须十分仔细，以确保交易的顺利完成。

提单主要有三个作用：首先，它是一种代表货物所有权的单据。货权人通过背书来证明自己的货权，中间经手人也通过背书来获得货权。如果是可转让提单前后货权人之间也可通过背书来进行转让。信用证中通常包含对提单的规定，如"全套清洁已装船海运提单，做成空白抬头（或凭某人指定），空白背书，标记运费已付/N 付，通知开证申请人"。其次，它可以起到证明文件的作用，证明承运人与发货人之间的运输协议。承运人负责按规定将货物运至指定港口，也就是提单持有人所要求的港口。最后，它也是一种货物收据，证明货物由承运人按提单规定接收或承运。

（三）合同

合同是一种阐明双方权利及义务的正式书面协议，其重要性不言而喻，一旦签订便具有法律约束力及强制力。其中任何一方如果不履行合同中的条款规定，都必须赔偿对方的损失。在进出口贸易过程中，如果买方接受了卖方的报盘，那么就意味着即将建立交易，之后便会签订书面合同。一份具有法律效益的合同必须包含一些重要元素，如品质、数量、包

---

① 黎孝先. 国际贸易实务［M］. 北京：对外经济贸易大学出版社，2004：143.

装、价格、装运、保险、支付、检验等方面的条款。

(四) 其他单证

在实际业务中，根据不同的具体情况可能会有不同的单据要求，例如，有的单子会要求提供提单、商业发票、装箱单；有的会有一些其他单据的要求，根据货物情况而定，如原产地证书、质量证明、数量证明、非木质包装证明、提货单等。这些单据的形式和内容都大同小异，在贸易过程中起到辅助作用。

二、外贸单证的语言特点及翻译策略

由于英语作为世界通用语言的主体地位，是世界商贸体系中的工作语言，也是我国涉外经济活动的主要交际语言。商贸英语有其自身的语言表达规律和特点，商贸翻译的过程，实际上就是遵循商贸英语语言表达规律和特点的过程，违背商贸英语规律和特点而从事的翻译是难以为国际商贸服务的。不了解外贸单证用语的规律和特点，我们很难做好商贸翻译。因此，分析商贸英语的词汇和句式特点，揭示商贸汉语与商贸英语的表达差异，是做好商贸翻译的基本前提。

(一) 外贸单证的词汇特点及翻译策略

首先，外贸单证用词倾向于正式书面语，所以用词正规、古朴而文雅，体现在专业术语的大量存在，也包括一些普通词汇在外贸单证的上下文里的特殊意义。外贸单证的词汇常使用缩写形式，把一些常用的专业术语弄得非常凝练，使文本更加简练，更符合法律文本特点。从翻译词汇方面来看，在汉语能够对等的情况下，同样可以寻找相对古朴简练的书面词汇，也可以采用改变词性等方法，以使句子通顺、统一为主。例如：

The buying and selling of the Assembly Lines and the Color TV Sets shall be on FOB basis. Payment of the transactions stipulated in Article 1 shall be effected by reciprocal L/C.

这里 "FOB" 为贸易术语，全称为 "Free On Board"，意为 "船上交货"，"L/C" 为 "Letter of Credit" 的缩写，意为 "信用证"，是一种银行开立的有条件的承诺付款的书面文件，常用于商务合同中，以缩写的形式出现。由此可见，为了做好翻译，在平时要注意搜集外贸单证常见的专业用词，举例如下：

最高限额 ceiling

险种 coverage

装运单证 shipping document

报价 quotation

汇票 draft

副本 duplicate

反还盘 counter-suggestion

凭 against

船（停靠）call at

到岸价格 CIF value

其次，外贸单证中的时间与数字概念表达须尽量准确，所涉数字或时间都是关键内容，不能有丝毫差错，忌用 about，over，or so 之类的模糊词。在外贸单证、合同文件中，含混的数字或时间概念不但令交易难以执行，而且极易引发贸易纠纷。有时候普通英语中采用的表达法，在商贸汉英翻译中反而不适宜。为此，我们需要特别掌握一些商贸英语数字与时间概念表达法，这也是外贸翻译的难度和专业之所在。

请看下列几组汉英表达法的比较：

"5厘米到8厘米的各尺码"，普通英语译为"all sizes from 5cm to 8cm"，在贸易场合需要更严密地表达为"all sizes ranging from 5cm up to 8cm inclusive"；

"从2015年到2019年"，普通英语译为"from 2015 to 2019"，但在贸易单证里要译为"for the years from 2015 on to 2019 inclusive"；

"3月上/中/下旬"，普通英语的表达是"in early/middle/late March"，贸易英语则应该译为"within the first/second/last 10 days of March"。

可以看出，普通英语表达法与商贸英语表达法在时间方面差别较大。同样的时间概念，商贸英语表达强调准确而具体，例词中"上旬""中旬"，这类概念都在译文里有具体的天数划分。严谨是商贸英文合同所力求达到的目标，只有文字严谨的合同条款才能避免更多的后患。例如，8月有31天，因而，8月的"下旬"就译成了the last 11 days，足见其严谨的程度。翻译商贸数字与时间概念时，我们应努力保持准确，避免模棱两可，即便是汉语原文有这类缺陷或可能产生歧义的地方，也应在译文中修补。

另外，在商贸活动中，英语表达用词注意轻重，承诺留有余地，这是因为在西方人的思维习惯里，承诺的方式意味着承担不同的义务和责任。承诺时用词过于绝对化或过分肯定，则缺少灵活性，而在汉语语境里，轻描淡写的承诺又给人以无诚意或不负责任之感。因此，在从事商贸翻译时，我们需要时刻注意汉语原文的承诺用词，适时修改使译文表达含蓄一点。当然，这增加了商贸汉英翻译的难度，涉及较强的商贸专业知识和翻译表达技巧，需要仔细推敲才能译好。我们再来看一个例子：

原文：我方保证决不重犯这种错误。

译文：We assure you that this error will never occur again.

应该说，译文句法上无问题，但承诺用词太绝对。因为贸易中出现意外情况是难免的，把原文中的"保证"译成"assure"，会使自己没有退路，"保证"一旦做出，再出现类似错误时，对方若抓住此话诉诸法律，你就毫无办法。因此，原译文虽句法正确，却不合商贸英语习惯，可以改译为"We will do all we can to prevent a repetition of this error"，这样能使话语的回旋余地大大增加。

（二）外贸英语句式特点及翻译策略

首先，英汉商贸语言的文体差异主要表现在句子结构上，值得我们认真比较甄别。商贸英语比较讲究客套，随处可见礼貌的套话。汉语的商贸用语有时缺少必要的客气，过多的礼貌用语反而会令人感到不自在。常见的礼貌词往往是一个"请"字而已。因此，汉英翻译时，我们应注意添加商贸英语表达中常见的礼貌客套结构，注意措辞婉转、诚恳，不亢不卑，切忌照汉语原文字面硬译。请看例句：

原文：请寄来附有最优惠价格的玩具目录。

译文：We would appreciate your sending us the catalogue of toys with their best prices.

从这个译例我们可以发现，当请求别人做某事时，汉语中仅用一个"请"字，而商贸英语中通常要用"we would appreciate..."或"we would be glad to..."之类的结构来表达，句中的"would"表示礼貌的语气。同样，如果把"请帮我订一张由上海到伦敦的飞机票"译为"Please help me book a air ticket for the journey from Shanghai to London"，语义和语法上似乎没什么问题，但不太符合外贸英语的求助习惯。因此，翻译时最好套用之前例句里的商贸英语的礼貌措辞，可使说话人态度更恳切，使读者更乐意相助。

其次，商贸英语的动作主体需要明确，被动语态不宜多用。虽然被动语态在普通英语中随处可见，多用于客观描述的语句，但商贸英语则不同，句子的动作主体通常比较明确。这是因为国际商贸活动中责任与义务必不可少，动作主体不清，则责任不明，难以让对方信赖，应当慎用被动语态。商贸汉语句子有时无动作主体，有时以物作主语，都是完全可以接受的。这就要求我们在翻译过程中有时要对汉语原文的句子结构做适当调整，补出动作主体，减少被动语态。例如：

原文：很遗憾，贵厂生产的发动机很难启动。我方保留要求赔偿损坏的权力。

译文：We are sorry to report that we have great difficulty in getting your engine to start. We reserve the right to claim compensation from you for any damage.

可以看出，原文中告知者与启动者均不明，赔偿者也没有清楚表明，而译文中则显示告知者与启动者均是 we，赔偿者则是 you。我们知道，汉语句子的动作主体不明确是完全可以的。按照常规，这样的汉语句子要译成英语的被动语态，但商贸英语若多用动作主体不明的被动句，会导致责任不清，从而易引发纠纷。上述译文均补出动作主体，有的还补出了动作受体，使得动作主体与受体关系十分清晰，语义更加明确。这也是商贸汉英翻译与普通汉英翻译相比所具有的另一特殊性。

此外，抽象名词形成介词结构在外贸单证中大量使用，这是因为外贸单证当中介词使用相当普遍，加上英语介词具有动词的性质，使得本该使用动词的地方改成抽象名词位于介词之后，形成介词结构。虽然抽象名词往往显得虚幻而模糊，但却在商业、技术或政府等部门里甚为盛行，并成了时髦的词语，翻译的时候，一般将其译为动词，有的时候也视句子的复杂程度而有所变通。

总之，外贸单证词汇与句式都有其独特之处。在对外贸易交流的过程中，很多业务员会觉得外贸单证的理解和沟通是个难点，常常会出现单证用语生硬难懂，前后信息不对应的情况，致使交流不自然、不流畅，影响到业务的顺利进行，甚至给贸易双方都带来经济损失。产生这些现象的根本原因在于我们对国际贸易单证英语理解不透彻，对一些术语理解不深刻，无法把握外贸单证的语言特点，导致对一些条款使用不恰当。从事商贸汉英翻译时，译者应斟酌选词，尽量把原文中的会让目标语言读者感觉唐突、鲁莽的句式，转化为柔和、婉转、礼貌的表现形式，使语义自然、顺畅，更符合译文的表达习惯。

三、外贸单证的翻译实践：以海运提单为例

通过上述比较分析我们知道，商贸英语的词法和句法特点是由商贸英语的语境和交际功能所决定的。这些特点的客观性要求我们在使用商贸英语时必须遵循其语言表达规律，同时也要求我们在汉英翻译时根据汉英商贸语言的差异做出调整，以符合译文语言的表达方式。要做好商贸汉英翻译，必须首先从该领域的专门用途英语入手，掌握规律，了解差异。这样才能译出传递正确信息的、符合业内人士语言习惯的英语，才能真正为我们的国际商贸搭好语言桥梁。下面，我们结合海运提单案例进行具体分析，探讨国际贸易单证的语言特点及翻译方法，这对于进一步加深对国际贸易单证的认识，提高相关的翻译实践能力和水平具有重要的实践意义。

（一）提单案例介绍与翻译分析

图 1 是一张典型提单的正面，通过这个提单，我们可以看出这家公司的基本信息，包括如下内容：

公司：天津市 JUYING 国际贸易有限公司

船号：MEDI BANGKOK/V. H422

港口：中国天津新港——智利瓦尔帕莱索

物品：一级新品热镀锌卷

数量：27 件

毛重：236.04 吨

首要条款：海牙规则

BILL OF LADING

1.CONSIGNER TIANJIN JUYING INTERNATIONAL TRADE CO.,LTD		B/L NO. COSCO CHINA OCEAN SHIPPING (GROUP) CO.
2.CONSIGNEE TO THE ORDER OF BANCO DE CHILE		
3.NOTIFY ADDRESS INDUSTRIA DE TUBOS Y PERFILES DE ACERO SA, AVDA VICUNA MACKENNA 4583 SANTIAGO.CHILE		*ORIGINAL* Combined Transport Bill of Lading
4. VESSEL MEDI BANGKOK/V.H422	5.PORT OF LOADING XINGANG PORT,TIANJIN,CHINA	
6.PORT OF DISCHARGE VALPARAISO,CHILE	7.COLOR MARK GREEN	8. NO. OF PKGS TWENTY SEVEN COILS
9.DESCRIPTION OF GOODS PRIME NEWLY PRODUCED HOT DIP GALVANIZED STEEL COILS	10. G.W.(KG) 236.04 MT	11.FREIGHT & CHARGES FREIGHT PREPAID
12.REVENUE TONS WEIGHT	13.RATE USD24.00/T	14.NUMBER OF ORIGINAL B(S)L THREE	15.PLACE AND DATE OF ISSUE BAYUQUAN PORT,CHINA 20th Oct. 2018
16.DATE 25th Oct. 2018	17.SIGNED FOR THE CARRIER CHINA OCEAN SHIPPING (GROUP) CO. ×××|	

图 2-1　外贸提单样本正面

提单背面往往有详细的条款，例如图 2-1 所列内容：

THT CLAUSES OF BILL OF LADING OF COSCO

1. DEFINITIONS

"Carrier" means COSCO Container Lines Company Limited.

"Merchant" includes the consignor, the shipper, the receiver, the consignee, the owner of the Goods, the lawful holder or endorsee of this Bill of Lading, or any other person having any present or future interest in the Goods or this Bill of Lading, or anyone authorized to act on behalf of any of the foregoing.

"Vessel", where the context admits, includes the Vessel named in Box 6 of this Bill of Lading or any substitute therefor, and any feeder vessel, lighter or barge used by or on behalf of the Carrier in connection with any seaborne leg of the carriage.

"Goods" means the whole or any part of the cargo received from the Merchant and includes any Container not supplied by or on behalf of the Carrier.

"Package" means each Container which is stuffed and sealed by or on behalf of the Merchant, and not the items packed in such Container if the number of such items is not indicated on the front of this Bill of Lading or is indicated by the terms such as "Said to Contain" or similar expressions.

2. CARRIER'S TARIFF

The terms of the Carrier's applicable Tariff and other requirements regarding charges are incorporated into this Bill of Lading. Particular attention is drawn to the terms contained therein, including, but not limited to; free storage time, Container and vehicle demurrage, etc. Copies of the relevant provisions of the applicable Tariff are obtainable from the Carrier or his agents upon request. In case of any inconsistency between this Bill of Lading and the applicable Tariff, this Bill of Lading shall prevail.

3. CARRIER'S RESPONSIBILITY

(1) Port to Port Shipment If boxes 6, 7 and 8 but not boxes 4,5and 9 are filled in on the front of this Bill of Lading, this Bill of Lading is a Port-to-Port contract. The Carrier shall be responsible for the Goods as Carrier from the time when the Goods are received by the Carrier at the Port of Loading until the time of delivery thereof at the port of discharge to the Merchant or to the Authority as required by local laws or regulations, whichever occurs earlier.

(2) Combined Transport If Box 4, Box 5 and/or Box 9 are filled in on the front of this Bill of Lading and the place(s) or port(s) indicated therein is/are place(s) or port(s) other than that indicated in Box 7 and Box 8 and Freight is paid for combined transport, this Bill of Lading is a combined transport contract. The Carrier undertakes to arrange or procure the pre-carriage and/or on-carriage segments of the combined transport. All claims arising from the combined transport carriage must be filed with the Carrier within 9 months after the delivery of the Goods or the date when the Goods should have been delivered, failing which the Carrier shall be discharged from all liabilities whatsoever in respect of the Goods. If any payment is made by the Carrier to the Merchant in respect of any claim arising from the combined transport carriage, the Carrier shall be automatically subrogated to or given all rights of the Merchant against all others including pre-carrier or on-carrier or Sub-contractor on account of such loss or damage. Nothing herein contained

shall be deemed a waiver of any rights that the Carrier may have against a pre-carrier or on-carrier or Sub-contractor for indemnity or otherwise.

4. NOTICE OF CLAIM AND TIME BAR
(1) Unless notice of loss or damage is given in writing to the Carrier's agent at the Port of Discharge or Place of Delivery before or on the date of delivery of the Goods, or if loss or damage is not apparent, within 15 consecutive days thereafter, such delivery shall be prima facie evidence of the delivery of the Goods by the Carrier and/or on-carrier in the order and condition described in this Bill of Lading.
(2) The Carrier, its servants, agents and Sub-contractors shall be discharged from all liabilities whatsoever unless suit is brought within one year after the delivery of the Goods or the date when the Goods should have been delivered.

5. LAW AND JURISDICTION
(1) This Bill of Lading is governed by the laws of the People's Republic of China. All disputes arising under or in connection with this Bill of Lading shall be determined by the laws of the People's Republic of China and any action against the Carrier shall be brought before the Shanghai Maritime Court or other maritime courts in the People's Republic of China, as the case may be.
(2) Notwithstanding the provision of Clause 26(1), where carriage includes carriage to or from or through a port or place in the United States of America, this Bill of Lading shall be subject to the provisions of the US COGSA, which shall be deemed to have been incorporated herein and nothing herein contained shall be deemed a surrender by the Carrier of any of its rights, immunities, exceptions or limitations or an increase of any of its liabilities under US COGSA. The provision cited in the COGSA (except as may be otherwise specifically provided herein) shall also govern before loading and after discharging as long as the goods remain in the Carrier's custody of control.

图 2-2　外贸提单样本背面

提单的内容也人同小异，从上述图 2-2 的例子中我们可以看出这份提单的主要项目如下：

1. 提单正面内容

（1）必要记载事项

（2）有关提单的国际公约对必要记载事项的规定

（3）一般记载事项

2. 提单的背面条款

（1）定义 DEFINITIONS

（2）承运人的运价本 CARRIER'S TARIFF

（3）承运人责任 CARRIER'S RESPONSIBILITY

（4）索赔通知及时效 NOTICE OF CLAIM AND TIME BAR

（5）法律及管辖权 LAW AND JURISDICTION

我们知道，在外贸单证上，术语的翻译不同于一般文学作品的翻译，它同科学技术著作的翻译息息相关，准确性是它的最高要求。[①] 海运提单是物权凭证，每个术语都有明确的定义，稍有不慎就会导致买方无法提货或在信用证条件下导致卖方收不回货款。因此，翻译必须准确，忠实于原文，译者需要把提单上所载事项，"用译文语言准确地表达出来，既不添加信息，也不遗漏信息，做到信息上等值转换"。[②] 信息等值转换要求译者要忠实地传达原文的意义，准确透彻地解读原文，"而解读原文又是一件非常复杂、艰巨的事情，不仅要反反复复、仔仔细细地研读所译文本，而且要在文本之外下功夫，掌握文本的背景知识及与文本有关的各种专门知识"，[③] 即国际贸易知识、海运知识、术语知识等。由于海运提单是商务合同，因此在理解其术语时，就必须准确理解商务语境中的词汇意义，给予符合语境需要的得体表达。尤其要注意那些看似熟悉的词汇在商务语境中所特有的含义和用法。以下就是提单常用的一些词汇：

（1）Original B/L / Copy B/L 正本提单 / 副本提单

（2）Carrier/ Shipper 承运人/托运人

（3）Consigner / Consignee 托运人 / 收货人

（4）Notify party 被通知方

（5）Ocean Vessel 船名

（6）Voyage No. 航次号

（7）Shipping Marks 运输标志

---

① 曹丹红. 小议术语的翻译 ［J］. 上海翻译，2006（3）：67-70.

② 李月菊. 中西汇票的特点及其翻译 ［J］. 中国翻译，2007（1）：67-70.

③ 孙致礼. 译者的职责. ［J］. 中国翻译，2007（4）.

（8）Description of Goods 货物名称

（9）Place/ Date of Issue 提单签发地点/日期

（10）Freight Prepaid / Freight Collected 运费预付 / 运费到付

（11）Gross Weight / Net Weight 毛重 / 净重

（12）Port of loading / Port of Discharge 装货港 / 卸货港

（二）提单条款翻译的常见错误和改正

提单在所有单据中处在核心位置，是物权凭证的法律合同，在外贸往来中起着特殊作用，也是科技经贸的主要载体。然而，提单的翻译是一项很艰难的工作，译文语言不仅要准确表达提单所载事项，而且要实现信息等值转换。研究海运提单条款翻译的常见错误并加以修正，对于促进贸易往来，建立公平公正的外贸秩序，有着十分重要的现实意义。

1. 根据不同的语境选择合适的义项

商务英语和普通英语的不同首先体现在单词的意思上，而牵涉语词意思的选择，是外贸单证翻译的关键，因为在普通英语里一个单词有许多意思，在特定的上下文（context）会有不同的意思，这就要求译者必须熟知这些术语，并且根据不同的上下文谨慎选择义项。且看下面的例子：

原文：This Bill of Lading is issued in a negotiable form, made out to order and endorsed in blank marked "Freight Prepaid" notify applicant.

原译：所签发的提单为可议付的，指出收货人待定，空白背书，标明运费预付，通知开证申请人。

在这个例子里，"negotiable" 在商务英语中的意义主要有可 "商议的、可议付的" 之意，在此例句中指 "可转让的"；"made out to order" 表达是专门指提单内 "consignee" 这个栏目的填写规定，"made out" 有 "理解；假装；辨认出；填写（表格）" 等多种意思，在提单条款里面主要是指

"收货人栏目填写成……"；"to order"是指提单收货人的三种形式：记名提单、不记名提单、指示提单中的"指示提单"，所以"to order"应是"凭指示"的意思。因此，应该改译为："所签发的提单为转让提单，收货人填写成凭指示，空白背书，标明运费预付，通知开证申请人。"

2. 注意被动语态的翻译

一般来说，主动语态通常被用于强调人，而被动语态则被用于强调事物。根据英语常用被动句的特点，翻译的时候就可以以主动形式出现，避免出现汉语被动标志词，也体现中文常以人做主语的特点。请看下面的例子：

原文：Particular attention is drawn to the terms contained therein, including, but not limited to, free storage time, container and vehicle demurrage, etc. The provision cited in the COGSA（except as may be otherwise specifically provided herein）shall also govern before loading and after discharging as long as the goods remain in the Carrier's custody of control.

译文：请特别注意运价本中所载各项条款，包括但不限于免费堆存期、集装箱及车辆滞留期等。除另有规定外，以上所提及的美国海上货物运输法同样适用于在货物装前卸后承运人掌管货物的期间。

很明显，这里英语原文中使用了被动结构，包括 is drawn to, may be... provided 等，英语与汉语的差异主要体现在被动句与主动句的使用频率上，句子的被动关系体现在"be 动词+过去分词"这一基本被动结构的用法或者动词的-ed 分词结构上，在正式的单证文体中出现，因隐去动作的执行者，使论述体现了客观、委婉的语气，使文字表达更加客观化，在翻译为汉语时要适当地进行转换，根据实际语境转化为主动句或保留个别被动结构，使之更符合中文的表达习惯。

四、外贸合同翻译的注意事项

外贸合同本身就是一种很严谨的文体，特别是对于英文合同，更是需要考虑很多细节。例如，对条文细目必须非常谨慎，明确某些容易混淆的词语，酌情使用惯用副词，等等，才能做到准确严谨、恰当得体地翻译外贸合同。

（一）慎重限定关键细目

一般来说，英译合同中容易出现差错的地方，不是大的陈述性条款，往往是一些关键的细目，如钱款、时间、数量等。为了避免出差错，在英译合同时，应该非常注意使用一些有限定作用的结构来界定细目所指定的确切范围，如限定时间、金额、责任等。

1. 限定时间

由于外贸合同对时间的要求是准确无误的，与时间有关的文字，应该严格慎重地处理。所以英译起止时间时，常用 include 的相应形式或双介词结构等来限定准确的时间。例如：

原文：本证在厦门议付，有效期至 9 月 18 日。

译文：This credit expires till September 18（inclusive）for negotiation in Xiamen. 或者：This credit expires till and including September 18 for negotiation in Xiamen.

如果不包括 9 月 18 日在内，英译为 till and not including September 18。英文常用 include 的相应形式，包括 inclusive、including 和 included 等，来限定含当日在内的时间，也可以用双介词英译含当天日期在内的起止时间，例如：

原文：我公司的条件是，5 个月内，即不得晚于 9 月 18 日，支付
　　　现金。

译文：Our terms are cash within five months, i. e. on or before
　　　September 18.

2. 限定钱款数额

为避免钱款数额的差漏、伪造或涂改，英译时常用货币符号、大写文字金额等措施来进行把关。例如，翻译单证上的金额必须不厌其烦，注意区分和正确使用各种不同的货币名称符号。例如，$ 可代表美元，又可代表其他某些地方的货币；而 £ 不仅代表英镑，又可代表其他某些地方的货币，必须明确写明，而且金额数字必须紧靠货币符号。

翻译时，要特别注意金额中是小数点 "." 还是分节号 ","，因为这两个符号要仔细分清，稍有疏忽往往会带来重大的损失，需要仔细确认。同时，英译金额时，也必须在小写之后，用大写文字在括号内重复该金额，即使原文合同中没有大写，英译时也有必要补上，并且做到小写与大写的金额数量要一致。具体处理方法往往是在大写文字前加上 "SAY"（意为 "大写"），在最后加上 "ONLY"（意思为 "整"）。例如：

原文：甲方须每月付给乙方美元 8 000 元整作为薪酬。

译文：Party A shall pay Party B a monthly salary of US $ 8 000 （SAY
　　　EIGHT THOUSAND US DOLLARS ONLY）.

3. 限定双方责任

众所周知，合同中要明确规定双方的责任。英译买卖双方责任的权限与范围，常常使用连词和介词的固定结构。最常用的此类结构，如and/or、by and between，等等，其翻译举例说明如下：

原文：如果上述货物对船舶和（或）船上其他货物造成任何损害，托

运人应负全责。

译文：The shipper shall be liable for all damage caused by such goods to the ship and/or cargo on board.

类似这样的条款，常用 and/or（甲和乙+甲或乙）的表述，这样就可避免漏译其中的一部分。此外，商贸合同中也常用 by and between 强调合同是由"两方"签订的，因此"双方"都必须严格履行合同所赋予的责任。例如：

原文：本合约由买卖双方共同签订，同意按下述条款购买出售下列商品。

译文：This Contract is made by and between the buyer and seller, whereby the buyer agree to buy and the seller agrees to sell the under mentioned commodity subject to the terms and conditions stipulated below.

（二）仔细选用易混淆的词语

英译商务合同时，常常由于选词不当而导致词不达意或者意思模棱两可，有时甚全表达的是完全不同的含义。因此，了解与掌握易混淆词语的区别是极为重要的，这是正确理解外贸单证的基本前提，也是提高英译质量的关键因素。下面，我们把常用且易混淆的几对词语，用典型实例加以区分。

1. abide by 与 comply with

我们知道，abide by 与 comply with 都有"遵守"的意思，但是当主语是人时，翻译时须用 abide by；当主语是非人称时，则用 comply with 来英译"遵守"。例如：

原文：双方都应遵守/双方的一切活动都应遵守合同规定。

译文：Both parties shall abide by/All the activities of both parties shall comply with the contractual stipulations.

2. after，in 与 on/upon

英译"多少天之后"时，往往是指"多少天之后"的确切某一天，所以必须用介词 in，而不能用 after，因为介词 after 指的是"多少天之后"的不确切的任何一天。而当英译"……到后，就……"结构时，用介词 on/upon，而不用 after，因为 after 表示"之后"的时间不明确。例如：

原文：该货于 5 月 1 日由"金龙"号运出，9 天后抵达香港。发票货值须货到付给。

译文：The good shall be shipped per King Long on May 1 and are due to arrive at Hong Kong in 9 days. The invoice value is to be paid on/upon arrival of the goods.

3. change A to B 与 change A into B

这两个的区别不太容易看出来，"change A to B"意为"把 A 改为 B"，而"change A into B"则意为"把 A 折合成/兑换成 B"，两者不能混为一谈。例如：

原文：双方同意交货期改为 12 月并将美元折合成人民币。

译文：Both parties agree that change the time of shipment to December and change US dollar into Renminbi.

4. ex 与 per

这两个介词源自拉丁语，有各自不同的含义。进行英语翻译时要注意措辞，由某轮船"运来"的货物用"ex"，由某轮船"运走"的货物用

"per"，而由某轮船"承运"则用 by，例如：

原文：由"阿尔卡特"轮运走/运来/承运的最后一批货将于 12 月 15
日抵达上海。

译文：The last batch per/ex/by Steamship Alcater will arrive at Shanghai
on December 15.

5. shipping advice 与 shipping instructions

外贸单证里，vendor（卖主）与 vendee（买主），consignor（发货人）
与 consignee（收货人）的区别是显而易见的，但这种词语在英译时却极易
发生笔误，尤其是一些区分不是非常明显的，更要仔细加以斟酌。例如，
shipping advice 是"装运通知"，是由出口商（卖主）发给进口商（买主）
的，而 shipping instructions 则是"装运须知"，是进口商（买主）发给出
口商（卖主）的，不注意的话，很容易混为一谈。

6. by 与 before

英译终止时间时，比如"在某月某日之前"，如果包括所写日期，就
用介词 by；如果不包括所写日期，即指到所写日期的前一天为止，就要用
介词 before，例如：

原文：卖方须在 7 月 25 日前将货交给买方。

译文：The vendor shall deliver the goods to the vendee by July 25.

此处若是译为 by July 25，说明含 7 月 25 日在内。如果不含 7 月 25
日，就要译为 before June 15，在外贸过程中，诸如此类的日期尤为敏感，
需要特别加以注意。

（三）酌情使用公文语惯用副词

外贸合同属于法律性公文，英译时有些词语要酌情使用公文语词语，

特别是用英语惯用的公文语副词，就会起到使译文结构严谨、逻辑严密、言简意赅的作用。常用的这类副词是由 here、there、where 等副词分别加上 after、by、in、of、on、to、under、upon、with 等，构成一体化形式的公文语副词。例如：

(1) 从此以后、今后：hereafter

(2) 此后、以后：thereafter

(3) 在其上：thereon、thereupon

(4) 在其下：thereunder

(5) 对于这个：hereto

(6) 对于那个：whereto

(7) 在上文：herein above、herein before

(8) 在下文：herein after、herein below

(9) 在上文中、在上一部分中：therein before

(10) 在下文中、在下一部分中：thereinafter

然而，从不少合同的英文译本中我们可以发现，这种公文语惯用副词通常被普通词语所代替，从而影响到译文的质量。实际上，这种公文语惯用副词为数并不多，而且构词简单易记。下面，我们举两个实例，来看看英译合同中如何酌情使用上述副词。

原文：下述签署人同意在中国制造新产品，其品牌以此为合适。本合同自双方签署之日起生效。

译文：The undersigned hereby agrees that the new products whereto this trade name is more appropriate are made in China. This contract shall come into force from the date of execution hereof by the two parties.

五、结论

通过以上例句及分析不难看出，外贸单证英语作为商务英语文体形式之一，在实践中形成有别于其他文体的词句特征，既有措辞庄重、严谨、正式的特点，其内容涉及范围比较广，贯穿了整个外贸流程的每个环节，在翻译过程中就要注意外贸知识的前期储备及有一定的翻译技能的积累，同时需要深入研究外贸单证的语言特点和翻译要求，遵循外贸单证范式行规惯例，才能减少失误，顺利完成翻译工作，提高外贸单据的翻译质量。

对于外贸单证的重点词汇与难点句型的理解、翻译更直接地决定信息输出的正确与否，是外贸工作中能否做到安全、及时收货和结汇的重要因素。因此，在具体的单证教学实践中，应了解外贸单证的词句特点，掌握一定的翻译技巧，学会针对不同的情况，运用合适的翻译方法，准确恰当地表达单证各项目和条款所承载的信息。而对于外贸中的专业术语及法律词汇，在某些特殊表达上也有固定模式，翻译时可以结合固定模板，大幅提升外贸单证翻译的效率。

第八节　信函邮件

商务函电（Business correspondence）主要包括商务书信（letter）和电子邮件（E-mail），作为商务英语文体的形式，函电是商务人员沟通的主要模式，在各种商务贸易活动中被频繁使用，是达成商业活动目的不可或缺的环节，能够帮助企业建立良好的贸易关系，促进国际贸易的磋商活动。在国际贸易中，双方的邮件往来贯穿于贸易交流的各个阶段，包括询盘、发盘、还盘的一系列过程中，对价格、样品、交易条件、付款方式等各个细节的确定，往往都是通过邮件来获取相关信息。随着经济全球化的推进，各国之间商务往来日益密集，成功的贸易关系能否确立，很大程度上取决于双方的邮件交流是否顺畅，其重要性不言而喻。

作为当今社会经济活动中不可或缺的一部分，商务信函在联系商家之间、厂家与客户之间的业务、沟通商情、咨询答复的等活动中受到越来越多的重视，得体、规范的商务信函翻译能与外商建立并保持良好的业务关系，甚至能避免因纠纷而产生的种种不良后果。因此，商务信函邮件的翻译，也是商务翻译的一项重要内容，在涉外贸易中发挥着举足轻重的作用。从商务函电的定义、分类、结构出发，对比中英商务信函邮件的语言特点，并结合具体翻译案例进行分析，能让我们对商务信函邮件翻译的原则和技巧策略有进一步的认识。

一、商务函电的基本概念与文本结构

虽然电话和网络通话方式已被广泛使用在人际交往和商务领域，但商务信函不限时间、地点和篇幅，包括正规信件、电子邮件和传真作为更加有效的法律依据，可充分陈述理由和分析问题，使双方能够更有效地进行沟通交流，至今仍然是商务交际中最主要的工具，在帮助企业建立良好关系、促进贸易合作、进行贸易磋商活动中发挥着关键作用。

（一）商务函电的概念分类

商务信函是涉外商务沟通过程中所使用的各种函件的总称，是人们互相交往、彼此联系、沟通信息、交流思想、洽谈事务时所使用的一种应用文，在公司企业、政府机关、各种团体或商家卖场等商务场所广泛存在。尽管有时候交往的双方是公司对个人，或者个人对个人，但是，如果其中的一方所持的是商业或公务的立场，信函所涉及的内容也与上诉立场相关的话，通常也被视为商务信函。

商务信函作为人际交往的工具具有一般书信的特点，同时又属于一般公务信函，它们涉及商务、贸易过程中的各个环节。商务信函大体上可以分为两种，即"社交信函"和"贸易信函"，这是从信函的文体正式程度来区分的便函和正式函两大类。

便函主要通过电子邮件进行，主要是对于公司的内部为对象的商务信函，或者是为促进或加深与其他公司、机关部门或个人（主要是客户）之间的关系而使用的"社交信函"。一般用于商务应酬中双方联络感情、促进贸易关系的信函，可以细分为商务活动中的感谢信、祝贺信、慰问信、邀请信等。

正式函则是由于工作的原因与其他公司、机关部门或个人在进行贸易交往是使用的信函称为"贸易信函",一般格式较严谨、篇幅较长、内容完整,用于处理具有实质内容的商业事务,如询盘、报盘、还盘等,因此,可归纳为建立业务关系类、产品推销类、资信查询类、询盘类、发盘还盘类、订购类、支付类、索赔类、保险类等,基本上贯穿了进出口外贸业务的全过程。

(二) 商务信函的文本结构

由于电子邮件往往比较随意和非正式,在行文时也不会太过讲究,但正规的商务信函有一定的规范性,并且需要达到所谓的"ABC"原则,即,得体(appropriate)、简明(brief)、清楚(clear),并且遵循一定的套路(formula),以下是商务信函的基本格式:

(1) 信头(Letterhead):包含书信中发信人的地址和发信的日期等。通常情况下,公司都会专门印制带有信头的信笺纸,包括发信人的姓名、地址、电话、传真等。

(2) 封内地址(Inside Address):这里是指收信人的姓名和地址。收信人名称地址的格式和信头的格式相同,但必须把收信人的姓名一并写出。

(3) 称呼(Salutation):指对收信人的一种称呼,较常使用的有 Dear Sir, Dear Madam, Dear Mr. ××等。

(4) 正文(Body):这是信函的主体,可以在内部细分为开头(opening)、讨论(discussing)和收尾(closing)三部分。

(5) 结束语/函尾套语(Complimentary Close):结束语是结束信函时的一种客套,应该与前面的称呼相呼应。例如,"Sincerely""Best regards"或者"Yours truly"等。

(6) 签名(Signature & Printed Name):写清发信人姓名,一般先签名再打印姓名。

(7) 附言(Postscript):这是可选择的部分,简写为 P. S.,一般是补充交代事项或提请特别注意，简短一两句话加上致谢即可。

（8）附件（Enclosure）：这也是可选择的部分，一般是 cover letter 所附带的需要随函寄上的文件材料。

在上述英文信函组成部分中，信头、称呼、正文、结束语和签名等是必备项，其他部分都是可选的，可以省略。除此之外，有的信函还会有标题（Caption/Subject）或引证（Reference）来注明主要内容，以便日后参考。有的信函也会把发信人职务（Position）等内容也写上，甚至包括抄送（Carbon Copy，C. C.）、结束记号（End notation）等方面的内容。

因此，从事商务翻译，了解和研究商务信函的基本模板和分类，多接触相关翻译案例是必不可少的。下面，我们来看一个典型的英文信函及译文案例：

Dear Sirs,

From your letter of April 2 we note that you wish to have a chance in payment terms, we regret that we cannot accept your proposal because our usual terms of payment by confirmed and irrevocable letter of credit remain unchanged in all ordinary cases.

For future shipment, however, we will do our best to fulfill your orders within the time we agreed on. We trust you will appreciate our cooperation.

Yours sincerely,

×××

敬启者：

从贵方 4 月 2 日来函得知，贵方欲改变付款方式。我们以保兑的不可撤销的信用证为付款方式在一般情况下保持不变，抱歉无法接受你方建议。今后装运，我方会竭尽全力在规定时间内履行你方订单。相信贵方会理解双方合作。

×××敬上

由此可见，商务信函具有一定的语言特点：用词恰当，行文简明，尽量使用客气、礼貌、正式、严谨、专业的词汇。在句式规范上，注意长句或分词短语、不定式短语、独立主格、插入语等的使用，在语气上，措辞委婉、礼貌得体。上述案例中的信函委婉地拒绝了对方的要求，既保证了己方的利益，又不得罪对方，译文也保留了原文的语气，较为成功。

二、商务信函的案例描述与分析

由于商务信函的特定用途，它具有不同于文学翻译、科技翻译的语言特征。因此，了解商务信函的文本特点，对于正确、专业、高效地做好翻译具有重要的作用。探讨商务信函的翻译，我们可以从格式、语气、词汇、用法等几个方面进行分析。翻译时也要尽量选用庄重规范的词，使文本句子符合句式规范。

（一）信函格式的翻译

译文要确保其准确性、严谨性和专业性，再现原文的语气、文体和专业特点，必须要从整体上再现原文传递的所有内容，包括各类商务信函的表达模式和结构。一封完整、标准的商务英文信函由多个要素组成，翻译时一定要严格按照信函的格式逐条翻译，做到条理清楚、格式规范。翻译时在格式上，应注意以下四个方面。

1. 日期的翻译

中文在表达日期时是按年月日的顺序，而英美国家则不然。例如，2019 年 9 月 13 日可以有下面两种译法：美式英语格式：September 13, 2019（简写为：09-13-2019）。英式英语格式：13 September，2019（简写为：13-09-2019）。翻译日期时，应尽量避免使用上述括号中的简写形式，月份要用单词而不是数字表示，以免混淆。日期可以直接用基数词（如13、22）表示，显得简洁清楚，没必要用序数词（如13th 、22nd），反而容易弄错词尾。值得注意的是，不管选用美式写法还是英式写法，在一封信里前后日期一定要保持一致，不能混用，以免产生误解，带来不必要的麻烦。

2. 信内地址的翻译

英文地址的书写方式与汉语恰好相反，汉语是从大到小，而英文是从小到大的顺序，翻译时要注意区别，不要搞错。例如："中国福建省泉州市丰泽区城华北路 269 号，邮编：362021"译成英语是："269 Chenghua North Road, Fengze, Quanzhou, P. R. China 362021"。若地址中有缩写，需要特别注意其代表的意义，如"ST"表示"street（街）"，"RD"表示"road（路）"，"AVE"表示"avenue（大街）"，"BLK"表示"block（街区）"，"FL"表示"floor（楼层）"，"RM"表示"room（室）"，等等。

3. 称呼的翻译

信函中的"Dear"只是一种尊称，表示"尊敬的"，不要直译成"亲爱的"。一般情况下，不知收信人姓名的商务信函以"Dear Sir"或"Dear Madam"开头，以"Yours faithfully"结束。而以收信人名字开头的商务信函，常以"Yours sincerely"结束。"Dear Sir"可译为"先生"或"尊敬的先生"，"Dear Gentlemen"和"To whom it may concern"可译为"敬启者"或"谨启者"。Gentlemen 一律用复数而不是单数，英国人多用 Dear Sirs，而美国人多用 Dear Gentlemen。另外需要注意的是，对女性的称谓，可以统称为 Dear Ms，无论结婚与否。

4. 结尾敬语的翻译

信函的结尾敬语是礼貌用语，常用的有"Yours sincerely""Yours faithfully""Yours truly""Best regards""Best wishes"等。这些敬语只是信函程式上的要求，翻译时决不能按照字面直译。若把"Yours Sincerely"直译为"您的忠实的"的话，明显不符合汉语书信的表达习惯，让人感觉不舒服。所以一般情况下，可以把此类的结尾敬语译为汉语书信常用的结尾语，如："……谨上""……谨启""……敬启""……谨复"等。

总之，在格式的考虑方面，翻译整篇商务英语信函时应该既符合汉语表达习惯又不失商务英语特点，把商务汉语信函译成英语时也要对汉语的信函做一些调整，使之符合英语的程式和表达习惯。

（二）信函语气的翻译

商务英语信函是比较正式的书信，注重礼节性的语言，要求在用语上礼貌、诚恳、热情，内容的表述上要考虑对方的感受，在选词上较为考究。因此，可以说是"态度决定一切"，写信人的态度往往是决定双方业务成败的关键，不容忽视。尽管商务信函的功能各异，但大多是以礼貌和气为前提的，译者在翻译时要充分考虑到这一特点，在把握好原文的语气语调的基础上，在译文中有分寸地采用相应的敬语、套语、礼貌或委婉的表达。

需要注意的是，委婉语的交际功能主要是在交际中避免冒昧，其运用往往能获取对方的好感与肯定，从而增进双方的合作意愿。如果必须涉及令合作方不快的事项，应选择委婉语言以照顾对方情面，即尽量用积极的话语来表达相对消极的信息。这个案例译文中采用了"来函""贵方""竭尽全力"这种汉语公文体用语，文字准确规范，委婉拒绝对方的要求，并提出下次竭力满足对方要求，也给自己留有余地，准确传达了原文的语气。

（三）缩略语与专业术语的翻译

缩略语体现了人类使用语言时力求经济、简便的自然心理趋势，是各种语言所共有的现象，其使用顺应了人们生活、工作和交往中的经济原则，尤其是在当今社会信息量迅速膨胀的背景下，在不影响信息充分传达的情况下，人们都倾向于将结构复杂、语句较长的常用词或者短语进行缩减。大量使用术语与缩略语是商务信函的一个显著特点，翻译时必须准确理解这些词汇的专业含义和固定表达，使译文符合行业和专业规范，表达准确。如 CIF（Cost, Insurance and Freight）到岸价；T/L（time loan 或 total loss）定期贷款或全损；A/C（account current）往来账户；COD（cash on delivery）交割支付。如果译者对此不甚明了，可能会导致误译。

此外，商务英语信函或邮件的用词规范，多用术语或书面语，如以 inform/advise 代替 tell，以 dispatch 代替 send，等等。考虑到商务英语信函具有一定的法律效力，也适当使用英语古体词汇，以使行文更加正式、严肃，如 hereby（by this means）以此方式、以此；hereof（of this）就此、关于此；whereon（on what），等等，但现代英语公文体有时也会因使用过时的程式或啰唆的套语行话而经常受到指责。

（四）惯用法和搭配用法的翻译

熟悉和掌握英语的惯用法和搭配用法会对商务信函翻译大有帮助，可以帮助我们避免直译或不符合习惯的类推，从而提高翻译的质量。商务英语中"to draw a draft"意思是"to write out a draft"，即"开立一张汇票"之义，这已是习惯搭配，一般不用"to open a draft"来表达。现在，商务英语已经转而崇尚简洁练达的文体风格，言简意赅的信函可以方便高效沟通。例如，常用 now 而不用 at the same time，用 though 而不用 in spite of the fact that 等。以下是中文商务信函中常见的表达及其英文对应翻译：

贵函收悉（收到对方来函）：We admit receipt of your letter...

特此奉告（表示通知对方时）：We are pleased to inform you...

承蒙贵言：We are obliged for your letter of...

兹报盘：We offer you...

很遗憾（告知不利消息时）：Much to our regret... / I regret to say that...

欣然告知（传达有利消息时）：I'd like to inform... / It's a pleasure for me to...

随函附上：Enclosed please find...

请速回：Your prompt reply would be appreciated...

此外，也要注意一些文化负载词，翻译时，需要弄清楚原文的文化特征，克服因本民族语言和文化的影响而产生的错误，比如，译者若不知"red tape"常用来表示"繁文缛节"的话，就很可能把它直译成"红带子"。

三、英汉信函的语言差异及翻译原则

一般说来，一封正式的商务信函一般由固定的组成部分按照顺序组成完整的篇章，英文商务信函和中文商务信函在功能上大致相同，但在篇章结构和行文风格上都有具体的要求。由于文化的差异性，英汉商务信函在格式、内容和写作特点上也会有所不同，这种差异反映在翻译时也会有相应的应对原则。

（一）语言差异

1. 词句使用

中国人较重视称呼语，以示对别人的尊重，而英文信件往往不需要加入称呼语。中文邮件尤其是问询和答复函一般含有更多句子，字数更多，篇幅更长，内容体现出更具体详细的特点。语言表达内容不仅涉及语言沟通问题，而且还有其社会文化原因，这是因为中国人深受儒家文化影响，比较谦虚、谨慎、委婉，言语多采取归纳思维模式，因此称呼语、寒暄、铺垫等一系列完整的词句都体现了中国人既有原则性，又有灵活性，在复杂的人际关系中，力求游刃有余，内圆外方。相比之下，英文邮件通常句子数和词数都较少，简洁、客观、个性鲜明，寥寥数语简要直接地表达需求。

2. 语篇结构

英文商务邮件的问询函和回复函通常遵循这样的步骤，首先确立主题和交流背景，为前一封邮件和本邮件提供必要的参考信息；然后引入议题，介绍邮件发送的目的；接着提供/索要信息，列出所需信息或向对方提供信息，或回复函回复相关信息；然后索求回音，一般采用礼貌的语言或鼓励的方式来劝说客户回复；最后礼貌收尾，一般表述比较简洁。相比之下，中文的问询和答复函句子、字数较多，篇幅较长，语步较完整，且个别语步尤其受重视，通常比英文邮件多一个寒暄语步，对首次接触者会热情打招呼、问候、感谢、适时致节日祝福等；对熟人，更是亲切问候、或道歉或解释，甚至拉家常，等等。

3. 行文差异

英文信函邮件语篇结构和分步状态不同，也体现了宽容和包容的文化价值观：自由、自信、有个性，不拘一格，普遍采用较直接要求的策略，不刻意委婉，甚至不用称呼，有时使用"please"这个礼貌标识语，以体现对对方自由和权利的尊重。中国人注重与他人的密切联系，在邮件中经常试图拉近双方距离，但西方人常常公事公办，文化的影响各自根深蒂固。中国人习惯于"间接"模式，先做足够的铺垫，再触及问题的中心；而西方人常直截了当地提出要求，有时会让中国人觉得太直接，面子上受到伤害。可见，语言、文化和思想密不可分，在信函交际的过程中，语言的使用同样也蒙上了其他因素的色彩。

（二）翻译原则

商务英语信函翻译对译者的要求和其他任何翻译活动一样，译者首先应具备一定的翻译素养，而对于商务英语信函的翻译，尤其要强调文体意识和功能意识。因为商务信函有着独特的书写格式，它们的行文习惯不同于中文。翻译时，要求译者具有商务信函文体意识，按照固定格式进行翻译。译文要尽一切努力再现原文欲实现的功能、功效，这就要求我们必须确立一些基本原则，作为翻译活动的起点和准绳。[①]

---

① 商务信函翻译原则和策略技巧由李跃协助整理。

1. 准确性

商务信函翻译的准确度，是译者最需要考虑的基本原则。翻译的准确性直接关系到双方的利益，翻译的疏漏及用词的不当往往会给商务合作造成一定困难，甚至产生利益纠纷或者经济损失。首先要用词精确，因为商务信函翻译是为了让收信人理解发信人的要求，以确定是否继续与其进行交易、合作。因此，在翻译过程中，一定要保证完整传达原文信息。而作为一种公文，商务信函有严格的书写格式和约定俗成的信函套语，译者在翻译过程中必须尽量保持译出语的行文与用词特点，传达对等的商务信息。

2. 合作性和礼貌原则

商务信函一个重要的作用是进行人际交往，维护合作双方良好的商务关系，从而促进友好和谐、互利共赢的良性商务环境。因此，商务信函的翻译，必须遵循礼貌与合作原则。在不同的国家，礼貌原则和行为习惯都有着极大的文化差异，在其言语措辞上，中西方文化往往也有着极大差异。要促进有效的商务沟通，就要注意英汉两种语言在其文化中的委婉表达，实现交流的"合作性"。要尊重双方文化特征，如在英文中常用被动语态来表示一种对对方的尊敬，而中文语境里则多用敬语和谦辞来委婉描述。

3. 简洁性

信函翻译不仅要在格式上满足语言文化的规范，更要根据目的、情况等现实需要，对句式词语进行组合，从而产生新的、与原文功能对等的文本。在商务场合中，时间也是很宝贵的资源，商务信函的基本原则里就有简明。在保证语言完整交际的前提下，人们会自觉或不自觉地对语言活动中的用词消耗作出合乎经济要求的安排。因此，商务信函翻译也应在完整表达意愿的基础上进行缩略，准确应用一些商务术语的缩略语，避免使用长词或复杂词，省略无实际意义的句子成分。

四、商务信函的翻译策略与技巧

就文本的功能而言，商务信函是涉外公司或企业为进行业务联系、商情沟通、咨询答复的沟通和交流的工具。在了解信函翻译的一般性原则之后，一些常用的技巧和策略就需要我们进行实践和积累，从而不断提高翻译商务信函的能力。因此，从本质上看，商务信函的翻译是语篇翻译的一种，语言层面上的使用技巧，如句式变化、省译和增译和词类变换等皆可使用。

然而，商务信函翻译因为其内容的特殊性，也必然有其自身的翻译策略，来达到商务交际的实际效果。在词汇上，商务邮件是一种比较正式的文体，要使用正式词汇和商务专业词汇，给人以专业印象；在句法上，商务电子邮件追求简明、快捷，所以句式尽量简单，但也要避免过于单调、乏味；在语篇方面，应尽量简洁，追求沟通的效率。

（一）词语的翻译

首先，翻译商务信函要对商务知识进行一定了解，适当补充专业知识和专门词汇，以及一些普通词汇在商务场合的意思，或者一些与常用词不同意义的解释。例如 offer，在商务往来中，是"发盘""报盘"的意思；"effect insure"译为"投保"，其中"effect"并非常用词义"实现"。

其次，由于商务信函主要为书面语，英语中还经常使用 here、there 和 where 加上 after、by、under、to、with、from、in 等组成复合副词，如 hereafter、hereby、herewith、herefrom、thereafter、thereby、thereunder、thereto 等古体词。虽然在口语中极少用到，但在外贸英语信函中会经常出现。将这些古体词翻译成汉语时，一般要重复 here 或 there 代表的名词，也要对应使用一些正式词汇。

同时，在词汇的翻译中，尤其要注意词性的转化。例如："The board of directors will hold a consultation about the matter"，译为"董事会将商议此事"。这里就是名词与动词的转化，因为英文中多用名词，而汉语则习惯用动词来描述。又如 "Please let us know if our terms are acceptable" 应该译为 "请告知是否接受我方条款"。这是形容词与名词的变换。再如 "This is an airliner for New York"（这是飞往纽约的航班），这里牵涉部分介词与动词的转换。

有时候为了保证译文的通顺规范，不让人对其意思产生误解，使句子更符合人们的阅读习惯，我们需要对原词进行改动，重新组织词序，使信函的翻译看起来更加专业。例如："Please bid price as soon as possible" 可译为 "请速递盘"。这里将 "as soon as possible" 放在了动词前面，调整了英文的词序结构，比较符合中文的语法规范。

（二）句子的翻译

句子的翻译可以分为直译和意译。商务翻译中，一般采取直译的方式，其重点在于准确，简明易懂，避免拖泥带水，繁复冗长，做到句子精练，表达有效。具体的翻译方法也有很多种，比如，减译、增译，改变句子结构等，下面举例述之。

> 原文：We are pleased to inform you that goods under your order No. HX 4589 were shipped per direct streamer "WUXI" on August 31 and the relative shipping samples had been dispatched to you by air before the steamers sailed.
>
> 译文：现欣然奉告，你方 HX4589 号订单中的货已于 8 月 31 日装直达轮 "无锡号"，有关装船样品已在货轮离港前航寄你方。

上述翻译采用了减译法，没有直接翻译出 "我们很高兴通知你"，而是采用 "欣然奉告"，非常简略，省略了主语，四个字一笔带过。但有时候必须反其道而行之，采用增译法。例如，在英文中，because 和 so 是不可以在一个句子中同时出现的，但在翻译成中文时，将 "因此" 的意思补全，则会使句子更加紧凑，意思更加流畅。又如，英文可用名词的单复数形式来表达货物数量的多少，而中文的名词没有单复数形式，就需要加上量词，例如：

原文：We confirm supply of the prints at the prices stated in your letter and are arranging for dispatch next week passenger train.

译文：我方确认你方来信的价格供应各种印花棉布，并正安排下周客运列车装出。

这里译文中的"各种"就是新增的词来反映复数的"prints"。此外，常用的还有分句和合句。分句是把原文翻译成两个或两个以上分句，从而使意思更加通畅。例如：

原文：We have forwarded the catalogs and drawings you sent us to some large manufactures and now have an affirmative answer from a factory in Shanghai.

译文：我们已将寄来的目录和图纸转交几家大厂，现接到上海一家工厂愿意承办的答复。

这就是典型的分句手法，把源语文中的一个句子拆解为两个，更符合目标语的阅读习惯。而合句则恰好相反，是把两个或两个以上的单句或者复合句在译文中用一个单句或者复句来表述。例如：

原文：Provided we receive your order by 30 October ，we make you a firm offer for delivery by the middle of November at the price quoted.

译文：现按所列价格，报供 11 月中旬交货的实盘以 10 月 30 日前收到你方订单为准。

由于公文写作的结构相对固定，有些表达方式在使用中逐渐形成固定的套语，使得中文和英文商务信函中都有其固定的句式，因而在翻译实践中要注意将其翻译成对应的套语。例如，商务信函首段首句常见套语有"Thank you for your letter of..." "We are in receipt of your letter of..."等等，翻译时可套用中文信函，直接译成"×月×日来函收悉，不胜感谢，兹复函如下"。又如，表示通知对方时常用"We are pleased to inform you..."，对应中文译成"特此奉告……"；表示随函附上某物时常用英语表达有"Enclosed please find..."，译成符合汉语习惯的就是"随函附上……"再如，请求对方做某事的汉语句式为"请……将不胜感激"，英文商务信函则常用"We would appreciate" "It would be appreciated"等。另外，英文信函结尾的"We are looking forward with interest to your reply" "Your early reply will be highly appreciated"，等等，中文函电结尾则简单译成"盼复"等常用套语。

（三）语气情感的翻译

一般来说，商务信函中的用语都是比较客气委婉的，合作双方都应照顾对方的情面，用积极的话语来表达相对消极的信息，也使得在交际中避免冒昧。因此，常常用到委婉语和虚拟语气。汉语中，多用委婉语、敬语谦辞来表达（如"建议""很遗憾"等），而英语中常用被动语态和虚拟语气，来温和地表达自己的观点。例如：

原文：我方建议贵公司在 10 月 8 日 9 时之前发货。
译文：We recommend you deliver the goods before 9 o'clock on October 8.

这里"建议"一词避免了直接陈述自己的看法，态度较为温和，因此译为"recommend"符合委婉的语气，如换成"advise"则有居高临下之嫌。虚拟语气和被动语态，同样不会让对方觉得有强加意愿之嫌，采用对方为主的态度措辞，站在对方的角度洽谈问题，更容易让对方接受。再看下面的例子：

原文：由于贵方所退的货品包装已受损，故无法退款。我方也是希望能够降价，但这已经是最低价了。

译文：You can obtain the refunds if the packaging of goods you return has remained intact. We wish we could lower the price but actually it has been the rock-bottom one.

商务信函注重传达礼貌、得体的语气，礼貌和委婉的用语可以使阅读方获得好感，也可以在拒绝对方的要求或条件时显得婉转而易于接受，而不至于破坏双方的贸易关系。商务英语中的情感词汇（appreciate、sorry、thank 等）可以帮助表达真实的想法，同时使对方感到愉悦，可博得认同。除此之外，还常常通过运用 appear、a little bit 等模糊词汇，间接表述观点。

在国际商务信函中，委婉礼貌的语气还用在表达感谢、快乐、满意、道歉等语句中。要达到语句委婉，可以采用情态动词、被动语态、虚拟语气、疑问句等来表达。因此在翻译中，也要注意采用这些方式来保持原句的语气和口吻。

（四）篇章结构的处理

翻译商务信函时，应当保留原文的篇章结构，但需要注意的是汉英语篇的区别，如中文信函的署名即写信人签名，通常写在结尾后另起一行（或空一二行）的偏右下方位置。以单位名义发出的商业信函，署名时可写单位名称或单位内具体部门名称，也可同时署写信人的姓名。为郑重起见，重要的商业信函也可加盖公章。这种篇章结构的区别主要来源于思维模式的差异性，也是商务人员沟通不畅的一个重要原因，需要在翻译时加以注意。

由于商务信函属于正式文体，常用复杂句、状语从句、分词短语插入语、同位语、独立主格结构在商务信函中也频繁使用。信函里常要表示某些条款相互成立、互为条件，或对一连串具有因果关系的事件进行叙述，比起短句，长句能更准确地表达这种多层次的复杂逻辑关系。对于这种复杂冗长的句子，需要对原文的结构进行仔细分析并灵活应用各种翻译技巧进行翻译，才能恰当地翻译原文，准确传递原文含义。

总之，翻译商务信函，需要我们在多方面总结规律，根据汉英信函的特点作出不同的调适。无论是写作还是翻译，在信函往来时，要努力提高商务英语水平，了解客户的文化背景、思维模式，摒弃成见与偏见。另外，通过邮件交流时要采用"读者友好型"的文风，即要以诚待人，设身处地地从对方的立场、利益出发考虑和处理问题；在修辞上要注重积极进言，语气平和，令人高兴和易于接受。

五、结论

随着中国经济的发展，中国越来越多的企业选择融入国际市场中，商务信函作为商务沟通的重要手段之一，在国际贸易中的地位也变得愈加重要了。读懂信函，正确地翻译信函决定着贸易的成功与否。商务信函的翻译和一般的文学翻译一样，需要依据"信、达、雅"这个翻译标准。同时，商务信函翻译又有着其自身的特点，它不同于一般的文学翻译，翻译者不但需要具备较深厚的商务知识，而且还要掌握一定的经济术语。

商务信函的翻译应以翻译原则为指导，以信函的文体和语言特点为基础，结合一定的翻译技巧进行。在翻译商务函电时译者要从整体篇章结构和文体功能来看，领会写信人的真实意图和语言风格，并将其准确传递。信函中的用词要准确理解，特别要注意一些词汇的专业意义和一词多义的用法，注意信函中的句子结构和逻辑关系，翻译时厘清层次。针对原文中的套语、敬语，要尽可能用译入语中的对等套语、敬语直接再现。要想让商务信函的研究与时俱进，紧跟时代发展的步伐，就必须要在建立科学的理论框架的基础上，摒弃浮躁，脚踏实地，坚持收集最新的语料，进行大量的实践探索。

虽然商务信函翻译特点鲜明，但同其他翻译一样，也是一种跨文化交际的行为，其主要目的在于实现英汉两种语言的功能对等。译文质量的高低与对外贸易最终能否成功息息相关。由上可见，在英汉翻译的商务信函中，需要遵循的还是语言习惯和文化习俗，我们需要一定的专业知识技能，一定的翻译技巧，以两种语言的规范为标准进行功能对等的翻译。商务信函在商务中发挥着重要的作用，其翻译的理论和实践也值得我们不断地加以探究。

第九节　商务报告

报告（report）作为一种文本，同样可以分为信息型与呼唤型两类，其中以信息型文本居多。商务报告（business report）是反映企业发展状况、行业趋势、财务报表及企业文化等诸多信息的文本，在商务交流活动中意义重大。商务报告属于典型的信息型文本，不同的报告根据不同的目的也有不同的聚焦和重点。与其他类型的商务文本的语篇类似，报告文本同时也能反映出企业的态度、立场和责任感，把握这一点对商务报告的翻译显得尤为重要，报告翻译的成功与否在某种意义上也会影响企业的形象、业绩，乃至全球化进程。

商务报告作为企业外宣的重要手段之一，往往蕴含着大量重要信息，包括企业的主要业务进展、财务状况、行业趋势、企业文化及未来趋势等，在积极开拓海外市场，与国际平台顺利接轨，展开对外交流的过程中承担着重要责任。这里，我们选取《华为投资控股有限公司 2018 年度报告》和《中国银行股份有限公司 2017 年度社会责任报告》的中英双语版本作为语料，以系统功能语言学下的评价理论为框架，对所选语篇和语料进行案例分析，从而探讨商务报告的翻译途径和策略，并考察这些商务报告是否有效传递了文本信息，其翻译是否体现了原文的功能，达到树立良好对外宣传形象的目的。

在企业"走出去"的业务拓展与交流过程中，年度报告（Annual Report）和社会责任报告（Corporate Social Responsibility，CSR）已成为展现企业形象、企业文化与综合实力的窗口，是企业外宣材料的重要组成部分。因此，下面我们就以这两类报告为例，应用商务报告翻译中的评价理论，来阐述商务报告的语言特点和翻译策略。

一、商务报告翻译中的评价理论

系统功能语言学指出，语言作为意义的载体，具备三大基本功能，即概念功能、人际功能和语篇功能。评价理论主要研究话语语义，该理论在兼顾研究语法的同时，着重于词汇，它既注重显性评价，又注重隐性评价，不仅涉及交际，也涉及情感，但主要还是讨论词汇资源是如何表达意义，完成提供信息的宗旨，从而达到交际目的。①

（一）评价理论与商务文本分析

评价理论，作为语言人际功能的赋值和补充，其主要关注话语的态度和情感是如何通过具有评价功能的词汇资源传递的。实现评价意义的词汇语法资源包括三个系统：态度系统（attitude）、介入系统（engagement）和级差系统（graduation）。[1]其中，态度系统是评价理论的核心，分为情感、判断和鉴赏三个子系统。情感指话语发出者对某事物或某现象的感情态度；判断指以社会规范制度为标准，对某行为做出的评价；鉴赏则体现为对某事物或者某行为的价值评估，是一种审美态度。

近年来，评价理论在商务语篇翻译中的适用性已逐渐引起学界关注，态度研究可以探讨语言使用者如何利用词汇资源对行为进行判断，以及对事物的价值进行鉴赏。例如，扶丽华（2010）以评价理论为工具，探讨了商务语篇主观情感态度的表达及翻译方法；徐珺（2011）以社论语篇为案例，探讨了评价理论用于商务翻译实践的有效性和可行性；徐珺、夏蓉（2013）以评价理论为依据，对英汉语商务语篇进行分析对比，为跨文化研究提供了新的视角。此外，部分学者已从该理论视角对具体商务语篇进行了分析探讨，如赵玉闪等人（2016）从评价理论看商务文本的态度表达

---

① 扶丽华. 从评价理论看商务语篇态度的表达及翻译 [J]. 中国科技翻译，2010（1）：23-30.

及其翻译研究、袁胡雪婧研究评价理论在商务信函中的翻译（2018）和评价理论在商务谈判翻译中的应用研究（2018）、陈娟等探讨评价理论视域下的贵州会展外宣文本英译研究（2018）等。目前所取得的研究成果表明评价理论在商务语篇分析和翻译方面都具有重要的指导意义。

作为评价理论核心的态度系统，对于语篇分析具有重要意义。商务文本通过其蕴含的态度资源与受众产生联系，语篇内情感的表达、对事物的评价及鉴赏可增加受众的参与感，从而达到相应的商业目的。商务合作中的语篇态度往往体现着意向方的礼节、诚意及合作意向等，是维持合作双方良好贸易关系的重要手段，而分析语篇所体现的态度，对翻译而言也是至关重要的一环。

（二）朱莉安·豪斯的翻译质量评估模式

对翻译质量进行评估首先要依赖一定的标准，而标准的确立又取决于对翻译本质的认识，即对翻译的定义。可以说，不同的翻译观产生不同的翻译标准、翻译策略和翻译方法，也因此导致不同的翻译质量概念和不同的翻译评估手段。朱莉安·豪斯（Julian House）修订后的翻译质量评估模式，主要从语域的视角来评估译文的翻译质量，这是一个基于韩礼德系统功能语法的翻译质量评估模式。豪斯认为，翻译质量评估的关键在于对翻译本质的理解，即语言单位从始发语转换到目的语时在语义、语用和语篇意义上保持不变。

从翻译评估的视角看，豪斯在1977年的初始模式中利用语言行为理论、语言及文本功能和语境等理论将始发语文本分为两大情景层面：语言使用者层面和语言使用层面。前者包括"家乡地域、社会阶层、所处时代"三个方面；后者包括"语言媒介、参与程度、社会职能、社会态度和知识范畴"五个方面。①匹配度越高，翻译质量越高。同时，对译文质量的

---

① House J. Translation Quality Assessment：A Model Revisited［M］. German：Gunter Narr Verlag Tubingen，1997：108.

判断还包括隐性错误与显性错误的数量的描述。①

后来，豪斯对其理论进行修订，将八个参数统一到语场、语旨和语式之下（House J：1977），他认为语境决定语言形式，而形式表达意义、实现文本功能，对原文和译文进行语境和形式上的分析与互照，从而发现和确定译文是否在概念和人际意义上与原文对等或偏离。此外，豪斯还把"体裁"纳入修订模式，以便对文本的深层结构进行阐释。豪斯模式的操作过程应用到翻译评估中并不复杂，其模式的运作过程主要分为四步：

（1）对原文进行语域和体裁分析，得出原文的文本功能框架；

（2）对译文和原文进行语域和体裁的比较分析，详细阐述原文和译文在文本功能上的不匹配之处；

（3）得出译文的文本分类，归类文本为显性翻译或隐性翻译；

（4）陈述译文的翻译质量。

此外，豪斯模式在评估译文质量时，还将译文的文本分类归为显性翻译和隐性翻译两大类。其中，显性翻译强调显性译文，其目的是在译语语言文化中，有一定教育背景的中层读者和原语文化中非此类特定读者之间达到功能对应。隐性翻译是指在译语中拥有与原文同等地位的翻译，使原文在译语中获得功能等值。由于商务报告译者在翻译的时候主体性较低，因此一般属于显性翻译。

二、企业年度报告中的态度资源：以华为公司为例

目前，华为公司已经发展为全球领先的信息通信基础设施与智能终端提供商，在多个领域均处于世界领先地位，其业务已遍及全球 170 多个国家和地区。华为公司历来注重形象维护及对外宣传工作，选取《华为投资控股有限公司 2018 年年度报告》译文作为研究对象，结果更具参考价值。下面，我们从评价理论下的态度系统出发，分别从语篇情感、行为判断和鉴赏资源的角度对《华为公司 2018 年度报告》中某些源语语料与目的语

① 司显柱. 朱莉安·豪斯的"翻译质量评估模式"批评［J］. 外语教学，2005（3）：79-84.

语料中的态度词汇进行对比，以探究汉语文本态度资源在英语译文中的体现。

（一）语篇情感

情感所体现的是语篇对某一具体事物的心理直观感受，是态度资源最直接、明显的表现，包括消极和积极的情感。马丁把影响情感反应的因素分为六种：正面的或者负面的；单独的内在状态或者外在的行为；一般性的还是某个特定触发物；感情从低到高的强烈程度；是主动的还是被动的意图；是快乐或者不快乐，安全或者不安全，满意或者不满意。商务语篇为营造友好交流的氛围，往往态度真诚，委婉礼貌；为了宣介公司或者其产品，多表达正面、积极的情感。而由于中文含蓄内敛的特点，商务语篇中的情感往往是隐性的。翻译时如何准确把握语篇的情感态度，并以恰当、地道、符合商务化的方式表达出来是译者面临的难点。

情感资源主要又分为"品质"情感、"过程"情感和"评注"情感三种，通常由形容词、动词、副词等实现。[①]形容词用来表示"品质"情感，如"ICT 行业仍然是激动人心和充满希望的行业，广阔的市场天地和价值空间，让我们仍然大有可为"；动词表示"过程"情感，如"华为要求全球各子公司、各部门在业务活动中致力于严格遵从所在国家和地区的法律法规，并遵从其他所有适用的法律法规"；而副词往往表示"评注"情感，如"为此，我们积极创新，凭借 Wi－Fi、Copper、Fiber、Cable、Microwave、Small Cell、3G/4G/5G 等领先的连接技术，支持任意媒介、任意场景的连接……"，因此，翻译商务报告时，译者首先应准确把握源语中所体现的情感、态度和立场，再使用对应的译入语表态词进行翻译。下面，我们来看一段例证：

原文：华为可持续发展管理始终坚持以客户为中心，紧密围绕公司可
　　　持续发展战略，致力于为社会做出贡献，助力构建万物互联的

---

① 徐珺，夏蓉．评价理论视域中的英汉商务语篇对比研究［J］．外语教学，2013（3）：16-21.

智能世界。华为与合作伙伴一起，通过信息通信技术服务每个人、每个家庭、每个组织，用创新的解决方案让更多人受益于数字包容；提升网络风险识别、监测和防范能力，确保网络健康稳定运行；加强网络安全和用户隐私保护，并明确将其作为公司的最高纲领；端到端管理产品的生态设计，减少产品生命周期的环境影响；关爱员工，合规运营，回馈社会，与合作伙伴共建和谐健康生态。

译文：Our approach to sustainability management is customer-centric as always. By focusing on our sustainability strategy, we remain committed to contributing to society and helping to build a fully connected, intelligent world. Together with our partners, we bring ICT to every person, home and organization, and develop innovative solutions to allow more people to benefit from digital inclusion. We also improve our capabilities in identifying, detecting, and preventing cyber risks to ensure robust and stable network operations. We make cyber security and user privacy protection the top priorities of our company and we continually intensify our efforts to improve in these areas. Our end – to – end product eco – design management helps reduce the environmental impact of our products throughout their life cycles. We care for our employees, operate in compliance with all applicable laws and regulations, give back to local communities, and work with our partners to build a robust and healthy ecosystem.

从原文中可以看出，华为突出强调了其以"客户为中心"的发展理念，体现出该企业对客户、对商业伙伴及对社会的积极态度。从评价理论角度看，语篇采用一系列副词及动词体现其情感态度，如"始终坚持、紧密围绕、助力构建、服务、提升、确保、关爱"等，表达了该企业对客户及员工的关心、对行业及社会的关注。而译文也使用了对等意义的词对原文进行阐释，如"as always，focus on，remain committed to，help to build，improve，ensure，care for"等。原文的主语"华为"也改译为"we"，增强了话语发出者与读者之间的沟通意义。同时，"加强"一词增译为"continually intensify our efforts"，强化了原文的情感态度。但第一句的"始终坚持"译为"as always"，以及"通过信息通信技术服务每个人、每个家庭、每个组织"这句话中"服务"一词的省译，只说"we bring ICT to every person，home and organization"，在某种程度上削弱了华为在原文中所强调的"以客户为中心"的服务意识。

（二）行为判定

判定是指根据一系列社会规范对事物或者某种行为做出的评价。马丁将判定资源分为社会许可和社会资源两类，实现手段分为显性和隐性两种。显性的判定主要通过表示属性或修饰的形容词、表示方式的环境成分、名词或动词词汇实现；隐性的判定则主要是指标记，即"没有用评价的词汇语法手段进行评价"。[①]企业年度报告作为企业对外宣传和营销的一部分，往往会充分展现该企业积极向上的一面，从而得到相关社会规范和评价体系的认可，因而其判定资源多以显性方式反映在语篇中。比如下面的例子：

> 原文：过去30年，华为和运营商一起建设了1 500多张网络，服务170个国家，30多亿人口，保持着良好的安全记录。华为在增强产品防攻击、防渗透能力上也做到了行业最强——在专业软件安全工程成熟能力评估公司的12个评估项目，华为产品有9项达到了业界最高级水平，其他三项也高于业界的平均水平。但是我们清楚，未来网络安全的威胁是不断变化的，华为不仅要实现结果的安全可信，还要实现过程的安全可信。
>
> 译文：Over the past three decades，we have built more than 1 500

---

① 徐珺，夏蓉. 评价理论视域中的英汉商务语篇对比研究 [J]. 外语教学，2013 (3)：16-21.

networks together with our carrier customers, serving over three billion people in more than 170 countries and regions around the world. We have a solid and proven track record in security. Huawei is now the industry's best when it comes to product anti-attack and anti-penetration capabilities. Across 12 indicators for software security engineering capabilities, Huawei was given top marks for nine indicators, and above industry average for three. But cyber security threats are evolving, and we need to go to greater lengths to ensure that the results of our cyber security efforts-and the process of producing those results-are both worthy of our customers' trust.

从这一段中可以看出，语篇使用了诸多体现社会规范与标准的词汇，从而表现华为的业界能力与水平，以达到争取潜在客户群体信任的目的。实现这一态度资源的词汇包括副词：最强；形容词：良好的、最高级、高于业界的、平均；动词：保持着、达到了、高于；名词：安全记录、行业、业界、水平、安全可信。而译文则根据原文的意思进行相应的调整。如形容词"良好的"译为"solid and proven track"；将"华为产品有9项达到了业界最高级水平"这句调整为被动语态"Huawei was given top marks for nine indicators"，以体现这一评定结果的客观性；"安全可信"译为"worthy of our customers' trust"，增译了"customer"，以再次强调华为的服务理念。从评价理论角度看，译文较为准确地再现了原文的判定资源，同时也从译入语读者的角度出发，有效传递了源语的态度情感。

（三）鉴赏资源

鉴赏主要指语篇中所体现出来的对事物的一种审美态度。马丁将鉴赏分为三类，即反应、构成和价值。反应主要指对事物的质量或影响的衡量；构成主要判定事物构成是否符合常规，是否达成一种平衡，侧重于事物的复杂性和细节部分；价值主要是以社会常规评定事物的社会价值。

在企业年度报告中，鉴赏对象主要是企业本身及企业的产品。如在华为 2018 年年度报告中，就对其在过去一年内主要业务的进展进行了鉴赏评定。下面，我们就以华为对 5G 技术的部分介绍为例加以说明。

原文：随着全在线走进现实，全云化也是水到渠成。这意味着，计算不再分本地和云端，云端存储快似本地，云端反馈瞬间即达。与此同时，5G 将重新定义终端，未来的终端都将可以实时在线、自然交互、懂你所需、服务直达。时间和空间的连续性不再是问题，数字世界和物理世界的融合有了坚实基础，个人的体验也将发生巨大改变。在 5G 时代一个 ID 全程登录，屏幕跟着你，网络跟着你，内容跟着你，体验始终无缝地流动跟着你，真正实现全场景智慧化体验。

译文：When all things go online, going all cloud is the next step. With 5G, there will be real-time transfer speeds between cloud and device, with zero lag. Therefore, the response time for computation and storage will be the same for both cloud and device. 5G will redefine devices. Future devices will be able to stay online at all times. They will be smarter and more naturally interact with users and the environment. These devices will understand us better and anticipate our needs. Time and space will no longer be barriers：5G will help converge the digital and physical worlds and transform the user experience. 5G will also make entirely new experiences possible. With a single digital ID, the network will travel with you wherever you go. Your content and services will travel with you, and your experience flow seamlessly：a truly context - sensitive, intelligent experience.

上述的中文原文对 5G 技术将给社会带来的巨大改变进行了一系列正

面积极的鉴赏和宣传，主要是通过四字词实现的。从评价理论的态度资源分类来看，主要实现途径是副词加动词，如"水到渠成、快似本地、瞬间即达、实时在线、自然交互、懂你所需、服务直达、始终无缝地流动"等，还有形容词加名词，如"坚实基础、巨大改变、全场景智慧化体验"等。其中，属于反应类的词汇资源有"水到渠成、快似本地、瞬间即达、实时在线、自然交互、懂你所需、服务直达"，对5G技术的质量和效果进行评判；属于构成类的词汇资源有"始终、无缝地、流动、全场景、智慧化"，对5G技术进行了专业化的细节介绍；属于价值类的词汇资源有"坚实基础、巨大改变"，描绘了5G技术将给个人和社会带来的影响。译文主要采用直译策略，但整体结构上，根据语义将原文的一段分为三段，使结构更加清晰。词汇资源总体传递出原文对5G技术前景的极大信心，如将"自然交互"译为"be smarter and more naturally interact with users and the environment"，增译了"with users and the environment"，不仅使原文含义更加明确，也再次加深了企业对用户和社会的关注。"懂你所需"译为"understand us better and anticipate our needs"也是同样的道理。当然，个别词如"数字世界和物理世界的融合有了坚实基础"一句中"坚实基础"被省译了，仅译为"help converge"，弱化了5G对数字和物理世界融合的重要意义。"全场景"译为"a truly context-sensitive"也并没有准确传递出原文所想要表达的意思，会影响部分读者的理解。

三、企业社会责任报告译析：以中国银行为例

前面我们对豪斯的评估模式在企业年度报告翻译评价中的应用进行了简要的介绍，接下来，我们运用这一模式对《中国银行股份有限公司2017年度社会责任报告》双语版进行分析，旨在对译文做出客观的质量评估，以此来进一步证明豪斯模式在翻译质量评估中的可行性。由于企业社会责任报告具有权威性、正式性的特点，对原文与译文加以比较，我们往往可以看到译者对原文大都采用直译的方式，以便最大限度地与原文保持一致。因此，企业社会责任报告的翻译质量借助豪斯模式进行评估，可从语

篇、语场、语旨、语式和体裁四个层面对原文和译文进行定性分析和归纳对比研究。

（一）语篇特点

对《中国银行股份有限公司 2017 年度社会责任报告》进行分析，我们可知，企业社会责任报告的语篇具有陈述性、严谨性的特点。语言通俗易懂、言简意赅，但在报告中会出现大量专有名词及专业领域术语及中国特色词汇。在句子层面，企业社会责任报告常常使用并列谓语或并列短语，喜用流水小句，句子长短不一。字数相等、排列整齐的对偶句式也不时出现。同时，多话题评论句和无主句主动句居多。这是因为汉语句子常常结构松散，"以神御形"，句子成分间缺乏形态联系，语篇的连贯通过文脉的贯通和语境的映衬来实现。所以，源语中流水小句偏多，句型结构单一，多用并列短句或并列谓语，语篇衔接方式较少，主从关系不明显。

就语篇内容而言，在撰写企业社会责任报告时，企业的行为不仅要涉及考虑经济底线，还应当考虑社会底线与环境底线，即所谓"三重底线"（Triple Bottom Lines），并在报告中披露法律法规规定企业必须承担的责任，与利益相关方公司期望的信息，内容涉及董事长致辞、责任成果、战略与管理及绩效报告等，要求内容十分完整，条理清楚，文字精练，具有完整性、准确性、权威性和程序性的特点。此外，企业社会责任报告中一般含有大量的图片、图表或表格，比如经济绩效图片、社会绩效图表、环境绩效表格等，都增加了原文的正式程度。

（二）语场分析

语场在文本里类似于"领域"，指的是正在进行的社会活动的本质，比如活动的场所、话题，文章的内容或者主题。①企业社会责任报告属于应用文范畴，从体裁来看较为正式，简明通俗，具有一定的格式，向读者传

---

① House J. Translation Quality Assessment：A Model Revisited［M］. German：Gunter Narr Verlag Tubingen，1997：108.

达出企业的具体信息，为信息型文本，但在原文中会涉及少量信息，比如在董事长致辞里，有大量排比句式的出现，在传递信息的同时，可以加强语势，树立企业形象。借用豪斯的修正模式进行语场分析，确立文本的语域特征时主要从词汇、句法及篇章等维度进行考察。

（1）词汇层面：原文中涉及领域较广，因而专业名词及术语较多，这些专业词汇用于传达信息的准确性和正确性，代表权威感和专业性，使用这些专业术语将使报告更加正式和科学。同时，社会责任报告因为要响应国家的政策，在词汇方面多用到中国特色词语，词汇使用较为正式，译者大都运用异化的策略进行翻译，其中多含有中国特色社会词的翻译，也大都是采取直译方式，少量使用意译策略，与原文在意义还原上比较贴合。例如，"共同发起'国新国同'基金，助力中资企业海外扬帆"一句，译文为"Jointly sponsoring the 'Guo Xin Guo Tong' Fund, to prop up the overseas development of Chinese-funded enterprises"。在"助力中资企业海外扬帆"的处理上译者运用意译方式，将原文的深层含义表达出来。

（2）句法层面：汉语原文多流水句，因为是意合型语言，英语是形合型语言，两种不同本质的语言包含了两种完全迥异的民族文化心理。严格来说，要达到原词和译词语篇的高度匹配，译文必须与原文在语法规范和文体风格上保持一致，包括词类、词序、句长、跨行、平行句式、音响效果等方面内容。因为汉语注重意合，流水小句居多，但在翻译时，我们可以对原文的逻辑意义进行分析，使目的语达到形合的特点，更加地道。因此，翻译时我们可以先厘清句子的逻辑关系，再对原文进行合译。例如：

原文：我们持续推进公益中行精准扶贫平台建设，解决农副产品销售链条长、销路窄、定价低的问题，为农户的脱贫梦想插上互联网翅膀。

译文：We also continuously facilitated the construction of a BOC poverty alleviation platform for the purpose of public welfare, to solve the problems of long sales chain, narrow sales channels and low prices of agricultural and sideline products, and plug in the Internet wings for farmers to realize the dream of poverty alleviation.

在该句中原文用副词"持续"修饰"推进",加强语气,表明了该企业自身做出的努力,但"facilitated"在英语中本身就有不断推进、连续推进的意味,在进行翻译时,我们可以将"持续"进行省译,这才是更为地道的表达。原文"为……插上互联网翅膀",为比喻意义,原文的深层含义是"农户可以通过使用互联网/在互联网的帮助下实现脱贫",在进行翻译时应该去掉原文的形象化,将最后一句译为"realize the dream of poverty alleviation by/with the help of the Internet"。

(3) 语篇层面:译文的风格严谨,目的语与原文都能达到一定程度的匹配。但是原文中也存在一定程度的不匹配之处。由于汉语和英语语言的差异,有时候为了让目的语读者与原语读者产生等同的理解效果,翻译也可以有一定程度不匹配的地方。如果原文在意义上具有潜在的逻辑性,译本中多采用转换词性、合译、减译、增译等方法进行翻译,采用连词等进行衔接,突破了原文的限制,调整句子的语序,让其在贴合目的语形式的基础上,保证译文与原文语篇意义上的匹配。例如:

原文:积极服务"三大攻坚战",积极服务实体经济发展,着力打造具有强大价值创造能力和市场竞争能力的高质量发展模式。

译文:We will improve the supply of financial resources, actively serve the "fight of three critical battles", serve the development of the real economy, and foster a high-quality development model with great capability of value creation and market competition.

分析原文,我们可以看到原文出现了中国特色词汇"三大攻坚战",这一词汇是"十九大"报告中提出的,具体指的是"防范化解重大风险、精准脱贫、污染防治"。在这里译者直接运用异化的策略，并没有其他进行解释的成分，目的语读者不了解我国的政策，很容易不知所云。因此，在进行翻译提升时，最好采用"直译+加注"的方式对其进行解释，以免让国外读者产生困惑。

（三）语旨对比

语旨是参与者的关系，其中既包括作者与读者在社会权力、社会立场、情感因素等方面的关系，也包括文本生产者的时代、地理位置、社会地位，以及对描述内容的个人看法。另外，还包含"社会态度"中的正式协商和非正式等风格。从作者的个人立场即原文企业的立场来看，其创作思想和意图往往是为了传达企业的信息，达到宣传企业、树立企业形象的目的。请看下面的例子：

> 原文：在一百多年的发展历程中，中国银行始终秉承追求卓越的精神，将爱国爱民作为办行之魂，将诚信至上作为立行之本，将改革创新作为强行之路，将以人为本作为兴行之基，树立了卓越的品牌形象，得到了业界和客户的广泛认可和赞誉。

> 译文：Bank of China has upheld the spirit of "pursuing excellence" throughout its history of over one century. With adoration of the nation and the people in its soul, integrity as its backbone, reform and innovation as its path forward and "people first" as its guiding principle, the Bank has built up an excellent brand image that is widely recognised within the industry and by its customers.

可以看出，这里原文运用了排比句式，加强了语势，树立了中国银行以人为本、注重诚信、追求卓越的企业形象，在进行翻译时，译文大体保留了原文的结构，用"with...as"对句子进行连接，在目的语中进行了重复，在贴合原文形式的同时，也在一定程度上增强了语气，准确地还原原文的意义，展现了企业的良好形象。又如：

> 原文：24 年来，老周经办的所有授信无一笔有差错、无一笔被退回、无一笔不良。
>
> 译文：In the past 24 years, no mistake could be found in the credit transactions handled by Zhou, no transaction was ever returned, and no NPL was detected.

这里原文运用了排比句式，表现老周在为用户办理业务时的兢兢业业的态度及良好的工作表现，这种表述侧面树立亲民、负责的企业形象，译文运用了重复句式，大体将原文的修辞在形式上还原出来。

（四）体裁比较

体裁是作者与读者参与文本的渠道，即媒介如口语或书面语；或参与程度，如独白、对话等。Saville-Troike 认为语言体裁是"交际事件的类型"，如"笑话""故事""讲座""问候""会话"等。《中国银行股份有限公司 2017 年度社会责任报告》原文为典型的信息型文本，译文用词与句式上也保留了原文的风格。从体裁和语式上看，原文行文特点具有严谨性，例如：

> 原文：本公司董事会及全体董事保证本报告内容不存在任何虚假记载、误导性陈述或重大遗漏，并对其内容的真实性、准确性和完整性承担个别及连带责任。
>
> 译文：The Board of Directors and all the directors of the Company hereby guarantee that the report does not contain any false presentation, misleading statement or material omissions and shall assume individual and joint liability for the authenticity, truthfulness and completeness of the contents hereof.

应该说，译者在翻译时同样注意了译文严谨的特点，大体能将原文的正式风格还原出来。这里使用古体字"hereby"，"hereof"增强了原文的正式程度。用"shall"表明法律行为色彩中的强制意味，将原文的特点很好地还原出来。如果要去掉原文的比喻形象，将原文的深层含义表达出来，多用正式的语言等。我们继续来看下面的例子：

原文：中行充分发挥海内外联动优势，持续推动海外业务发展，以资金融通为抓手，加强全球一体化经营能力，不断巩固人民币跨境流通的主渠道地位；支持自贸区建设，服务企业跨境贸易和投资；拓展个人跨境人民币业务，助力国家构建全面开放新格局。

译文：BOC gave full play to its collaborative advantages at home and abroad, continuously facilitated overseas business development, strengthened the global integrated operating capability by focusing on financing business, and kept strengthening its position as the main channel for cross-border RMB circulation. It also shored up the construction of free trade zones, provided services for the cross-border trade and investment of enterprises, and expanded personal cross-border RMB business, for the purpose of helping the country to build a new pattern of all-around opening up.

原文运用一系列副词，像"充分""持续""不断"等，增强了文体的正式性，译文中用词也比较正视，比如"shored up""for the purpose of"等，我们可以看出，译文与原文的风格较为对应。

四、企业年度报告与社会责任报告例析

全球报告倡议组织（Global Reporting Initiative，GRI）在 2010 年发布了《可持续发展报告指南》（3.1 版），即通常所说的"G3.1 指引"，提出

可持续发展报告应披露的内容包括三方面：一是公司战略及概况，这部分内容可帮助利益相关者（stakeholder）了解公司的战略、概况等信息，主要包括机构简介、总裁声明、主要影响、报告规范、利益相关者参与度、风险和机遇的描述等内容；二是管理方针，是有关公司对特定项目处理的信息，应从各指标的角度简要描述公司的管理方针，以便阐述绩效信息的背景；三是绩效指标，是对公司的经济、环境及社会绩效信息进行披露，其中，经济层面的绩效信息是指公司利益相关者的经济状况，对当地、全国乃至全球经济的影响；环境层面的信息是指公司对自然系统的影响，包括公司在能源利用、废弃物排放，以及生物多样性、遵守法规等方面所做的努力，社会绩效信息则是公司对所处社会制度影响的信息，主要包括劳工措施、人权、社会和产品四个方面。

高质量的企业年度报告和社会责任报告的优质译文，不仅有助于海外客户了解该企业的文化背景、发展历史、业务进展等基本信息，还有助于促进企业树立良好的商务和文化形象，从而增强海外客户对企业的接受度和信任感，扩大本地企业对外交流与合作。

（一）企业年度报告

以华为公司 2018 年度企业报告为例，从语篇内容看，企业年度报告主要涉及企业简介、历史发展、目前规模、业务进展、财务概要、行业趋势、风险分析、董事长致辞及对未来的规划等多个方面。可以看到，企业年度报告的内容已不再局限于具体的某一方面，而是涵盖多个层面。下面我们从词汇、句法及语篇等层面分而叙之。

从词汇层面看，报告中多使用态度积极、乐观正面的表态词汇，尽量避免用含否定意义的词，以体现华为在过去一年中的业务发展。例如，"我们持续与各国政府、当地社区及我们的客户开展积极、主动、透明、开放的沟通与合作，提升 ICT 基础设施的安全，使其发挥最大价值"。同时，报告中多处以数据作为依据，使报告内容显得更加客观。

从句法层面看，由于中文企业简介主要针对国内客户，文本中具有政治色彩的词及抽象词出现频率较高。例如，在"谁影响华为"中提到公司与相关利益体的关系："华为对外依靠客户，坚持以客户为中心，通过创新的产品为客户创造价值；对内依靠努力奋斗的员工，以奋斗者为本，让有贡献者得到合理回报；与供应商、合作伙伴、产业组织、开源社区、标准组织、大学、研究机构等构建共赢的生态圈，推动技术进步和产业发展；我们遵从业务所在国适用的法律法规，为当地社会创造就业、带来税收贡献、使能数字化，并与政府、媒体等保持开放沟通。"此外，中文简介有较多模式化的句子，如"坚持以……为中心；推动……发展；致力消除……"。

从语篇层面看，商务语篇的态度资源有助于企业塑造积极的商务形象，以建立和维持良好的贸易合作关系。值得注意的是，从 2012 年起，华为年度报告开始把企业在"可持续发展"方面所做的努力单独列出来进行阐释，这体现出华为需要借助社会规范和评价系统所约定俗成的语篇，来展现企业所取得的成就。

（二）社会责任报告

由于企业社会责任报告就是以正式形式反映企业具体如何履行社会责任的载体和工具，高质量的社会责任报告能够在对外宣传中树立企业的良好形象，给够让投资者获得更多的信息，获得投资的潜在契机。国家电网公司于 2006 年发布了我国首份企业社会责任报告，拉开了我国企业发布社会责任信息报告的序幕。

一般来说，公司披露的社会责任信息应包括公司有关背景，对股东、债权人和管理者的责任，对员工的责任，对消费者、供应商和客户的责任，对环境和可持续发展的责任，对公共关系和社会公益事业的责任，以及对政府的责任。企业社会责任报告的发布也能致力于推动企业与利益相关方的良好沟通，以实现企业社会责任绩效的持续提升。随着时代的发展，各种新的社会问题也随之出现，越来越多的企业也开始对外公开社会责任信息，不仅是为了满足投资者的信息需求和监管部门的监管要求，而且也在积极履行社会责任。

从国际上看，企业社会责任发展日趋深入，呈现出标准化和刚性约束的新趋势。企业发展越大，企业的社会责任也越来越大。社会责任也成为全球企业应对诸多挑战、实现可持续发展的重要举措。企业社会责任的根本在于履行，而报告与核实则是检验企业是否真正履行社会责任的一种重要方式。

五、结论

综上所述，通过系统功能语言学的评价理论对企业年度报告和社会责任报告双语语料进行评析，从语篇以及文本功能的角度看，两个范例都有契合原文的合理翻译。有一些不匹配现象对译文的总体质量并没有造成较大的负面影响，并不会影响读者对信息的接受和理解，也不会影响译文的主要功能与原文的相符度。

从情感、判定和鉴赏三个角度分析《华为公司 2018 年度报告》的双语版本，可以判断译文是否将原文的态度情感体现出来，是否产生相同的商务宣传效果。由于对原文态度情感把握不当的译文，往往会令译文读者与原文读者所获得的阅读体验有差别。在这方面，评价理论为翻译商务语篇时原文与译文的对比分析提供了可参考的依据。可以看出，年度报告要贴近原文的同时采用比较合乎译入语的语法规范。另外，运用翻译质量评估模式，以《中国银行股份有限公司 2017 年度社会责任报告》英译本为语料，通过词法、句法、语篇来实现原语文本和译语文本的语域分析，对文本的翻译质量进行评估研究，显示该译本主要属于显性翻译，虽然译文中包含了少量错误，但并没有对文本的主要功能造成影响。

总体而言，译文与原文的匹配程度较高，译文的质量较高，同时证明豪斯模式在翻译质量评估中是可行性的。通过对两个案例的分析可以看出，范例中的译文在忠实于源语的基础上灵活地处理句式和表达方式，在传达原文信息方面较为充分，在文本功能、语域、体裁和语言等几个部分都与原文基本符合，准确地传达了原文的信息，翻译质量较高，从而达到商务报告的目的，实现了文本的功能，也树立了企业的形象。

第三章　口译案例教学与策略研究

口译是一种直接的、面对面的跨语言交际活动，是最有代表性的呈双向式交流的语言交际行为。口译的特点是双语转换快、短句较多、句式由间接引语逐渐向直接引语过渡，而在商务口译中，译出语和译入语交替成为来源语和目标语，译员在译码与编码时必须熟练、敏捷地转换语言符号。

中国古代曾将译员比喻为"舌人""通事"，西方译界也常把译员视作传声筒、回音室、介于谈话双方的"中间人"，从这些隐喻中我们不难发现，长期以来，译员处于"讲者"和"听者"的中间地位，在双方的沟通中起到桥梁的作用，其重要性不言而喻。口译工作者作为跨文化交际的重要一环，在信息传递过程中起着重要的衔接作用。

口译员直接接触不同文化领域下的交流沟通信息，要求能迅速准确地表述不同文化背景交际双方的各种意图。如何在商务口译中做到译得准、快、稳，如何在商务合作过程中避免语用失误，从而圆满地完成口译任务，是每个口译员最关心的问题。

和商务笔译相比，商务口译具有以下三个特点。

（1）随机性。商务口译是一项不可预测的双语转化活动。口译员在商务谈判、贸易交流等场合中，口译的内容往往难以预测。现场的说话人与口译人员事前做过沟通，但即便做了再多的准备工作，在正式的口译过程中也会有预测不到的状况，有时会出现口译中难以掌控的状况，需要译员随机应变，即兴应对。

（2）不可修正性。与商务笔译不同，笔译在翻译过程中可以查阅工具书和相关资料，或是请教专家以查证必要的知识背景。而在实际的商务交流的口译中，口译员往往无法查阅词典或请教别人，无法查阅工具书或寻求其他途径的帮助，而且译文一旦出口，通常没有机会修改，即使是十分严重的错误也是如此。因此，商务口译具有不可修正的特点，口译员必须确保事先具备可能需要的背景知识和专业知识。

（3）时效性。商务口译严格受时间和场合的限制，体现的是现场的语言转换操作。语言不同的交际双方需要口译员来传递彼此的语言信息。为了使谈判过程顺利，信息连贯，商务口译员要有极高的应变能力与表达能力。同时，商务口译注重时间和效率，因为对于商务场合而言，时间就是金钱。

由此可见，作为一个口译员，相应的案例实践和技巧训练不可或缺，商务口译工作的圆满完成，对译者素养提出的基本要求体现在以下几个方面：

首先，要具备比较全面、系统的知识结构，以便应付商务口译过程中各种预测不到的情况，以及层出不穷的难处。这些知识储备包括：一定的专业知识；扎实的双语语言基本功；丰富的双语文化知识，足够的杂学知识面；扎实的口译理论；等等。因此，译者必须掌握一些基本策略和变通技巧，保证最佳的口译效果。

其次，口译工作要求译者具有很好的记忆力和笔记技能，因为译者要在很短的时间内记住大量的信息，口译依靠的是短时记忆，译者要把说话者所讲的内容忠实、详尽地用另一种语言表达出来，不能任意增删、篡改，要做到这些，没有好的记忆力是不可能的。记忆能力可以通过系统的训练和不断的实践来提高，也可以通过笔记来帮助。译者在口译的过程中，总会碰到这样或那样的问题，但是口译工作的环境、时间、方式使得译员不可能求助于他人。因为"好记性不如烂笔头"，原则上讲，原语发布时间超过一分钟，译员就必须求助于笔记。这种笔记主要是记录主要内容、转折点、关键词或尚未弄懂的地方。笔记记得好，可以减轻记忆负担。

最后，口译是一项极为复杂而繁重的思维活动，具有"现场性、及时性和时限性"的特点。这些特点决定了译者只能在有限的时间内正确地理解说话人的意图，并迅速地进行信息分解和重组，最后"出口成章"。为了做到这一点，口译人员应该具有很强的听力、理解力和记忆力，包括母语表达能力、译入语思维能力、较广的知识面和丰富的实践经验。同时，口译人员必须在实践中积累一些敏捷的现场应变能力。所谓的应变能力，"指的是译者能够在不影响原语主要信息，不影响说话者主要意图的基础上，透当地对原语进行调整，使其更符合于当时当地的情形和场合，并使交际顺利地进行"。①

此外，良好的心理素质和身体素质在口译中是不可缺少的。口译者肩负着交际双方顺利交流的使命，尤其在大型的正规的会议口译中，译者不可避免地承担着巨大的压力，如果译者没有良好的心理素质，口译时心理紧张，头脑一片空白，越是想听懂记住，越是什么也记不住，口译就无法进行下去。过大的心理压力会给人的工作能力的发挥带来很大的影响，容易造成译员精神紧张、心情焦虑，注意力无法集中等。加上口译的劳动强度很大，体能也是很重要的一项素质，因为做口译经常需要长时间不间断工作，精神高度集中，体力脑力消耗非常大，所以身体素质一定要好。

第一节　餐饮接待

在当今世界经济贸易和商务交流中，商务接触首先意味着人的接触，"民以食为天"，在各国各地区的民众交往中，餐饮接待是跨文化商务沟通的重要内容之一，已经不只是"请客吃饭"填饱肚子那么简单，很多业务或生意往往是在餐饮接待的过程中敲定。

---

① 王绍祥. 口译应变策略. [J]. 中国科技翻译，2004（2）.

餐饮接待涵盖了用餐方式、食品菜式、餐桌礼仪等过程，临场翻译作为商务接待的重要组成部分，也是翻译人员经常要涉入的基本活动之一。然而，由于文化背景和生活方式的不同，饮食中的翻译往往会有不少问题出现，菜名翻译就首当其冲，用餐环节紧随其后，对文化传播和商贸交流产生着重大影响。饮食介绍、菜名翻译的优劣不仅直接影响商务接待的质量，也关涉中华饮食文化的有效对外传播。

作为一个历史悠久的大国，中国的餐饮文化博大精深，在世界享有"烹饪之国"的美誉。中式菜肴、传统小吃品种繁多，烹饪技法丰富，命名讲究且具文化内涵，加上长期的演变发展和广阔的地域变化，其独特风味是中国传统文化不可或缺的重要组成部分，也对世界饮食文化的丰富性做出了不可忽视的贡献。本节主要集中探讨商务接待中菜名的翻译，以及口译人员如何在餐饮接待环节中提升翻译策略，服务于更和谐融通的商务关系之建立，促进商务交流。

一、餐饮翻译案例描述与分析

带外宾就餐，首先碰到的问题的就是点菜，由于中国饮食烹饪方法多种多样，内涵丰富，专业性又较强，要把中餐菜单中的每一种菜名从一种语言转化为另一种语言并非易事，因为这不仅涉及语言层次上的转换，而且要有文化层面的进一步转化。如果我们在对菜单翻译时忽视了中西方文化的差异，就会使许多外宾在享用中华美食时产生误解，甚至闹出国际笑话。下面，我们来看看一些关于中餐菜名翻译的案例。

根据报道，早在 2006 年，当年 4 月的一期《半岛都市报》曾经报道：因为来青岛旅游的外国游客日益增多，为了方便外国客人，青岛很多酒店都推出了外语菜单，但是这些外语菜单却把不少外国人吓跑了，原来他们把"红烧狮子头"翻译成"烧红了的狮子头"（Braised Lion Head），活生生把老外吓得落荒而逃，甚至要向动物保护组织投诉。

另据网络消息，为了迎接 2008 年奥运会，规范"北京市餐饮业菜单英文译法"，北京曾出台一个《北京市餐饮业菜单英文译法（讨论稿）》，

以期让京城数千种菜都拥有统一规范的英文名称。应该说，讨论稿很多菜
都不厌其烦地按照菜的原料、做法翻译，比如宫保鸡丁，翻译成"花生、
辣椒、葱炒鸡肉"；过桥米线是"加鸡肉的鸡汤粉丝"；但相声里总提到的
"四喜丸子"，就直接翻译为"四个高兴的肉团"（Four Glad Meatballs），
难免让外国人莫名其妙。①所幸经过酝酿了一年的《中文菜单英文译法》终
于修订出台，汇集了 2 000 余个菜品、主食小吃、甜点、酒类名字的"中
译英"，由北京市人民政府外事办公室和北京旅游局编辑出版，向饭店做
重点推荐使用。

又如，如果涉外饭店菜谱上的"麻婆豆腐"被译作"麻脸老祖母的豆
腐"（Pockmarked Grandma's Beancurd），就让外国人无法产生食欲，谁敢
吃？还有一个菜"怪味鸡"，被人译为"奇怪味道的鸡"（Strange Taste
Chicken），变成不受外国人欢迎的菜，一位外宾就直接说"我从不吃奇怪
味道的东西"（I never eat anything with a strange taste）。

类似的例子我们还可以举出很多，至于民间翻译，更是五花八门，举
不胜举，比如，中餐里"夫妻肺片"翻译成"丈夫和妻子的肺切片"
（Husband and Wife's Lung Slice）；"童子鸡"被翻译为"没有性生活的鸡"
（Chicken Without Sexual Life）②，等等。实际上，不仅是中国，其他国家也
有类似的案例，如笔者曾经在泰国曼谷的一个小吃店里点了一块猪排叫
"矿山寻找"，端上来的时候发现他们所号称的"猪排"居然是一份白饭，
上面淋着一些肉末。虽然菜单上泰、英、汉三语皆有，笔者看不懂泰语，
但其中的中英文对照菜名，就滑稽得足以让人捧腹，忍俊不禁。

诸如此类问题的原因在于望文生义的错误翻译和餐菜式不对等造成的
词汇空缺。中国人善解人意，千方百计地要给国际友人营造一个宾至如归
的环境，可惜我们的菜名渊源实在太长，使得这个翻译转换过程笑话迭
出，"笑果"显著。

---

① 来源：http：//bbs. tianya. cn/post-97-532599-1. shtml，访问时间：2019 年 3 月 6 日。
② 王平. 没有性生活的鸡［J］. 视野，2007（10）.

二、餐饮接待翻译常见错误纠正和策略提升

（一）菜名翻译的常见错误的纠正

中国菜名汉英翻译错误大致有两方面的原因。第一，译者不熟悉中国菜的表达方式和制作方法，信手乱译必然错误百出。第二，译者不了解中国菜的饮食知识和背景文化，照字面意思硬译，令人不知所云。

因此，作为口译随行人员，应该多了解餐饮知识，借鉴规范翻译的各种版本，比较鉴别，选取最佳译法，同时，多了解菜名背后的文化渊源，就能摸清规律，熟能生巧。例如，"红烧狮子头"可以翻译为"Stewed Pork Ball in Brown Sauce"；"怪味鸡"并不是味道不好的鸡，相反应该是味道很好的意思，可译为"Wonderful Taste Chicken"或"Spiced Chicken"。"芙蓉鸡片"，有译者在不理解"芙蓉"为何意的情况下，便译作"Sliced Chicken with Furong"，这里"芙蓉"实为"蛋白"（egg-white），应译为"Sliced Chicken With Egg-white"；"童子鸡"应该翻译为"Steamed Spring Chicken"，可以理解为"雏鸡"。"红烧四喜肉"可译成"Braised Brisket with Brown Sauce"；"夫妻肺片"翻译成"Beef and Ox Tripe in Chili Sauce"，就没有那么恐怖了。这样做比起逐字逐句地抠字眼儿，其实才是更忠实原文的翻译。

有些菜名翻译为避免直译产生误解，我们可以从主料、烹饪方法、形状或口感、人名或地名等方面来着手进行翻译。值得一提的是，具有中国餐饮特色的传统食品，使用汉语拼音命名反而有助于中国餐饮"走出去"，比如饺子（jiaozi）、豆腐（Tofu）等，中文菜肴名称难以体现其做法及主配料的，使用汉语拼音，并在其标注英文注释。例如，"麻婆豆腐"最简单，直接音译为"Mapo Tofu"即可。还有大家都经常吃的"担担面"意译成了 Noodles, Sichuan Style。此外，具有地方特色且被外国人接受的菜名，甚至可以使用方言来拼写，如闽南的"润饼"（Lumpia）、"扁食"（Pancit）等，在海外广为人知。

在这方面，目前国内许多汉英翻译者犯过不少错误，可供我们引以为

戒。而关于饮食的常识，可以向上菜的服务员或任何中餐厨师请教便可获知。如此操作，中国菜名和菜的制作方法翻译，其实是有一定规律可循的。

（二）餐饮接待翻译的策略

中国的烹饪历史源远流长，复杂的菜系数不胜数，中式菜肴的名称也十分讲究、多姿多彩，蕴含着深刻的历史文化背景，也充满着民俗情趣和地方风情。中餐的命名既有现实主义的写实手法，又有浪漫主义的写意笔调。对于中国人来说，即便知道中餐的形状及口感，有时也无法从某些菜名了解到其主料、烹饪方法，何况对于外国人来说，如果直译的话，更有可能让他们产生误解。因此，作为翻译人员，我们需要总结出一定的应对策略。

1. 字面直译

中国的菜肴种类繁多，菜名的命名也是丰富多样并且十分讲究。有一些菜名比较能反映菜肴的原料味道，这些菜名的翻译则问题不是很大。比如，番茄炒蛋（Fried Eggs with Tomato），此菜名翻译简单清楚，不论中外游客，都能心领神会。

直译还包括对食材的还原，我们再看一个例子，杭州传统名菜之一"干炸响铃"，从字面上看我们不知道是何物，翻译的时候，我们可以结合菜肴的主材料豆腐皮"Bean-curd"，还有其形状千层卷"Rolls"，加上其中裹着的细碎肉沫"Minced Meat"，译为"Deep-fried Bean-curd Rolls Stuffed with Minced Meat"。这样，外国友人在了解背后故事的同时，也清楚了原料巨细，能够放心大胆地享用这道"响铃"形状的特色菜肴。

2. 舍形求意

字面直译的一个比较大的问题就是有时候容易带来一些跨文化交流的困惑，例如，"撒尿牛丸"翻译成"Pee Beef Ball"就是我们在网上经常可以看到的调侃例子，这种硬译、直译反而不能表达菜品特点，而是与其背道而驰，对中国饮食文化的传播起到很大的阻碍作用。

因此，对于那些采用了比喻、借代、象征等联想手法命名的中餐菜肴，虽然中文听起来优美动听，富有浪漫色彩。这些菜名在译成英文时，如果过分讲究逐字直译，没有中国文化背景的外国客人听了会感到莫名其妙，所以不如舍形求意。译员在翻译这类菜名时，可舍去原菜名中比喻的形象，意译出原义。例如，广东人在新春佳节喜欢吃一道菜，名为"发财好市"。因为"发菜"和"蚝豉"跟"发财"和"好市"谐音，寓意吃了之后就会"发财""生意好"。这种修辞效果在英文语境里无法达到，因此，这道菜不妨直接译为"Black Moss with Oysters"，简单又清楚。①

3. 保留补充

在中国传统菜名中，有些菜肴以创始人名字、历史人物名字或菜肴发源地名命名，这些菜名背后大都有一段十分有趣的饮食典故，翻译也大都采用音译的方法直译人名、地名，但由于英汉语历史文化的差异，这些菜名的翻译也产生了相应的文化错位。

当翻译以人名、地名命名的中餐菜名时，为了传播中华文化，译者应尽力保留原文的地名和人名，故其翻译方法也只需直接按字面翻译或加上简单的补充即可。例如，扬州炒饭 Yangzhou Fried Rice、麻婆豆腐 Mapo Tofu 等。又如，宋嫂鱼羹被译为"Braised Fish Soup"虽然准确译出了菜品的内容，但是这道菜仿佛也没有了那番韵味，反而不如 Songsao Fish Soup 更有内涵些，口译人员接下来的任务可能就是要费点口舌讲述宋嫂这个人物典故，但也无疑成了餐桌上的一个话题，或许能带来推进交流的效果。

4. 文化推广

饮食文化的特殊性表现为语言的特殊性，像中国的饺子、元宵、粽子等，严格说来，并没有相应的英文单词来翻译，三者都可以译为 dumpling，

---

① 部分译例由金凌子搜集提供。

但却是完全不同的食物。更重要的是，它们在中国传统文化中代表着三个重要的节日，蕴含着深厚的文化背景。例如，元宵也可译作 Rice Glue Ball 或者更确切的 Sweet Dumplings Made of Glutinous Rice Flour（for the Lantern Festival）。如果缺乏一定的背景知识，译文读者根本体会不到元宵真正的象征意义。

这时候我们就需要多用点心，可以音译加解释，进行恰当的翻译，或者针对这些菜加以解释。例如，"汤圆"译为"Tangyuan Glutinous Rice Balls"；三鲜汤可译为"Fresh Soup（with Fish，Shrimp and Pork Balls）"；"佛跳墙"翻译成"Assorted Meat and Vegetables Cooked in Embers"，然后再加以辅助说明"Lured by its smell，even the Buddha jumped the wall"，这样翻译就能解释菜肴的主要原料，而且还可以把其中蕴藏的比喻表达出来，让外国人从另一层面了解中国文化。

5. 省略不译

还有一个问题要注意，有的中餐菜名为了吉祥，借用了一些不能食用的物品或西方人忌讳食材名称，译者翻译时就不一定严格按原料名直译出来，如果原料本身是西方人忌讳的，则可省略不译。比如，"翡翠鱼翅"中的翡翠不过是起装饰作用的新鲜蔬菜而已；"翡翠白玉汤"要是直接翻译成翡翠和白玉，也会造成很大的误解；又如，"红烧狮子头"实际上是由肉丸滚上糯米而成，由于像毛发竖立的狮子头而得名，翻译的时候就不能死抠字眼儿。

另外，有些菜肴是在点餐时就要考虑文化差异的问题，例如，"龙凤配"这道名菜如果直译为"Dragon and Phoenix"显然不妥，因为在西方文化中"Dragon"有邪恶之意，对"Phoenix"也没有感性认识，而实际上这两者也只存在于中国的神话里，翻译时可以还原其本来面目，可谓一举两得。又如，饭店里常见的"脆皮乳鸽"中国人可能不会太注意，但把象征着和平的鸽子烹而食之，以及烹煮狗肉等，也是西方人不能接受的，所以最好避开此类菜肴，或者在上菜的时候灵活处理，能省则省，乃至将其略过。

三、中餐菜名英译的主要方法与原则

中国的各种菜系流派纷繁，菜名更是五花八门、数不胜数，而且和地方习惯、传统特色有关系，直白的菜名相对而言更好处理，但很多菜名可能在第一次接触时根本看不明白，比如"龙虎斗""游龙戏凤"等。有些菜名的来历甚至蕴含着一段典故，像"贵妃鸡""东坡肉""夫妻肺片""佛跳墙"等。如此种种，根本不是一个菜的译名能说清楚的，翻译菜谱时如果每个菜名后赘上一个故事，显得没那么必要。

（一）中餐菜名翻译的原则

制定切实可行的菜名翻译原则，应当考虑中西方人在传统菜名上的不同"文化图式"。文化图式是指人脑中关于文化的知识结构块，是人脑通过先前的经验已经存在的关于文化的知识组织模式，可以调用来感知和理解人类社会中的各种文化现象。中西方人对世界有不同的文化预设，大脑中通过先前的经验存在不同的文化图式。当两种文本的文化差异过大时，文本的不可译性就表现在译文输入无法激活与文本相应的文化图式。菜名翻译应注意的原则有以下几点。①

1. 保留传统文化，实现译文的"信"

就饮食文化而言，不同民族之间虽有一定相似性，却存在巨大的文化差异。为了保留文化多元性，菜名翻译中运用异化策略有利于突显本民族饮食文化在跨文化交际中的地位，有助于文化交流和传播，以实现文化大融合。传统中菜名是文化负载词，故应确保目的语最大化地体现源文承载的文化信息。这是实现文化功能等值转换的前提条件。反映中国历史传统文化的词组或者习语，属于汉语的"文化负载词"（culture-loaded words），要尽可能地保留。

---

① 中餐菜名翻译原则由周亿协助整理。

2. 减少文化误解，提高可接受性

中菜译名在保留中国传统文化的同时，也需考虑异化翻译的缺陷在于最初的译文可能会导致目的语受众无法理解，甚至误解。在汉语文化负载词英译时，要想成功实现跨文化交际，译者就得充分考虑到这一点，帮助受众建立新的图式。当源语翻译的文化图式不被目的语受众理解的时候，改译或者增加解释性文字是不可缺少的手段。这里的解释性文字包括菜名、菜肴烹饪和配料的解释，有条件的情况下还可以补充相关的历史文化背景。

3. 优先异化翻译，促进文化交融

在传统中菜英译中，应该尽量采取异化程度大的音译或直译。归化翻译的客观依据是不同文化存在相似性和相通性。但是，随着全球化的进一步加深，文化发展的趋势是趋同，也就是不同文化的大融合。当然，考虑到归化异化不是两个对立的极端，是一个连续的统一体，如果在英语中往往没有对等词，所以其目的应该是承载汉语文化的英语词组，这也是中国英语（China English）得以走出去的重要前提。

（二）中餐菜名英译的常用方法

1. 以主料为主，配料或配汁为辅

这种翻译通常采用"主料（名称/形状）+with+配料"的模式。例如：松仁香菇 Chinese Mushrooms with Pine Nuts；或者"主料 with /in＋汤汁（Sauce）"的模式，例如：冰梅凉瓜 Bitter Melon in Plum Sauce 等。菜单中的可数名词基本使用复数，但在整道菜中只有一件或太细碎无法数清的用单数。例如：蔬菜面 Noodles with Vegetables、葱爆羊肉 Sautéed Lamb Slices with Scallion，等等。

2. 以烹制方法为主，原料为辅

这类翻译采用的模式主要包括三种：1）"菜肴做法（动词过去分词）＋

主料＋配料"，例如，豌豆辣牛肉 Sautéed Spicy Beef and Green Peas；2）"菜肴做法（动词过去分词）＋主料+with/in+汤汁"。例如，川北凉粉 Tossed Clear Noodles with Chili Sauce 等。一般而言，若如主料是浸在汤汁或配料中时，使用 in 连接。例如：豉汁牛仔骨 Steamed Beef Ribs in Black Bean Sauce；若汤汁或蘸料和主料是分开的，或是后浇在主菜上的，则用 with 连接。例如：泡椒鸭丝 Shredded Duck with Pickled Peppers，等等。此外，也可以直接用；3）"菜肴做法+主料"的方法如拌双耳（Tossed Black and White Fungus），等等。

3. 体现中国餐饮文化，使用汉语拼音命名或音译

对于那些具有中国特色且被外国人接受的传统食品，本着推广汉语及中国餐饮文化的原则，可直接使用汉语拼音的方式。例如，饺子 Jiaozi；包子 Baozi；馒头 Mantou；花卷 Huajuan；烧麦 Shaomai，等等。对于具有中国特色且已被国外主要英文字典收录的，使用汉语方言拼写或音译拼写的菜名，仍保留其原拼写方式。例如，豆腐 Tofu；馄饨 Wonton 等。而对于中文菜肴名称无法体现其做法及主配料的，则往往使用汉语拼音，并在后标注英文注释的方法。例如，汤圆 Tangyuan（Glutinous Rice Balls）；油条 Youtiao（Deep-Fried Dough Sticks）；锅贴 Guotie（Pan-Fried Dumplings）；粽子 Zongzi（Glutinous Rice Wrapped in Bamboo Leaves）；佛跳墙 Fotiaoqiang（Steamed Abalone with Shark's Fin and Fish Maw in Broth），等等。

4. 以人名、地名为主，原料为辅

这类翻译主要以"菜肴的创始人（发源地）＋主料"的模式，如麻婆豆腐 Mapo Tofu（Sautéed Tofu in Hot and Spicy Sauce）、广东点心 Cantonese Dim Sum 等；或者以"菜肴做法+主配料+人名/地名+style"的模式。例如：北京炸酱面 Noodles with Soy Bean Paste，Beijing Style；四川辣子鸡 Spicy Chicken，Sichuan Style，等等。

5. 以形状、口感为主，原料为辅

这类翻译则采用"菜肴形状或口感＋主配料"的模式，如脆皮鸡 Crispy Chicken；玉兔馒头 Rabbit-Shaped Mantou 等；也可以采用"菜肴的做法（动词过去分词）＋主料＋配料"的方式。例如，"小炒黑山羊"就可以翻译为 Sautéed Sliced Lamb with Pepper and Parsley，等等。

（三）餐饮翻译助力中国文化"走出去"

随着中国影响力的不断增强，中餐饮食文化为越来越多的外国朋友所了解，中国与世界的交流越发频繁，作为中华文化载体之一的饮食文化也受到更多外国友人的关注。中国饮食文化底蕴深厚，菜式种类繁多，在将中餐菜名翻译成英文的过程中，译者应遵循信、达、雅等翻译原则，从不同的角度入手，采用不同的方法进行翻译。

实际上，在现场或随行翻译的过程中，不论是口译还是笔译，译者都不可避免地带有其个人的印记，加之中西方文化的巨大差异，文化空缺的存在等因素，译者只有在充分发挥主体性的前提下，才能确保交际的目的能够达成。比如，我们中国人经常见面打招呼时，问道："你吃了吗？"这时如果译员当真将其字对字地翻译过去，译为："Have you eaten yet？"那难免会使西方人感到惊讶，或者理解为是要请他吃饭的意思。这时，译员作为两种文化之间交流与沟通的桥梁，就要根据译语的文化背景进行一定的转换。当然，这种转换也并非是随意、不受限制的，还必须遵守两种语言的特点、习惯及文化规范等。

翻译工作者同时也是文化传播的使者，我们必须熟悉中国菜名和菜肴制作方法的汉英翻译，以便适时传播中餐的饮食文化。翻译菜名也是菜品推广很重要的一环，菜品翻译的好坏在很大程度上影响了人们对中餐菜系的主观印象。当保持忠于原文的本质和实质上，不仅仅只是翻译外在的形式，更应当总结实用翻译策略，并针对其中包含的文化进行分析，给出一个简洁、明晰、无误的译文。此外，国家也要对于菜肴翻译加以重视，制定出官方的菜名外文版本，以便让世界认识到中国的饮食魅力，更好地传

播中国的饮食文化。

总之，商务接待的翻译不是简单地以沟通为目的，而是一个文化交流的重要手段。若仅从美食本身探究翻译策略而忽视其文化价值的挖掘，不利于保持我国传统美食集的"音美、形美、意美、味美"。因此，我们在翻译时，需要在遵循翻译原则的情况下，灵活处理，使之准确、通顺，简洁明了，从而实现翻译原则和餐饮知识的完美结合，使餐饮接待服务于主客关系的提升，促进商务交流，融洽商务关系，从而推动中国餐饮文化走向世界。

第二节　游览参观

作为商务交流中的重要一环，游览参观是达成相互沟通、加强理解的重要手段，现场翻译、随行翻译必不可少。游览参观主要包括带客户参观公司所在城市、公司总部、商业用地、制造厂房、景区场馆，等等，这就不可避免地接触到公示语、工作标志、旅游陪同用语等的翻译。公示语的翻译涉及社会生活各方面，如公共场所标识、景区标牌公告、场馆介绍文字等，也直接影响外宾对所在地区的直观形象，值得加以重视。

公示语是一种面向公众的语言，是社会生活中最习以为常的语言景观，它为公众提供最基本的信息需要，一旦出现了翻译失误，就会造成读者的理解错误，使得沟通的效果大打折扣。因此，公示语也成为翻译的一个新兴领域，特别是随着中国改革开放的不断推进，国家形象建构和对外宣传交流变得越来越重要。因此，译者要尽力提高自己的翻译水平，同时企业和国家也要加强监管把关，提高公示语的翻译质量。

本节从一个车站公示语"神翻译"的例子出发，分析了这则公示语翻译中出现错误的地方，指出公示语翻译的重要性，而游览陪同的口译更是带给商务伙伴最为直接的感受，然后以参观福建博物馆为案例，以生态翻译理论为指导，探讨参观游览和传达公示语信息时更为规范的译法，并在此基础上提出规范公示语翻译的对策。

一、从"神翻译"看公示语的重要性

2014 年，某外国留学生在国内某火车站候车大厅一角的自助取款机前黄线等候处看见一条让人捧腹的英文公示语。这位留学生随即将这条翻译拍下发在朋友圈，这条公示语的原文是"请在一米线外等候"，翻译成"PLEASE WAIT OUTSIDE A NOODLE"，引起了很多外国朋友的讨论，说在大型的公共场所这样的形象窗口，没想到会出现如此搞笑的翻译。

很显然，这个翻译所犯的错误是很低级的，有过在窗口排队经验的人都会知道，一般距离窗口一米远处，地上会贴一条醒目的黄线，提醒后面排队的人站在黄线之后。所以这里的"一米"是长度单位，指的是到窗口的距离，"线"则指地上贴的那条黄线。显然，懂汉语以及在中国生活的人了解这个生活常识，一看就知道应该怎么断句。而英文的翻译，首先错在对原文的不理解，由于不理解造成断句出现错误。将"一米线"断句成"一"和"米线"，英文翻译成汉语就变成了"请在一（碗）面外等候"。那么这句"神翻译"又是如何出现的呢？经过分析，我们可以判断，这句翻译实则为网站自动翻译。我们将"请在一米线外等候"输入谷歌翻译的网页，会出现如下译文"Please wait outside the rice noodle"，这一句翻译就更"神"了，比西安北站的翻译似乎更"准确"了，毕竟把"米"都翻译了出来。

根据交际翻译的原则，这句公示语理应翻译为：Please wait behind the yellow line，才能保留原文公示语的作用，即用"yellow line"提示目标受众排队应该站的位置，起到与原文相同的提醒作用。交际翻译理论认为，翻译旨在传递信息而不是复制一连串的语言单位。交际翻译所关心的是如何保留原文的功能和使其对新的读者产生作用。翻译交际的目的是"努力使译文对目标读者所产生的效果与原文对源语读者产生的效果相同"[①]。因此，如果翻译所表达的意思与原文一致，就不需要特地标明

---

① 张美芳. 翻译研究的功能途径［M］. 上海：上海外语教育出版社，2005：75.

与窗口的距离。

诸如此类的公示语翻译错误还可以举出很多例子。在中国很多银行，"现金存取款机"被翻译成"Currency Recycle System"，摇身一变成为"钞票再循环系统"，成了能够使现钞循环使用的机器，难怪《每日邮报》调侃地称其为洗钱行为。其实，类似的翻译错误早就存在了，据有关媒体报道称，上海也有一些银行把"存取款一体机"翻译为"Cash Recycling Machine"，意思与上述大同小异，上述案例的正确译法应该是："现金存取款机"和"存取款一体机"都可翻译为"Cash Deposit and Withdrawal Machine"。由此可见，翻译无小事，如果类似上述的"神翻译"不只是个案，而是一再出现，就会令外籍人士不明就里，无比困惑，对中国的印象也会大打折扣。

随着中国国际地位和影响力不断提升，我们需要更多地了解世界，世界也要更多地了解中国，公示语翻译是我国进行对外宣传与交流的重要部分，对增强中华文化世界感召力、影响力方面的作用愈加显著。

二、参观博物院的案例及其分析

作为人类各个文明历史文化结晶的展示，博物馆在促进文化交流中扮演着无可取代的重要角色。这里，我们将以福建博物馆的陈列翻译研究为案例，结合生态翻译的理论，对里面的某些译文进行重点分析和研究，并给出类似翻译的建议。

福建博物院坐落于福州市西湖公园，始建于1933年，原名福建省立科学馆。1953年成立福建省博物馆，2002年10月新馆建成，同时更名为福建博物院。博物院占地面积6公顷，建筑面积3.6万平方米。整个建筑共投资2.7亿元，包括地下一层、地上三层。新馆展览面积1.5万平方米，共有13个展厅，包括7个基本陈列展厅和6个临时展厅。此外，新馆还设有贵宾厅、会议室、多功能学术报告厅和影像厅。

（一）博物院公示语的文本特点

作为景区简介翻译的一部分，博物馆陈列介绍翻译不同于博物馆内产出文物名称翻译，其撰写及翻译在具备了科技、专业性的同时，遣词造句更加灵活，所具备的功能也更多。博物馆陈列介绍原文承担的最主要的功能是信息功能，旨在向目标读者介绍相关信息，此类信息遵循客观、历史、正确的原则，要求文本客观易读，具有普及作用。原文主要面对的是本国母语读者，可以同时兼具某些呼唤功能，在不失客观性的前提下，看情况适当唤起读者内心的某种情绪，并采用某些形式，比如使用四字格短语，让文本更显韵律，朗朗上口。

因此，在翻译相应的文本时，仍要将传递知识、信息放在首要位置。翻译此类信息型文本需要采用交际翻译方法，得到的译文同样主要拥有信息功能。然而，译文面向的读者有可能并非本国人民，可以适当弱化呼唤功能，只需注意把措辞弄得通俗易懂些。除此之外，可以赋予译文一定表达功能，在不影响异域文化读者误解、避免文化冲突的前提下，保留原文的民族、文化风格，以达到输出中国特色，促进不同文化沟通的目的。作为语言景观的一部分，公示语就是社会生态环境里的重要参与者，其翻译是翻译者多维度适应与适应性选择的前提和依据。因此，博物馆介绍文本的翻译，也可以套用生态翻译学"三维转换"的范式来进行评价。①

（二）三维转换视角下的翻译例析

总的来看，除非有特别严重的逻辑问题，博物院的译文文本都能够做到与原文一样流畅。下列资料中所搜集到的案例里，除了个别过度省译或逐字翻译以外，译文基本能够再现原文思想内容。但由于译文与原文的语言都是客观描述性的，原文可能会出现较为文学性的表达，但译文应更追求真实性、可读性，风格可以稍有不同，并从语言、文化、交际等维度进行适应性选择转换，才能使译文更显完美。

1. 语言维的适应性选择转换

发生在语言维的适应选择转换，即译者在翻译过程中对语言形式的适

---

① 参观博物院的语料采集和案例分析由谢雨君协助完成。

应选择转换，可以发生在翻译过程中的不同阶段、不同层次和不同方面，包括语言、语码和风格，话语构筑要素，话语和话语束，话语构筑原则，选择之间的共同适应关系。请看下面的例子：

原文：距今约7000—3500年，福建进入新石器时代。人们使用制作更加精良的磨制石器进行各类生产活动。以平潭壳丘头、闽侯昙石山等为代表的文化遗址具有鲜明东南沿海地域特色。而浦城牛鼻山遗址则代表了另一类闽北山区文化类型，其种种特征折射出外来史前文化对福建的影响。

译文：About 3 500 to 7 000 years ago, Fujian entered the Neolithic age. People used the more refined stone tools in the diverse productions. Cultural relics represented by Keqiutou site of Pingtan and Tanshishan site of Minhou County obviously embodied the characteristics of southeastern coastal area. Niubishan site in Pucheng represented another type of mountain culture, whose characteristics reflected the prehistorical influence of foreign cultures upon Fujian.

这段译文对原文句式结构并未做出明显调整，将汉语的述语保留并直接转换为相应的主、谓、宾语形式，没有增补其他可以加强英语作为意合语言的表达形式，甚至省去了原文中表示并列比较的"而"字，使得全段逻辑流畅感不足。再者，译文体现了普遍的时态和冠词用法的相关语法问题。第一、二句描述的是特定历史时段发生的特定时间或特定状态、活动，使用过去时态合情合理、无可置疑，然而之后的两句话则是对两种不同遗址文化的特征、性质进行了描述，似乎运用一般现在时更为妥贴。另外，译文将"制作更加精良的磨制石器进行各类生产活动"处理为"used the more refined stone tools in the diverse productions"出现了两处定冠词"the"，二者皆无存在的必要。这样的细节语法问题并非个例，在处理和历史相关的文本时，是需要格外注意的。

再如，译文最后出现的"the prehistorical influence of foreign cultures"时将"prehistorical"放在"influence"之前，容易让人产生困惑，以为是"外来文化在史前产生的影响"而非原文"外来史前文化"产生的影响。而"obviously embodied"将"鲜明……特色"之"鲜明"从形容词变为副词"obviously"，改变了词与词之间的修饰关系，不知是出于什么考虑，而"鲜明"直接译为"distinct"也未尝不可。此外，相近的地名、遗址名直接进行了音译，并且没有给出任何补充信息，这样的罗列不仅无法让对不了解当地语言、地理情况、地缘文化的读者获取更多有效的信息，还会让其产生倦怠感，显得累赘而失去极大部分的吸引力。考虑文本的生态环境，需要平衡作者、译者、（目标）读者的需求。

2. 文化维适应性选择转换

文化维转换就是译者在翻译过程中关注双语文化内涵的传递与阐释，关注源语文化和译语文化在性质和内容上存在的差异，避免从译语文化的角度出发曲解原文。例如：

> 原文：作为皇家贡茶的北苑茶与"闻声宇内"的黑釉盏珠联璧合，促成了斗茶风俗的兴盛。
>
> 译文：The famous Beiyuan Tea, tribute to the royal family, and the black glazed teacup well-known throughout the country prospered the "tea competition" unique to the Chinese culture.

本段中最具有文化特色的专有名词就是"斗茶"，译文将"tea competition"置于引号内，得到了一种强调的效果，而其后还添补了一个后置定语"unique to the Chinese culture"，体现了译者有意识对特殊的文化现象进行补充解释，然而补充内容却是没有什么实质性的信息，可以假设大多数目标读者在看到"斗茶"这个新词时都能接收到其中的预设，即这是一种中国文化中特有的现象，如果有补充解释的话，最好也是针对此项文化活动内容或特殊性的。段中出现的茶名"北苑茶"被直接音译为"Beiyuan Tea",而在文章《宋代斗茶初探》对同种茶的翻译为"North Garden（tribute）tea",前者对读者来说没有任何内涵,无法体现其中的文化意蕴,其实可以考虑将二者结合,进行音译加解释,译为"Beiyuan North Garden（tribute）tea",其他此类名词也可做此处理。茶名翻译采用音译加解释的译法,或是采用直译加意译将地名含义翻译出来,可以让这样一系列难以被接受吸收的内容变得更有吸引力。另一种变通的方法是将这些信息删除,因为有些信息属于列举例证,省略以后也不会对把握整体思想有过多影响。

我们再来看一个例子:"闽海雄风拓西洋",被译为"Zheng He's Voyages to the Western Ocean",应该说,译者成功将原文抽象的"闽海雄风"的具象内涵"郑和下西洋"表现了出来,然而"Western Ocean"在英语文化中曾经是大西洋的别称,而大西洋并非郑和的目的地,也不在其航程之内。且不论这个词组是否会造成误解,在有顾虑的情况下完全可以直接省略后面的"Ocean",或者借用"南洋"（Nanyang）的译法,翻译为"Zheng He's Voyages to Nanyang"。

3. 交际维适应性选择转换

译者在翻译过程中关注双语交际意图的适应选择转换,译者需要在语言信息的转换和文化内涵的传递外,把翻译选择转换的侧重点放在交际的层面上,关注原文的交际意图是否在译文中得以体现。例如:某陈列柜的小标题"蝉翼罗衣金钗坠"被译为"Exquisitely-made Clothes and Decorations",原文用词带有很深的文化色彩,但即使看不到展品,源语读者均能把握其中的概括性,并从"衣""钗"等字眼儿中定位展品类别,从"蝉翼""金"中了解展品轻薄、精贵的特性和材质,而译文回译后为"做工精致的衣物和装饰品",只体现了精巧、精制,完全失去了其轻、薄的特点,而这两者是主要展品最为特别之处。"decorations"一词的用法也有待商榷,因为作为可数名词复数形式,应取"装饰品"之意,在牛津字典中

的定义为 "a thing that makes sth. look more attractive on special occasions"，范围比 "钗" 所代表的首饰要大出许多。因此，建议可以改为 "diaphanous silk（clothes）and exquisite accessories"，用 "diaphanous" 一词来形容布料轻柔细密，呈半透明质感，与 "蝉翼" 相似，也可用上 "silk" 告知材质；而 "accessories" 用作复数形式，有 "（衣服的）配饰" 一意，和原文更加相近。此外，也不用多此一举出现复合词 "exquisitely-made"，用 "exquisite" 形容足矣。这样一来，加上语言维和文化维适应选择的调整，就能更好地发挥其标题的统领作用，让目标读者一眼提炼出多个展品的特质和其之间的联系。

另外，有时中文为了音律、修辞会使用一些意义不明确的字词，就不一定要翻译出来了。例如，"丝路帆远" 特展的 "碧海云帆，货通万国" 被译为 "Clouds of Sails in the Sea, Thousands of Countries to Trade"，但 clouds 的用法不很准确，而且前后也并没有形成结构对等。又如，"福建古代文明之光" 展览中的 "思路云帆，海国雄风" 被处理为 "FLOURISHING MARITITME TRADE"，这个例子将易懂的放在首位，似乎更能被接受。

由此可见，从生态翻译理论的视角来看公示语翻译，有一定的可取之处。因为生态翻译学认为，"适应" 与 "选择" 是译者的本能，是翻译过程的实质。研究翻译生态环境是一个极宽泛的概念，指翻译活动进行时译者以外会产生影响的一切因素互相勾连、互相限制、互相平衡的整体，因为公示语所处的环境就是整个社会生态里的一环，包含了文本、语境，译入语、译出语及二者所处的文化、社会、作者、读者、委托人，等等。译者在适应社会生态环境的同时，需要实施对译文的选择。适应的目的是求存、生效，适应的手段是优化选择；而选择的法则是 "优胜劣汰"。

三、公示语翻译的错误成因和提升对策

公示语在规范社会行为，调节人际关系，提高生产效率等方面具有重大意义。世界各国政府、不同行业、盈利和非营利机构等都极为重视公示

语的规范和使用。由于语言和文化的差异，公示语的翻译其实并非易事，作为译者，只有通过不断的经验累积，案例分析以小见大，才能认清公示语翻译错误的深层原因，从而规避类似错误，也在口译实践中不断提升参观游览和公示语的口笔译能力。对于政府而言，加强研究公示语的翻译和采取有力的措施去改善公示语翻译的质量，更是刻不容缓的任务。

（一）公示语翻译常见错误的成因

现实生活中，让那些在汉语语境下学习英语的译者去翻译具有约定俗成性的公示语，有时候出现错误是不可避免的。公示语翻译在语言方面的错误分别出现在词汇、语法、句法和语义等层面上，如拼写错误、词性错误、词序错误、修饰语错误等；而文化方面的错误则主要表现为指令不清、语气不和、术语不搭、使用失误和文化禁忌等。导致公示语翻译常见错误的深层原因，包括以下几个方面。

（1）没有明确翻译的服务对象。人的行为，通常有一定目的性。公示语翻译的产生也是在一定目的支配下的行为。因此，具有明确的服务对象需求，要面向来华的外籍人士，才会主动提供这种服务，而不是为了撑门面或臆想的、抽象的服务对象，这样才会把其准确性放置在重要的位置，不至于随便应付。

（2）翻译信息提供时的"拿来主义"。就是直接用外国的公示语来为汉语公示语寻找对等的英语，似乎外国人怎么用，我们就得照搬。"拿来主义"一直被视为公示语翻译的首要原则，其实，语言问题还没有简单到如此地步，要真是这样简单，也就不会出现翻译中的错乱了。

（3）没有区分"翻译"和"信息提供"。把汉语的公示语转换为英语，其实不再是传统意义上的翻译行为，而是用英语提供公示语信息的行为。大众甚至一些专业人士对翻译的理解，依然是所谓的放之四海而皆准的以信、达、雅为标准的语言转换行为，认为一切语言间转换都得遵循忠实通顺原则，这难免导致公示语的翻译莫衷一是。

（4）翻译时没有文化差异意识。公示语具有鲜明的地域特征和文化差异。翻译中国特定文化内涵的公示语，没有必要强行使用西方化的翻译标准，文化交流是以同为基础，以吸收异为目的。那种过滤掉文化差异的、透明的公示语翻译，并没有起到文化传播与交流的目的。

（二）提升参观游览翻译质量的对策

1. 译者自身素质、职业道德的提高

首先，翻译本身就不是一件简单又随便的事情，译者要提高自身的职业道德，在翻译时拿出规范的态度。中华文化和世界不同文化广泛交流、共同繁荣的时代，就是翻译职业的黄金时代，公示语翻译十分重视译者在翻译过程中的中心地位和作用，也对译者的全面职业素质提出了更高要求。

除了专业能力的提升之外，所有相关人员，包括印刷、排版负责人，都应该摆正态度，意识到翻译事业当下对对外交流、加强文化影响力的重要意义，以及博物馆相关翻译在这个过程中又起着怎样特殊的作用。只要是开放的公示语、宣传语，无论处于何种场合、场所，都需要承担责任。文中所举例福建博物院所接待的外国游客可能不多，但这并不能成为任何人敷衍了事的借口。同时，翻译者要顺应发展，学习如何利用机器翻译，以提高翻译效率。上述许多问题，只要用心审查都可以避免。

2. 提升翻译方法，完善翻译策略

提升公示语的翻译方法和策略，要多参考规范的翻译，才能比较鉴别，建立专业感。例如，《公示语翻译》就是一部关于公示语翻译的力作，是以北京第二外国语学院公示语翻译研究中心专家一行对美国实地考察所获得的公示语使用情况为例展开探讨，为后奥运、后世博的中国城市和旅游目的地语言环境建设提供"可参照性""可操作性"翻译实例和理论分析。①当然，译者也可以对自己的译文进行反复的推敲，多学习、借鉴规范

---

① 　参阅百度百科《公示语翻译》http：//baike. sogou. com/v76391534. htm.

的公示语案例，使译文能够准确无误。由于读者在翻译生态环境中是关键的一部分，有可能的话，可通过各种渠道收集有效的读者反馈，并让译者进行对应的适应性训练。

译者要提高自身的双语水平和跨文化交际能力，做到精通汉英两种语言各自的特点，了解中西方文化的差异及思维方式的不同之处，在翻译中要灵活转换。由于文化间的翻译不应仅停留在语义层面上，而应考虑到不同民族、不同国度间的文化背景的差异性。在公示语常规的翻译技巧、翻译方法之外，翻译过程中可能会遇到许多文化负载词（cultural - loaded words），这些词语或表达的处理是比较困难的，然而也并非没有解决方式。若目标语中出现了文化空缺，就需要合理地在意译法、直译法和加注法中做出选择。这需要译者的用心揣摩，并熟悉掌握相关知识，确保注释正确。

3. 政府相关部门应加强对翻译的重视

对待翻译要慎重，企业和政府应该聘请专业的翻译人才进行翻译，在翻译前的阶段要对译者能力做好考察工作，让特定的翻译生态环境对译者进行选择；而在翻译进行阶段做好有效监督工作，译者需要及时做出适应和选择。此外，还可以建立有效问责系统，特定的翻译出了问题要由译者或专门人员承担责任。

翻译完成之后，可以聘请专业人才或外籍人员对译文进行严格的审核与校对，因为一旦出现错误会造成形象损失或财政损失，如大规模更换标识等。同时，企业和政府也要加强监督，对已经出现错误的公示语标识要及时更换，避免引起不必要的麻烦。各个省市、地区的博物馆及相关旅游、文化单位可以在翻译方面形成系统，加强各种翻译活动和翻译者之间的交流沟通，把相关翻译的规范化提到议事日程。

四、结语

参观游览中公示语翻译重要性是不言而喻的，口译人员进行公示语的翻译是动态实践的过程，译者应重视目的语受众的需求，以更开放、全面的思维来进行语境分析，拿捏出最准确、到位的翻译。

实际上，公示语翻译渗透在社会生活的方方面面，翻译的好坏直接影响到一个地方的形象建构，翻译水平也凸显了一个地方的国际化程度。为译出高质量的公示语版本，翻译工作者除了培养语感，提高语言能力，还要广泛阅读，勤查勤记，不断提高自身的业务素质，并时时关注国内外旅游资料的翻译，使得翻译在对外交流中发挥积极的作用，也为加快我国的国际化进程做出特别的贡献。

此外，研究翻译理论与研究翻译现实问题同样重要，就公示语的翻译而言，我们要做的是分析清楚问题的性质，拿出解决问题具体可行的办法，用理论指导实践，在实践中发展理论，形成翻译理论和翻译实践的互动和循环。

第三节　会议传译

随着国际贸易和商务活动的日渐增多，商洽会谈的口译也扮演了越来越令人瞩目的角色。译员作为商洽会谈的全程参与者，是促进贸易双方沟通交流的纽带与桥梁，其重要性自然是不言而喻的。但有些具有双语技能的译员的翻译实际效果却差强人意，未对商洽会谈产生积极影响，这是为什么呢？双语水平和翻译策略固然是影响翻译质量的重要因素，但译员在翻译过程中的主体性意识也是非常重要的，充分发挥译员的主体性意识，有助于促进商洽会谈的顺利进行。因此，本节拟探讨会议商洽的基本翻译方式及其区别，并通过若干商洽会谈的案例分析，探讨口译人员如何通过发挥主体性意识来更好地促进商务活动的顺利进行。

一、会议传译的基本类型：交替与同声

一般来说，会议口译分为两大不同的类别：交替传译（consecutive interpretation，简称交传）与同声传译（simultaneous interpretation，简称同传）。交替传译指的是口译员在讲话时用源语讲完一部分或全部讲完以后，再用译语把讲话人所表述的思想和情感以口头的形式，重新表述给听众的方式，而同声传译是指口译员在不打断讲话者讲话的情况下，不间断地将内容口译给听众的一种翻译方式，同声传译员通过专用的设备提供即时的翻译。交传和同传在工作场合、要求、技巧上都有不同，工作模式和场合的不同也直接造成了两者要求和技巧上的不同。

顾名思义，交替口译是口译员和演讲者交替进行的，一般根据场合不同，演讲者每讲完几句话或者一个段落，就会示意口译员，让他用目标语言说出之前段落的翻译。而同声传译则是同时进行的，口译员通过耳机接收到演讲者传递过来的源语言信息，然后必须实时将信息转换成目标语言进行输出。交传和同传最本质的区别，就是翻译这个动作的时态：交传是演讲与翻译交替进行，同传则是演讲与翻译同时进行。鉴于交传和同传在翻译方式、翻译效果和对会场条件的要求等都不太相同，一旦混为一谈，往往会对翻译的沟通效果造成难以弥补的损失。

从工作场合看，交替传译一般是在大型仪式或者会谈上进行的，口译员会站在主席台上直接面对观众；而同声传译主要是在信息输出较为密集的大会上进行的，口译员一般会有一个独立的"同传箱"（booth），在里面接收信息并进行工作，不直接面对观众。因此，交替传译对口译员的仪容礼节要求比较高，而同传在这方面就没有什么特别的要求。

从工作方式看，交传是口译员和演讲者交替进行的，演讲者每讲完几句话或者一个段落，可以示意口译员用目标语言说出之前句子或段落的翻译。而同传则是同时进行的，口译员通过耳机接收到演讲者传递过来的源语言信息，然后实时将信息转换成目标语言进行输出。由于交替传译是先听后译，所以除非是做礼节性仪式的翻译，一般是可以做笔记的。但是同传是边听边译边输出，所以一般不会有做笔记的机会。

从准确度要求看，交替口译的时候，听众可以同时听到目标语言和源语言，所以一部分同时通晓两门语言的听众是会对交替口译员的翻译做监督的，交传对于准确性的要求一般也更高。而同传的话，听众一般只会收听到目标语言的输出，而且由于同传节奏快、时间紧迫等特点，一般对准确性的要求会稍微低一些。一般说来，如果可以比较稳定地输出80%以上的信息的话，就已经是非常优秀的同传人员了。

从翻译技巧和参与者数量来看，交替传译是大家比较熟悉的，所需要接受的训练也稍微少一些，一般能够边听边记录的话问题就不是很大。而同传由于听说同时进行，对听力和口语的要求也就更高。在边听边说的时候，听和说都是会打折扣的，所以同传口译员必须通过不断的练习才可能适应这种边听边说的工作节奏。同时，同传口译员必须对两种语言之间句法结构之间的区别了如指掌，因为给他做句型转换的时间可能只有几秒钟。在遇到长难句、复杂从句的时候，同声传译员必须在几秒钟之内做好断句，用适合目标语言的形式快速说出内容。此外，因为同传工作负荷和压力都很大，一般在工作时是两名口译员交替的，一般每个人20分钟，然后轮换，这样每个口译员都可以有一定时间调整状态。

由此可见，同传与交传既有联系，又有区别。一般说来，交替传译和同声传译都需要译员有扎实的专业基础，但二者在工作方式上有很大的差异。一般说来，同传的工作强度较大，专业素质较高，要求有很强的速记能力和心理素质，需要译员的工作年限略久、经验较丰富，对语言的操控能力强，可以胜任同传的基本上也可以做交传。然而，交传要求译员有更强的、更为过硬的短期记忆力，要求其在短期内能将所摄入的信息存储在记忆中，一直保留到译语结束为止。因此，译员要有如同照相机一样的记忆力，这是交传译员所必须具备的关键素质。而同传则需要译者具备"复读机"的能力，要求译者在忠实于源语信息的同时，为听众带来优美的译语和较好的听觉冲击，译员必须经过大量的练习和实践才能不断完善技巧。

近年来，同传设备是实现高级别国际会议同步翻译不可缺少的系统设备，通过该设备可以保证演讲者在演讲的同时，内容被同声翻译成指定的目标语言，通过另外的声道传送给与会代表，与会代表可以随意选择自己能听懂的语言频道。同声传译效率高，能保证演讲或会议的流畅进行。同声传译员一般收入较高，但是成为同声传译的门槛也很高。当前，世界上95%的国际高端会议都采用同声传译的方式。但由于宣传的误导，一般人都以为交传是同传的入门课程，因此要低同传一等，同传的流行也造就了鱼龙混杂的口译市场，使得交传不怎么吃香，实际上，交传历史比同传历史悠久，应用比同传广泛，从业人数也远远大于同传，也可以达到很高的境界，技巧与经验的结合，其智性之美丝毫不输给同传。

因此，不管是交传还是同传，落实到每一个不同的会议或活动场合，具体形式和难度都可以因时因地因场合而有所变化。更值得一提的是，会议传译除了一般的交传和同传之外，也可以采取更为灵活的其他方式，例如，在需要移动的陪同场合，使用类似导游机一样的小型便携设备，听众可以边走边听，也有直接采取一对一的耳语，这种传译形式不需要任何特殊设备，在某些小型会议上也经常出现。

二、会谈传译中口译员的主体性例析

口译员的主体性在商务口译过程中发挥着巨大的作用，能动性地选择语言并使用相应的翻译策略就是口译员主体性意识的体现，能够促进商务活动的顺利进行。口译员可以通过主动地发起话轮，弱化语气等方式，承担起话题促进者和关系协调者的职责，从而发挥主体意识，促进商务交流，达成交际目的。

（一）会谈翻译的口译员主体意识

为了更直观地了解会谈中口译员的主体性意识，我们先来看一个案例：

一次，某口译员为一项目谈判做翻译。谈判之初，中方明确答应要支付外方一笔费用，以获取外方的知识产权。这使得谈判在愉快的氛围中拉开了序幕。不料，在谈到具体费用支付方式时，双方发生了严重的分歧。

外方认为中方已经明确答应支付费用，而中方声称只答应了支付的金额，至于怎么付、何时付，这些问题并没有明确。于是，外方一怒之下，斥责中方："Pretty smart, aren't you? Are you trying to fool me around?" 口译员在听到外方这句话后，并未原原本本地将其译出，而是以较为中性的语气将其译为："这和你先前的说法不一样。" 该口译员通过这一中性的语气平息了一场争吵，最终双方都做出让步，达成了协议。

可以看到，此案例中口译员并未将外方的话原原本本地直译过来，而是去掉了话语中的愤怒语气成分，以较为中性、理智的语气将其意思传达出来。在这种情况下，口译员不仅仅是信息的传递者，还担任起了交际活动中关系协调者一职。我们不难猜测，若是直译为"你觉得你很聪明，是吧？你想要我吗"，那么，双方的情绪就会越发难控，一场争吵势必发生，更不用谈商务活动的顺利进行了。①

由于该口译员在此次商务口译中发挥了主体性，积极参与谈判过程，且准确判断出谈判形势，适时通过翻译阻止了谈判恶化的趋势，这体现出该口译员为达成翻译目的，充分关照了其服务对象的利益和心理状态，有效地化解了谈判危机，帮助谈话双方达到了期许的交际目的。这个案例告诉我们，口译员在商务口译中不仅仅是一个单纯的信息传递者，还担任着交际活动的促进者，关系的协调者的职责。这就证明了商务活动中的口译员并非是被动地传递信息，而是主动参与到商务活动中，并采用各种途径促使商务活动的达成。

（二）从客户反馈看口译员显身的必要性

我们依然可以从一个案例分析译员显身的必要性，这个案例取自一场商务合作口译。

中外双方在中方办公室举行会谈，在会谈结束后，外方起身向中方道

---

① 此案例由何慧敏提供。

别，无意间看到墙上的一幅画，并指出这幅画很特别。口译员将外方所讲内容准确翻译给了中方，中方随即对这幅画做了简单的介绍，在听完中方介绍的译文后，外方礼貌性地讲 "My wife also loves that kind of paining"（我太太也喜欢这种风格的画作）。口译员将这句话按照字面意思向中方做了传译，中方听后以为外方想要这幅画，表示他想把画作为顺水人情赠送给外方。外方听后一番推辞，因为这并非他的本意，而且将画带上飞机也非常麻烦。但中方为了体现热情，表示希望外方收下，这时口译员将中方的表态翻译为 "Please，I insist"（我坚持送你这幅画）。最后外方迫于情面，勉强收下了这幅画。

在整个口译过程中，口译员都没有体现出显身意识，完全是屈于讲话人的权威。译员有两处比较明显的错误，一是对外方的 "My wife also loves that kind of painting" 进行了直译；二是把中方 "不要客气，请收下吧" 也直译为 "Please，I insist"，口译员权力意识的缺失造成了双方的误解，使双方产生了尴尬。有经验的译者会随机应变，对谈话情境和谈话内容准确分析并确定应对策略。[①]

因此，口译员在商务口译中应充分把握好商务活动的内容及各方的关系，熟悉相关商务礼仪，还要判断出说话者的真正意图，协调好双方的关系，并采取合适的口译策略，做一个文化的使者、沟通的桥梁。

三、会议商洽的口译实践与译者角色

下面，我们来看一位参与了一场商务谈判活动后的 MTI 学生的亲身体会，在该场商务活动中，她作为谈判一方的口译员，而后根据雇主评价反馈和个人的反思查证，得出在商洽会谈口译活动中，口译员应在恰当时候自我赋权，适当显身以帮助谈判双方更好地达成沟通目的。她是这样描述的：

---

① 此案例由胡兴亮搜集提供。

国内 A 公司要接待来自挪威 B 公司的三位采购代表，笔者作为 A 公司的在职口译员，负责承担本次陪同口译任务，一天的工作行程包括 B 公司人员生产线参观及双方工作午餐。在生产线参观环节，A 公司负责人按照常规做法，带 B 公司人员完整地参观完一条铝合金生产线，并在参观环节对主要生产步骤做解释说明。此环节除了介绍主要工艺流程以外，并未涉及其他内容。在这一环节，笔者的应对是将 A 公司人员的话一一对应做交替传译，此外笔者并未对 A 公司人员的话做任何补充或主动引起话轮。之后进入工作午餐环节，较上一环节而言，工作午餐时双方的谈话就不局限于工作，还有一些看似工作之外的闲谈，比如 A 公司人员介绍菜品、A 公司所在地的风俗文化等。此时笔者的角色仍是在双方起一个"传译者"的角色，此外并未做任何信息补充。

口译任务完成后，在与部门领导汇报工作时，公司领导表达出希望笔者不仅起"翻译"的作用，应以公司一员的姿态，在对公司整体情况有较好把握的基础上，更加积极、主动地参与双方的对话，比如就 A 公司人员没有介绍到的情况进行补充及主动向 B 公司人员宣传 A 公司等。

在上述案例中可以发现，口译员在工作初期对口译员责任的认知还停留在"翻译"本身上，认为口译员的任务在于理解与表达，在双方的交际过程中起到"表情达意"的作用，此外应尽量不要涉入与翻译无关的事情，以免颠倒主次，喧宾夺主。因此，工作时的重心都放在对双方的话语意义进行传达。因提前收到任务通知，又做了详细的准备工作，整个口译过程都比较顺畅，但在双方没有交际活动时，口译员并未尝试主动引起话轮，尽管稍感被动，但因刚工作，怕把握不好度，所以选择谨慎处之。因此，这个案例实践值得我们深思。①

传统的译论观亦将"忠实"原则摆在较高地位，认为译者必须对讲者所说内容进行完整的传达。在此译论观的影响下，译者的权力意识被很大地制约。很多人往往把忠实、准确的达意视作评价口译表现优劣的唯一标

---

① 本案例来源及分析由胡兴亮提供。

准，并且在实际工作过程中也仅仅注意到传达语意这一层面。但市场或口译服务对象对译者提出的不同标准让笔者反思，一名称职口译员的评价标准究竟是什么，是不是只要具备良好的双语能力就可以做翻译了？那为什么口译客户更加倾向于选择热情活泼、乐于与人交流的口译员？忠实完整地传达了话语意义的口译就是完整的口译服务吗？口译员是否真的有权自行决定，在交际过程中因时、因景地使用如转移话轮、引起话轮、忽略话轮等不同的话轮策略？

在传统的译论观下，译者更像是一个"戴着脚链跳舞的人"，屈从于讲话人的权威。美国社会学家安德森指出，译员由于掌握了双语双文化资源，控制着交际手段，因而是一个权力角色。①另外，所有的权力都是通过话语来实现的，权力实质上就是说话的权力，话语和权力不可分割。合格的口译员就应该是一个话语分析家，口译活动本身就是话语过程，成熟的口译员会"察言观色"，超越话语的表面意义，对其内在意义进行传达。正如福柯所言，权力是一种关系，但它不是一种自上而下的单向性控制的单纯关系，而是一种相互交错的复杂的网络，每个人都处于这种复杂的权力网中，既可能成为被权力控制支配的对象，又可能同时成为实施权力的角色。②

长期以来，人们对"权力"一词的认识存在一定的片面性，译者更是害怕与"权力"扯上关系，怕越俎代庖。在这种错误认识的基础上，译者过于屈从讲话人的权威，甘愿充当"传声筒"的角色。尤其是在受儒家文化影响的中国，或许我们可以把译者被轻视从而习惯性"自轻"的部分原因归于"夫礼者，自卑而尊人"的传统思想，可是更多的原因或许在于人们对"权力"的认识存在误解，因此我们需要借助新的视角，对"权力"进行重构，为译者正名。实际上，口译作为一种交际活动，并不存在绝对权威的声音，只有不断切换的话语角色。在商务口译中，口译者作为交际中的第三方，应具有权力意识，而权力意识体现在译

---

① Cynthia Roy. Interpreting as A Discourse Process [M]. New York：Oxford University Press，2000：22.

② 福柯. 权力的眼睛——福柯访谈录 [M]. 严锋译. 上海：上海人民出版社，1997.

者的赋权意识和显身意识上。

我们知道，一个称职的译者会主动为自己赋权，特别是对商务口译而言，口译员相对灵活、口译活动可变因素多、话轮转化频繁且突发情况时有发生。译者在合适的时间以合适的方式传递话轮、创造话轮、持有话轮、打断话轮、忽略话轮、终止话轮，以消除谈话过程中可能出现的因文化差异而造成的尴尬、误解，乃至冲突。[①]当译者采取各种不同的话轮策略在双方中协商、制衡和调停，使得交际活动能向前推进，这时候译者就不仅仅是双方的传声筒，而是具有重要意义的第三方，充分参与到交际过程中。

四、结语

在上述案例中，口译员充分发挥主体性意识，通过主动地发起话轮，弱化语气等方式，承担起话题促进者和关系协调者的职责，从而促进商务活动的进行，达成交际目的。从实践口译经历出发，重新审视商务译员的角色，可以挑战传统译论观下对口译员主动性的禁锢，呼吁重视口译员的赋权意识。口译员在恰当的时机显身，利用不同的话语策略帮助口译跨文化交际的顺利完成。

总之，口译员的主体性，即其主观能动性的发挥，在商务口译过程中发挥着巨大的作用，"译员对语言的选择是主动的选择，译员对语言选择的顺应因而也就是主动的顺应，译员能动性地选择语言并顺应这种语言的选择是译员主体性意识的产物"[②]。因此，口译员对待商务交际事件的态度应该积极主动，而非消极被动地进行商务口译活动。这也就是说，商务口译中口译员应该具备较强的主体性意识，主动去促进商务活动的顺利进行。

---

①　任文. 联络口译中译员的主体性意识研究［M］. 北京：外语教学与研究出版社，2010.

②　莫爱屏. 口译中译员主体性意识的语用研究［J］. 中国外语，2010（3）：103-107.

第四节　营销推广

营销推广包括市场营销（marketing）和品牌推广（promotion），与广告公关、展览节事、活动策划等一样，它们都是依据市场规律，借助科学手段进行的产品、服务、信息、形象等的推广活动，以满足消费者的需求。作为商务活动中的关键一环，营销推广在产品销售中发挥着至关重要的作用，直接影响了产品的市场份额和公司的业绩。

营销推广既要符合产品本身的特征，又要满足不同顾客的需求，同时还要适应输入地的环境，其中进行的翻译策划是企事业国际营销的重要组成部分，在国际市场拓展、传播策划和产品竞争中举足轻重。营销推广中口号的翻译也是至关重要，一个具有号召力的口号在海外市场推广的过程中更是不可或缺的。

一、营销翻译策划的基本运作和必要性

商务翻译策划其实就是一种跨文化营销传播策划，在商品向外输出的过程中十分必要，是确保全球化、产业化条件下商务创意翻译质量的有力保障。因此，在营销推广文案翻译的实践中，商务创意基本上围绕着品牌形象和跨文化传播展开，这两者也是商务传播中的重中之重。翻译策划的提出，因应了品牌形象和跨文化传播的需要，也有投入大、受众广、精准传播、讲究效果、团队协作等特点。

（一）营销翻译策划的基本运作

一般说来，翻译机构或翻译人员接受的中文文本都是现成的，翻译营销文本的实践需要事先策划，对文本进行分析，根据文本的受众进行分类，再针对营销文本所面向的目标人群进行有意识的调整。翻译运作的指导准则一般是翻译服务提供方与翻译服务委托方的协商结果，而营销推广

的创意翻译则需要更加主动、缜密并适应全球化市场发展的策划。

营销推广翻译的基本运作过程可以简单地用这个流程图展示出来，即原文信息+修辞→译者→目标语信息（+对应修辞）→受众。在翻译的准备阶段，译者应掌握的关键信息包括营销推广的接受者、相关的专业术语等，翻译策划就是针对营销或广告策划框架下的翻译运作特点而提出的，是翻译活动展开的基本保障，体现在翻译时要依据营销策划中国际化运作的目标，参照对目标市场宏观环境和目标消费者特点的分析，充分了解产品特点、价格策略、销售渠道、媒体特点，以及相关营销传播策略、预算规模等要素，对企业形象和产品的市场定位进行完整的规划。其中与广告传播密切相关的需要进行仔细调研，包括目标市场文化时尚、消费者语言特点、同类和相关产品广告的语言和语体风格，等等。

另外，营销推广的翻译实践离不开对文本创意的再加工，因为创意有时候就是基于不同语言，移植时要达到完全的合拍是一件很不容易的事。很多时候，汉语的品牌形象和跨文化传播有效性受原文局限的情势十分明显，这也是翻译产品营销推广的文本时，对文本创意的再策划势在必行的重要动因。跨文化商务传播所面临的语境和消费群体都要比本土市场难度大，文化敏感性突出。实践证明，翻译策划尤其适用于受众广、投入大、经济效益突出、形象效益明显、信息精准度要求高的广告、品牌翻译。

（二）营销翻译策划的必要性

营销翻译策划是在翻译目标指导下，参照翻译运作指导准则而制定的翻译项目具体实施方案，既包括原则性的翻译传播目的、定位、指导性的目标，也包括目标消费者文化与语言特点、策略性的翻译调研、营销相关要素的整合与联系等。由于市场竞争不仅存在于同类产品之间，也存在于不同类别产品之间，尤其在品牌形象推广为主的成熟产品之间，其营销策划抢占市场份额上的竞争角逐是非常剧烈的，有时候更是拼个你死我活的。

相对翻译要求而言，翻译运作指导准则虽较为具体，却又相对静态，缺乏针对性的约束和指导，属管理方针对翻译实务的原则性和规范性要求，但二者都以传统翻译实践为对象的纲领性和原则性指导，其运作指导准则以确保数据采集工具及辅助材料的翻译从源语言翻译成目标语言时必须是可靠的、完整的、准确的。翻译界往往不把品牌形象的传播视为翻译界的职责，实际上，绝大多数企业往往遵循惯例，将广告语或品牌翻译"一揽子"委托给广告和营销代理，这样做往往要花大价钱，却又起不到什么大的作用。从绝大多数品牌和广告语本土化的实践看，广告、公关、营销代理的确创造了很多跨文化广告、品牌、营销传播奇迹，但这一切都是建立在恰如其分的翻译策划之上。

此外，文化敏感性也是形象和品牌跨文化传播需要翻译策划的重要原因。明确这一点，就可以在营销推广翻译过程中强化跨文化传播因素，因势利导，采纳创意翻译的传播策略。需要指出的是，翻译策划适用不同的商务传播目的和形式，它所要实现的跨文化交际目标或许只有一个，但是实现这个目标的策略却有多种选择，创意翻译组织方应该依据具体情况，采纳不同策略，从而赢得市场先机。

二、丰田公司推广口号的案例分析

探讨营销推广的翻译，我们可以从丰田公司口号的翻译案例说起。

丰田汽车公司创立于 1933 年，总部设在日本爱知县丰田市和东京都文京区，隶属于日本三井财阀。丰田汽车公司是世界十大汽车公司之一，自 2008 以来，丰田公司逐渐取代通用汽车公司而成为全世界排行第一位的汽车生产厂商。其旗下品牌主要包括凌志、丰田等系列高中低端车型。公司的标识由 3 个椭圆组成，其中大椭圆代表地球，中间由两个椭圆垂直组合成一个 T 字，代表丰田公司。它象征丰田公司立足于未来，对未来的信心和雄心，还象征着丰田公司立足于顾客，对顾客的保证，象征着用户的心和汽车厂家的心是连在一起的，具有相互信赖感，同时预示着丰田的高超技术和革新能力。利用丰田公司的口号为案例，可以进一步看清营销推广的实质，从而未雨绸缪，为完美的翻译对等和营销推广的成功做好充足的准备。

20 世纪 70 年代丰田汽车公司首次进入中国市场，便以振奋人心、直奔主题的口号"车到山前必有路，有路必有丰田车"笼络了一大批中国消费者，并在当时创下了历史性的销售纪录，为丰田公司在中国立足打下了坚实的基础。时至今日，虽然丰田汽车在中国的鼎盛时代已经过去，但"车到山前必有路，有路必有丰田车"却成为人们家喻户晓的口号，经久不衰。20 世纪 60 年代初，丰田汽车进军美国市场，当时丰田公司所使用的宣传口号为"Where there is a way, there is a Toyota"。熟悉英语习语的人都知道，这句口号汲取了英文"Where there is a will, there is a way"的结构。到了 20 世纪 70 年代，丰田汽车进入中国，为了适应环境和文化的差异，丰田公司将口号翻译为"车到山前必有路，有路必有丰田车"，这则中文口号同样套用了中国的一句俗语"车到山前必有路，船到桥头自然直"，给中国消费者留下了深刻的印象。

据丰田汽车公司中国事务所总代表服部悦雄介绍，丰田同中国政府早在 20 世纪 70 年代就开始了交流，是同中国打交道最早的外国公司。1978 年，丰田公司在营销推广时打出"车到山前必有路，有路必有丰田车"的口号，随后，国内的大型广告牌和报纸竞相刊登，由于丰田汽车的口号朗朗上口，一时间广为流传。当时丰田在中国最有影响力的报纸上也登载了大幅广告，致使今天说起丰田车，大家还自然会想到这句"车到山前必有路，有路必有丰田车"。[①] 丰田公司的推广也成为广告翻译中经典的案例之一。

为什么丰田汽车的口号能产生如此大的影响？除了宣传力度之外，翻译的作用不容忽视。品牌口号不同于一般的广告语，它具有的如下特点也值得很多公司在设定推广口号时加以参考。

（1）简短工整。口号用于品牌宣传，必然会刊登于各类宣传媒介之上（如报纸头条，电视广告，网络媒体等），这些媒介通常会有版面限制，若是品牌口号过长，则很难借助这些渠道宣传。同时，过长的品牌口号也会

---

① 林菲. 车到山前必有路，有路必有丰田车［J］. 广告主市场观察，2018（12）：43.

造成宣传重点缺失。其次，口号的工整性也十分重要。中国人向来讲究工整对仗，四字格形式及上下句构式的口号标语符合中国人的审美需求，如滴滴香浓，意犹未尽（麦斯威尔）；智慧演绎，无处不在（摩托罗拉）；有了肯德基，生活好滋味（肯德基）等。

（2）突出宣传对象。不管是何种形式的宣传活动，宣传对象始终是需要强调、突出的重点。在日常生活中，我们往往会发现，突出宣传对象的口号标语往往会比一般的口号标语更容易记住，如今年过节不收礼，收礼只收脑白金（脑白金）；飘柔，就是这么自信（飘柔）；不是所有牛奶都叫特仑苏（特仑苏）；雪碧，透心凉心飞扬（雪碧），由此可见，在口号中加入宣传对象会起到事半功倍的效果。

（3）朗朗上口。通俗易懂、朗朗上口的语言也是口号标语应具备的特征之一。由于品牌口号以消费者为导向，以宣传为目的，佶屈聱牙、故作高深的语言必然不会受到大众的青睐，无法达到广而告之的效果。因此，在设计品牌口号时，朗朗上口、便于受众记忆的口号就成了商家的首选。

根据上述分析可以得知，宣传口号的语言不仅简短工整、朗朗上口，还应该突出宣传对象，三者缺一不可。而丰田汽车的口号"车到山前必有路，有路必有丰田车"则是此三者的完美结合。这说明译者在翻译时已经妥善考虑到品牌口号翻译的特点并做出相应的努力。实践证明，这些特征的使用能使营销推广取得良好的效果。①

三、营销推广翻译的原则与策略

随着经济全球化的纵深发展，许多中国企业通过出口产品走向世界，企业开展出口业务实际上就是对外营销推广的过程。随着信息网络技术的发展，音形并茂多模态的产品营销推广十分重要，不仅发挥着同样的宣传和营销功能，更是树立中国企业和产品的正面形象，消除海外消费者和投资者对中国产品负面影响的重要手段，其翻译应该遵循一定的原则，采取合适的策略。

---

① 丰田公司的翻译案例搜集和分析由汪珊提供。

（一）传递美感

产品推广除了向消费者传达产品的相关信息外，也同时具有广告功能，即用艺术性的语言激发起人们选择和购买产品的欲望。所以，目标语读者应能从译文中获得美的享受。比如，在翻译化妆品的说明书时，褒义词是优先考虑的。其目的在于引起消费者的美感，并且带来美好想象，使人们愿意购买。请看多芬沐浴乳的一个推销文案：

原文：Discover refreshment that cares for your skin? Dove Fresh Moisture Body Wash combines 1/4 hydrating milk with refreshing cucumber and green tea extracts in a tight, fresh-scented moisturizing formula that leaves you with the clean, fresh feeling of hydrated skin.

译文：想带给肌肤清新舒爽的沐浴体验吗？全新多芬清透盈润沐浴乳，蕴含1/4保湿乳液，更萃取沁凉黄瓜和天然绿茶精华，清爽不黏腻，伴随淡雅香芬，肌肤感受水润舒爽，清新畅快。

在原文中，Fresh Moisture 可以直译成"清新滋润"，但是译成"清透盈润"更好，因为这不仅包含了前者，同时还表达出纯净的感觉，更具美感。与此同时，"沁凉黄瓜"使人们能感受到来自心底的凉爽。另外，像"淡雅香芬""水润舒爽""清新畅快"等都是些常见的四字格褒义词，不仅表达出意义上的美感，还表达出声音上的美感，也符合中国人的审美习惯，给读者带来喜悦和舒适的感觉。

（二）功能对等

根据美国翻译理论家奈达的功能对等理论，我们可以从接受、理解和反应三个环节对营销推广翻译的案例进行分析。①通过不同认知语境中对产

---

① Nida, Eugene & Charles, Taber. The Theory and Practice of Translation［M］. Leiden：E. J. Brill, 1969.

品推广的不同理解对比，提出为实现广告的商业价值，达到商业目的，译者要强化营销广告翻译中的功能对等意识。

实际上，营销推广中涉及的广告翻译是一种跨文化的信息再创作，能创作出通俗易懂、易读、易记，又能有力促销产品的广告，比忠实、通顺、优雅等翻译原则更为重要，创造性翻译才是广告翻译的灵魂和归宿，因为广告创作的最高原则就是促进商品的营销和推广，使广告翻译既能打破源语的外壳，同时又能在目的语中产生同等的商业效果，这是译者面临的重大挑战。在广告信息的翻译传递过程中要经过受众的接受、理解和反应过程，在目标语认知语境中的任何一环都不能出太大的偏差，否则整个广告翻译就会出现信息的错位甚至错误。

比如你是卖软件的，那么你就得换位思考，站在受众的角度，充实自身的专业素养，这样才能回答别人的疑问，争取客户的认同，实现营销推广效果的最大化。

然而，在翻译实践中，并非每一位译者每一次接到营销广告翻译任务时，都能运用功能对等的理论对案例进行分析，而译者如果将原语境中的商业策划翻译转换到目标语语境时，能将产生等效的商业反应作为考虑的重点，强化译者在翻译实践中的对等创造意识和技能，这是策划对译者的考验和要求，也是商家对翻译的期待和要求。

（三）注重效果

由于营销推广注重的是其对受众的商业效果，其主要目的"不是抒发什么情感，也不是摆出什么事实，而是引诱读者，要他掏出钱来买东西"①。谭载喜曾指出用等效论指导广告翻译，认为译者"不仅要考虑语言词汇本身的意义和翻译，同时还要考虑这些在语言交际和运用中由于各种因素如语言环境所产生的实际意义，以及这种意义的翻译"。"等效论"就是由美国翻译理论家奈达在"等值论"的基础上提出的。"等效论"要求译作对读者产生的效果与原作对读者所产生的效果一样，但与"等值论"

---

① 王宗炎. 纽马克论翻译理论和翻译技巧［J］. 中国翻译，1982（1）：16.

相比，"等效论"不仅关注原作与译作，还考虑到读者因素，强调了译作和原作阅读效果的等值。① 鉴于营销推广信息多采用大众传媒手段，以推销商品或者服务为最终目的，并且要具有吸引注意力和刺激购买欲望的作用。等效论着眼于受众的感受，认为译文对译文接受者所起的作用，应与原文对原文接受者所起的作用大体对等。因此，可以用来指导营销推广翻译的实践。

四、关于理解和接受等效的延伸案例

我们知道，广告翻译的作品必须像原作一样，对受众具有吸引力并且让他们乐于视听，才能推动营销推广的商业链各个环节继续进行。由于国际产品的受众往往是具有一定自主性的交际者，在激烈的商业竞争中，翻译必须十分注重理解和接受的等效。如果无法吸引消费者，盲目地投入运作，既浪费资金又延误了商机，造成难以挽回的经济损失。

据麦克卡里和米克（McQarrie & Mick）统计，英语广告营销和推广文案中最重要的标题部分运用修辞的比率高达 86%。②运用修辞的主要目的是突出信息重点和吸引注意力。然而，修辞的使用在源语言的语境中也许是一个亮点，但是要想在目标语的语境中达到修辞等效的确是非常难的。我们来看下面的例子：

原文 1：Ask for More.

译文 1：再来一支，还吸摩尔。

原文 2：Be specific-Go Union Pacific.

译文 2：太平洋联营：服务独特，别具一格。

---

① 赵广发，胡雅玲，薛英英. 英语实用文体翻译理论与实践研究 [M]. 北京：中国水利水电出版社，2016.

② McQuarrie, E. F. & Mike, D. E. On Resonace：Acritical Pluralistic Inquiry in Advertising Rhetoric [J]. Journal of Consumer Research, 1992（9）.

　　在上述第一个案例中，虽然译文表达出了双关修辞的含义，但是在译文中却没有办法保留双关的修辞形式，第二个广告文案也是，虽然原文用押韵的手法，但是译文却没有办法实现押韵的表达效果。由于译作的受众语境和原作估量的认知语境存在偏差，甚至误差，这会使得言语行为的相关性降低，吸引受众处理信息的能力也会随之变弱，很难和原作的效果等量齐观。上述两个翻译应该说已经最大化地考虑了接受效果，算是很不错的翻译。当然，还有不少成功的广告翻译的案例，例如：

原文：M&Ms melt in your mouth，not in your hand.
译文：（M&Ms 巧克力）只溶在口，不溶在手。

　　该广告使用了对比的修辞格，把该品牌与同类产品做比较，突出该巧克力的糖衣设计可以避免传统巧克力容易溶解在手中的尴尬。汉语译文保留了英文原文的修辞格，还添加了尾韵，并选择了四字词组形式，符合汉语使用的习惯，既传达了英文原文广告的信息，又采用了中文读者喜闻乐见的表达形式，促进了受众对广告的理解和反应，是精彩的营销推广案例。

　　由于营销推广翻译不可避免地会导致认知语境的变化，认知语境的变化对营销推广翻译的成功与否有着至关重要的作用。要想在目的语语境的营销推广中吸引消费者，达到期待的商业效应，翻译的反应等效是最需要考虑的，但也是最具挑战性的。所以，即使是译者拥有扎实的语言功底和较高的翻译技巧，他也可能没有办法做到完全的等效，因此译者在进行营销推广翻译时一定要有强烈的语境等效意识。

　　认知语境的不同，使得不同语境的读者对广告信息的读取、理解、接受和反应不同。因此，在营销推广翻译的过程中，译者要透过原广告文本的修辞准确理解原语广告信息，然后在准确传达原语信息的同时，尽可能地实现在目标语境中修辞效果的对应等效，进而最大限度地让受众拥有等效的理解、接受和反应，以达到营销推广翻译的商业目的。译者必须能够兼顾源语言的认知语境和目标语的认知语境，在两种语境中做好桥梁的作用。既要做好对源语言的理解，又要能在目标认知语境中准确表达。

下面，我们来看一个营销推广翻译的案例：

原文：Here's a single-minded young man who's eating Kellogg's Corn Flakes with his hat on. Is this allowed? Where's the mother? Mother's there some place, but she's letting well enough alone. Small boy is happy. He's dipping up that milk and spooning in those golden flakes.

译文：这里有一个戴着帽子正一心一意地吃克洛格玉米片的年轻人。这可以吗？妈妈去哪里了？她在别的地方，她是很放心地不必管他。小男孩很开心。他勺出了牛奶，再用羹匙把那些金黄色的玉米片盛进去。

应该说，译文看起来非常忠实原文，对于美国人来说，美国家长虽不娇宠小孩子，但是却十分注重小孩子的保护与照看，稍有不慎，即可能涉嫌虐待。所以，源语读者听到这样的产品推广会产生下面的信息推理，如（1）小孩在快乐地吃，因为食品很安全、方便；（2）这种玉米片食品有利于培养孩子的独立性，等等。而对于中国读者来说，则因为缺乏认知语境背景信息而难以理解广告想要传达的信息，中国受众可能会产生这样的疑问：明明是几岁的小孩子，为什么被称为"young man"？小孩子吃玉米片与妈妈不在场有什么关系？为什么惜时如金的广告推广会花费这么多的时间描写这一情景？①

从上述案例中可以发现，受众认知语境的变化对于营销推广翻译来说是一个很大的挑战，对于实现广告翻译的等效理解带来极大的困难。如果译者在翻译过程中能够添加一些对目标语读者的引导性信息，在目标语语境的译文中添加一些指示性明确的表达，让读者可以更清楚地理解想要传

---

① 关于接受和理解等效的延伸案例均由王晓燕提供。

达的广告信息，会有助于不同文化背景的受众对产品的进一步了解。

五、结论

随着中国和世界的接轨，中国的公司要走向世界，越来越多的企业开始注重产品在境外的营销推广。无论是选择因地制宜的本土化广告翻译，还是基于共同的认知语境的全球化翻译策略，都要注重营销推广的等效接受、理解和反应，以此来实现广告的商业价值。译者应该强化跨文化意识，在实践中不断地完善和增强等效翻译的技能和方法，增强对目标语读者认知语境的了解，从而吸引消费者的注意，促进产品在境外市场的接受度，实现营销推广的商业价值。总之，产品的营销推广和口号标语贯穿着产品生命的全过程，在翻译时尤其要注意遵循翻译对等原则、历史顺应原则和文化适应原则，做到既能表达出原文的意思，又不失口号标语特有的语言特点。

值得一提的是，在互联网时代，地推推销、电台营销或电视广告的作用越来越小，翻译行业之前使用的传统营销推广模式也越来越不可行。随着人们对于网络的依赖性逐渐增强，采用网络营销推广方式也成为营销推广和寻找客户的主流方法。但无论采取什么方式，怎么运用新媒体营销方式，如何推陈出新变出花样，最终还是要回归问题的本身。翻译也要站在专业的角度，该说什么就说什么，该做什么就做什么，老老实实地走好每一步，这样才是走向营销推广成功的正确途径。

第五节　贸易谈判

随着全球经济一体化的不断发展，谈判在全球的商贸交流中所发挥的作用越来越明显，贸易谈判的翻译是一种跨语言与跨文化的商务交际活动，与一般的翻译有着很大的不同，除了语音、语法、词汇等的掌握，更加注重专业性与实践性，也涉及了话语水平和谈判技巧，是文化、语言与商业交流活动的有机结合。口译员如果缺乏语用能力将会出现语用失误的现象，会使谈判参与者感到困惑，影响正常的交流和贸易协议的达成。

贸洽翻译在整个商业活动中占据十分重要的地位，尤其是其中口头交流部分更是直接决定了交易双方形成共识的意愿，决定了贸易是否能够顺利达成，翻译在其中的重要作用不言而喻，值得我们加以重视。要做好贸易谈判场合的翻译，必须先从熟悉该领域的专门用途英语入手，掌握语言规律，了解翻译要求，自觉规避贸易谈判中容易犯的错误，发挥译者的主体性意识，这样才能做好传递正确信息、符合业内人士语言习惯的翻译工作，从而为中国的国际商贸搭好语言桥梁。

一、贸易谈判的语言特点及翻译要求

世界各国都有自己独特的文化，不同国家之间存在着明显的文化差异，贸易谈判话语的用词造句特点是由商贸英语的语境和交际功能所决定的。这在很大程度上为贸易谈判的翻译带来了许多困难，只有认识到不同国家之间存在的文化差异，并不断加强对各国语言的理解，找准各国文化之间的契合点，同时还要注意到文化背景与语言环境对翻译的影响，才能够从实质上提高商贸谈判翻译的正确性与标准性。

（一）贸易谈判英语的语言特点

作为专门用途英语（ESP）中的一个分支，商务英语涉及语言、交际、语用、经济、管理、心理、社会、跨文化、教育等诸多因素。① 因此，在贸易谈判中，参与人员不仅要熟识谈判原则、对诸多领域皆有涉猎，而且要掌握并灵活运用一些技巧，适当地采取语用策略，通过语言的表达和谈话的技巧等，实现预期的谈判目标。

在从事贸易接洽翻译之前，首先需要了解贸易谈判英语的特点，才能

---

① 王立非，张斐瑞. 商务英语谈判：国际研究现状分析及拓展（2004—2013）[J]. 外语教学，2014（4）：5-10.

更好地把握贸易谈判翻译的理念和原则。贸易谈判的语言特点要求我们在翻译时必须遵循其语言表达规律，根据汉英商贸语言的差异做出调整，以符合译文语言的表达方式。这些特点对我们从事商贸翻译提出了词法句法、文体、礼貌等方面的特殊要求，也使我们认识到外延知识和商洽技能的复杂性和艰巨性。和普通英语相比，贸洽英语具有独特的语言现象和表现内容，表现在下几个特征：

（1）表达准确、结构严谨、得体规范、简短达意，逻辑严密，注重礼貌得体。

（2）专业性强。商贸谈判翻译要求对专业词汇的精确运用，包含大量专业词汇、具有商务含义的普通词或复合词，以及缩略词等。

（3）语言平实，用词通俗易懂，保证所用词语具有国际通用性，能为普通大众所理解。

在商务谈判的语用研究中，被较多学者认同的语用策略主要有真诚礼貌、暗含委婉、模糊与幽默。①商贸英语比较讲究客套，随处可见礼貌的套话，反映了商贸交流中既严格又灵活的语言规律。相比之下，汉语的商贸用语不像英语有太多的客套，不会出现太多的礼貌词，往往只是一个"请"字而已，过多的礼貌用语反而会令人感到不自在。因此，汉英翻译时，我们应注意添加商贸英语表达中常见的礼貌客套结构，注意措辞婉转，态度诚恳，不亢不卑，不至于盛气凌人，强人所难。因此，当我们说谈判如战场是指商业竞争的激烈与无情，但商洽中的语言交流讲究的却是圆滑与礼节，讨伐式的命令语句或火药味十足的表达是无益于开展国际商贸的。

（二）商贸接洽交流的翻译要求

由于贸易谈判具有的语言特点，这就对翻译工作提出了一些特殊的要求。从事商贸汉英翻译时，译者应斟酌选词，尽量把原文中的唐突、鲁莽词语译为柔和、婉转、礼貌的英语表现形式，从而增加自己的谈判力。从

---

① 曾文雄. 商务英语谈判的语用策略 [J]. 遵义师范学院学报，2002（3）：73-75.

语言和文化的角度看，要做好商贸接洽交流的翻译，尤其应该注意以下两个方面。

1. 注意语言环境的影响，提高对语言差异的理解能力

针对贸易接洽和商业谈判的翻译，语言的发生环境是十分重要的影响因素，在此背景之下所产生的语言及其代表的含义也都分别具有各国的特点。在国际商业交流活动中翻译语言时必须要注意到环境对于贸易谈判所产生的影响。要想做好这一点，商务英语的翻译者就必须提高自己的逻辑思维能力，提升对不同语言变体的敏感度，才能够在源语言和目标语之间进行正确的转换，避免出现生搬硬套的翻译，保证语言与其所处的环境是相符合的。

在进行贸易谈判的翻译时，虽然大家用的都是英语，但不同国家或区域使用的英语却不尽相同，所以这就要求翻译者要掌握英语语言的区域变体，加深对客户所在国的国情民风和英语使用习惯的理解，如此才能达到真正的沟通，才能够在翻译过程中避免发生深层次语义丢失的情况。因此，译者必须了解英语的地域变体，努力掌握不同地方人士说英语时在语音、词汇或语法上的特色。要不断提高对不同语言的理解与表达能力，同时还要能够更深层次地掌握不同区域英语语言的差异性，进而不断提高商贸谈判的翻译能力和水平。

2. 重视文明和社会差异，找准不同国家文化的契合点

不同语言的文化背景对于贸易谈判的翻译而言有着重要的意义，不同的文化会产生不同的风俗习惯和社会习俗，这些社会习俗与风俗习惯都在不同程度上对人的行为习惯产生影响。译者必须要认识到这些文化上的差异是客观存在的，要提高商贸谈判英语翻译的水平，就得深入了解不同国家的历史文化背景与风俗习惯，理解在不同文化背景下语言所隐含的"弦外之音"，才能减少商贸洽谈翻译过程中出现的误解。

由于文化不同，各个国家对于同一种事物或现象有着不同的认识与解

释，所产生的影响也具有较大的差异。对不同文化之间的差异进行了解并掌握，能够有效地防止在国际商务交流活动中因为文化差异而造成理解障碍或误解。[①] 商贸英语的翻译一定要将其以最合适的意思传达出来，避免产生误会，对国际商务交流活动造成不好的影响。因此，在承接商洽谈判的翻译任务时，一定要重视文明和社会差异，找准不同国家文化的契合点，时刻做到本土文化和外国文化之间的有机结合。[②] 这样一来，既可以解决本土文化失语的问题，还能够为贸易谈判的翻译增添许多趣味性，有助于商业交流活动的良好进行。

值得一提的是，很多文化知识往往渗透在具体的洽谈细节里，因此，在国际商贸交流活动中，一定要对这些细节引起足够的重视，避免因为文化理解的隔阂而影响相互之间的交流，保证国际贸易能够顺利进行。

二、贸易谈判翻译的常见失误及原因

我们知道，语言变异在实际的语言使用里无所不在，不同的人说同样的语言也存在着很大的个体差异。在贸易谈判的口语中，语音变化多端，用词灵活多样，是困扰口译人员进行语言处理时的主要难题。进行贸易谈判翻译的实践，我们应该对主要语言错误进行分析，这些错误产生的原因包括：一方面是在语音问题上，口译员在听力方面的训练不足，对特定话题的专门知识敏感度不够，所以在商务口译中，往往会因为听力障碍而无法顺利沟通，语言失误的产生也就在所难免。另一方面是在商务口译中，口译员应避免望文生义、误将汉英词汇一一对等、对所译内容概念模糊等问题，以及误将汉语使用习惯带入目标语，缺乏相应的跨文化交际意识等。

（一）语音问题引起的翻译失误

语音语调是影响口译质量的主要因素，在贸易洽谈的口译中，因为语

---

① 黄以平.论文化差异对商务英语翻译的影响及策略 [J].淮海工学院学报（社科版），2011（20）：60-62.

② 苗坤.中西文化差异对商务英语翻译的影响 [J].黑龙江教育学学报，2015（11）：142-144.

音问题产生的理解错误不在少数。口译员经常会遇到一些连读、口音、语速过快等问题，有时还伴有不规范的语法。另外，一些小词，比如冠词、介词等，会容易被吞音或是连读，因此给口译员造成不小的麻烦。请看下面一个参加会谈的口译者转述的案例：①

　　1992 年 11 月，中国某公司与美国某输电公司关于融资电厂的谈判中，在座的中方谈判代表都是一些资深的高级工程师，有一定的英语基础，外方主谈是一位美籍阿拉伯人。在谈到是否由外方派专家监督中方的项目工程时，外方主谈说 "We wanna send some experts to your bower（power）blant（plant）"（括号内表示标准语音），未等译者反应，中方谈判代表均心领神会，摇头表示不同意。中方表示："中方的项目工程已处在后期扫尾阶段，工程质量没有问题。"外方主谈先是无可奈何地耸耸肩，随后声色严肃地说："I don'd（t）know whad（t）are you dalking（talking）aboud（about），we wanna send any berson（person）in your bower blant。"中方认为，外方根本没有诚意跟中方合作，关于该条款的谈判只好暂时告一段落。

　　后来在用餐时，外方主谈在谈到不喜欢吃的东西时说 "I wanna have id（t）becourse（because）my heavy stomachache"，在上下文的语境十分清楚了之后，大家才明白其实是外方主谈说的 "Wanna" 等同 "won't"，之前产生的一系列误会才得以澄清。

　　这个案例告诉我们，译者在谈判中对美籍阿拉伯人的发音特点的了解是非常重要的，如把 [p] 发成 [b]，把 [t] 发成 [d] 及把 [r] 发成颤音等，这个看似无关紧要的语音问题引发的语言失误差点儿造成严重的损失。因此，在进行贸易谈判的翻译工作时，事先对外方的语言变体和语言环境的了解与研究是十分必要的。英语虽然是最广泛使用的语言，但是不同国家，甚至是不同地区之间使用英语时都会有语音上的区别。只有做好了解，明白差异，才能更好地完成贸易洽谈的口译任务，不为双方制造矛盾。

---

① 案例搜集、整理和分析由叶妙芳提供协助。

（二）词汇问题导致的翻译失误

在贸洽的口译中，词汇问题常常是口译者容易忽视的，而词汇导致的翻译失误却时常可见。因此，口译人员在处理词汇转换时，应该注意以下三个方面。

首先，切忌望文生义。译员如果曲解原意或词不达意，极易产生语用失误。而语用失误一旦产生，极难消除。会后的解释，非但得不到谅解，反而会越弄越糟。其次，口译员要注意对模糊句子的处理对译出语和译入语要有清晰、明确的概念，不可含糊不清，否则在签订的合同中会出现麻烦。最后，要注意对汉语即约定俗成语的翻译，灵活处理，达意为上。

这里我们可以举一个例子来说明，如汉语里常说"为外国投资者提供审批业务'一条龙'服务"。口译员译为"to provide a coordinated process service for foreign investors in obtaining approval"。可以想象，如果把"一条龙"直译出来，则会令外方不知所云，极易产生误解。

由于大家对新词流行的认识不足，相关研究对因词汇问题造成的失误探索得较少，加上语料库的建设跟不上语言变化发展的步伐，词汇问题导致的翻译失误常有出现。随着应用技术和相关理论的发展需求，热词和术语的研究变得越来越重要，翻译研究也开始考虑到影响词汇使用的主要因素，如年龄、性别、社会阶级、教育背景、个性等，所以口译员在平时的跨学科知识积累时，要有意识地选择一些自己陌生的学科或话题，做深入的了解，才不至于翻译时茫然失措。

（三）语法问题导致的翻译失误

语法问题主要还是和口译人员的语言功底有关，具体可能牵涉源语言或目标语言，而且很多贸易洽谈也和具体的语境相关，口译员对英语的句法语法等方面了解不足，或是对母语（汉语）没有很好地掌握，就会造成在翻译一些结构比较复杂的句子时，产生失误。或者是在讲外语译为中文时，中文的语句不通顺，没有根据英语原文做好句子的顺序调整，使得英语母语者听不懂英语，中文母语者听不懂中文，这也是非常严重的问题。

此外，口译人员本身的语言准确度也是十分重要的，虽然英汉口译时，译者的口语不用贴近英语为母语的人，但是口译者本身的语法功底一定要好，这样才能提升表达的准确度，才能译得流畅、准确，避免因为语法问题导致的翻译失误。要达成这一点，口译员可以对每一次贸易洽谈的口译进行录音，然后请高水平英语人士帮忙纠错，或者反复重听自己的录音，找出存在的问题，不断加以改进。

（四）文化差异导致的翻译失误

语言是文化的基础，它直接反映文化的现实与内涵，因此语言也十分容易因为文化而受到影响。英国语言学家约翰·里昂（John Lyons）说过："每一种语言在词语上的差异都会反映使用这种语言的社会事物、习俗以及各种活动在文化方面的重要特征。"[①]口译者在进行翻译的时候会潜移默化地受到母语的约束。生长背景和语言环境使得我们的思维在不知不觉中就会受到自身文化的影响。通过对中西方日常生活与社会习俗进行比较，能够发现两种语言在表达和理解时有着迥然不同的含义。

因此，在翻译特别是在口译过程中要慎重处理。例如，中国人在见面打招呼时常说"干什么去""到哪儿去"，这些话并不是实质性的提问也无须对方给出具体而明确的回答，只是一种打招呼的方式。但是，译者如果直译成"Where are you going""What are you doing"，外国人不但会感觉莫名其妙，还会感觉隐私受到侵犯。所以，我们要了解好双方的文化背景，尽量不犯这种类型的错误。

（五）语言使用导致的翻译失误

贸洽口译是一种思维要求较高的活动，是对口译人员知识、智慧、勇气、耐力等的测验，是合作人员间才能的较量。就语言的使用而言，我们使用语言的过程就是选择语言的过程，选择是以高度灵活的语用原则和语

---

① Lyons, John (1968). *Semantics*. London：Cambridge University Press，p30.

用策略为基础的。然而，由于语言实际使用具有变通性，在贸易谈判活动中会产生某些完整句在某些场合的特定含义，这也是交际中会产生语用失误的根本原因。

因此，口译员要加强学习，熟悉语用学、谈判心理学、美学、跨文化交际学等学科知识，从总体上把握谈判中语言使用的节奏与速度。通过对语言具有敏锐的感受力和高超的表达能力，在翻译过程中减少失误，力求完美。同时，对语言在特定环境中的实际应用及其交际功能保持高度的文化意识，最大限度地减少由于文化差异所造成的跨文化交际语用失误，从而尽可能地去完成贸易洽谈的口译任务，为加深不同民族文化间的相互了解做出贡献。

三、贸洽翻译中的译者主体性体现

译者主体性指的是"作为翻译主体的译者在尊重翻译对象的前提下，为实现翻译目的而在翻译活动中表现出的主观能动性，其基本特征是翻译主体自觉的文化意识、人文品格和文化、审美创造"。[①] 而所谓口译员的主体性意识，任文认为"就是指译员对自己作为翻译行为主体在翻译过程中的主观能动性的体悟和认识，受动性则可能以译员受到两种不同语言文化规范、当事人不同的交际方法与目的、其他制约性环境、翻译规范和翻译伦理意识的约束等方式得以体现"。[②] 简单而言，即是译者充分发挥其主观能动性，适时适当地通过翻译去促使交际双方的目的能够达成。

（一）贸洽翻译中译者主体意识的必要性

传统的观点认为，口译员应当是透明的、隐身的、中立的，不应过多地介入交际内容本身。然而，在现实的口译活动中，口译员的隐身却很难做到，即便是去刻意地保持中立、隐身，反而有些情况下也不利于交际活动的顺利进行。在跨文化交际的过程中，交际双方不可避免地会遇到一些

---

① 查明建，田雨．论译者的主体性 [J]．中国翻译，2003（1）：22．

② 任文．联络口译过程中译员的主体性意识研究 [M]．北京：外语教学与研究出版社，2010．

文化上的阻碍，或是因情绪问题而造成的表达上的失误等。如果译员在这时候保持中立，不偏不倚、原原本本地将这些信息直译过去，最后会产生什么样的后果可想而知。

同时，在商务贸易谈判中会遇到各种各样的障碍，比如语言障碍、文化背景障碍、谈判习俗的障碍、专业知识障碍等，[①] 这些障碍都有可能阻碍和影响贸易谈判的顺利进行。因此，在商务英语谈判中，如何灵活应用技巧，破除沟通交流障碍，就成为谈判参与者必须关注的重要问题，尤其是在谈判过程中涉及口译员时，口译员更是应该发挥其"斡旋者"的角色，及时预判当下的情况，通过译员的"显身"，确保沟通交流的有序进行，从而为谈判双方争取最优的结果。在口译实践的过程中，口译员不应该只是传统意义上的"信息传递者"，还应该根据实际情况，担任起信息传递过程中的把关者、交际活动的促进者、关系的协调者等多种角色。

实际上，在接待客户、贸易谈判口译实践的过程中，口译员根据自己的经验分析判断，主动成为话题的发起者，而非被动地接受口译任务。口译员在口译过程中的立场也并非一定要中立，而是偏向出资的一方，这体现出口译员对其服务对象的利益和心理状态都有充分的关注，虽然可能有些"越界"，却非常有效地帮助谈话双方达到了期许的交际目的，化解了尴尬的气氛，促进了双方目的的达成。因此，翻译的效果非但没有受到影响，反而因为口译员的积极主动的作为和表现，而取得了非常好的交际效果。

（二）口译人员发挥主体性的案例分析

在一家中国公司为外国同行举行的一次欢迎宴会上，中方主人王总和外方客人史密斯在客套寒暄之后陷入了较长时间的沉默，或许是因为一时找不到话题，或许是由于双方还不太了解，不知道要怎么开始新的话轮。这时翻译人员注意到了这种情况，觉得任由这种沉默继续下去，会让场面尴尬，译员看到桌上点的有"孔雀迎宾""熊掌豆腐"等，于是从菜肴入

---

① 赵林晶. 浅谈国际贸易谈判中的沟通过障碍与解决策略［J］. 改革与开放，2012（12）.

手，适时地打破沉默，有意识地向主人提起：

王总，客人想知道这道菜为什么叫"孔雀迎宾"，跟孔雀有什么关系吗？还有，就是那道菜为什么叫"熊掌豆腐"？真的有熊掌在里面吗？

于是，主人笑着侃侃而谈起来，随后主客交流甚欢。从这个事例我们可以看见，谈论食物是个很好的话题，中文菜名、用餐习惯成为商务交流、洽谈的一个重要引子，实际上在中方和外方开始发言之前，口译员就开始作为话轮发起者介入交际过程，为双方提供语言服务了，这也是翻译主体性意识的集中体现。长时间的冷场使得交流的双方都陷入了长时间的沉默，气氛比较尴尬，不利于双方交际目的的达成。在这种情境下，为了缓解气氛，口译员选择了一个可以使双方都产生兴趣的话题，主动担当起话轮发起者，并适时地将话轮转至中方主人，给双方制造交流的契机，从而缓解尴尬的气氛，保证交际活动能够正常进行下去。在这里，口译员不仅担当了传统意义上的信息传递者，还承担起了交际活动促进者的任务。①

这个案例发生在中外双方的晚宴上，中方和外方可能由于刚见面不太熟悉，双方有一段时间都没有交谈，联络译员察觉到这种情况后，主动制造话题，向外方介绍起桌上菜肴的独特名字，外方听后很感兴趣，向译者做进一步询问，译者借机将话轮转移给中方代表，请中方代表介绍中国菜肴菜名的独特用意，从而打开了双方的话轮。在这个案例中，口译员很好地体现了赋权意识，即灵活主动地在恰当时机制造话轮（即引入一个话题），并及时发现话轮转换的契机，进行话轮的合理分配，从而协调谈话的顺利进行。这个案例很清楚地凸显了口译人员的主体性意识，口译员在这次商务口译过程中是显身的，积极参与整个宴会的过程，口译员的"透明性"和"隐身性"因口译员和主客方的积极沟通、主动介入而消解。

正因为如此，很多对外贸易中的大型谈判，主谈人即使外语不错，仍

---

① 本案例分析由何慧敏协助提供。

然要带一名翻译，这样做的好处是实际交流中可以提前知道外方的意思，从而多出时间思考对策，让对方有个错觉以为主谈人不懂英语，往往会放松警惕地进行私下交流，从而有利于我方"知己知彼"，掌握外贸谈判的主动权。此外，这样做的另一个重要原因，就是可以充分发挥译者的能动性，在不喧宾夺主的前提下，以积极的态度，为贸易谈判提供助力。

四、结论

作为一种交际目的及其明确的跨文化活动，涉外商务谈判的成功往往需要多方的努力和推进，贸易谈判翻译的能力和策略也是由商洽英语的语境和交际功能所决定的。贸易谈判的客观性要求我们在使用商贸英语时必须遵循其语言表达规律，同时也要求我们在翻译时根据汉英商贸语言的差异做出调整，以符合译文语言的表达方式。作为收尾，应该强调的是，贸易谈判往往会涉及法律问题，翻译时必须做到准确和严谨。忠实于原文内容，力求准确无误，分析预判谈判的障碍和困难，积极寻找解决办法和促进沟通。这也是法律语言的灵魂和生命，是贸易谈判翻译取得成功的基本保障。

同时，贸易谈判旨在推动双边对话与和谐交流，不应该单方面机械表述沟通者的言语内容，更应该将重点放在对话协商上，也要考虑到与会者的身份、话语风格。商务口译话语中涉及的术语更加专业且有一定规律性，涉及双方的利益时，译员需要对重要因素有清晰的认识，如条款、缩略词、法律术语、公司名称。另外，有的谈判发布的信息和传播都具有瞬息性，这也要求我们把握态势、及时跟上，不能出错，针对不同洽谈目标和需求进行调整，并在不断实践的过程中提升技能，达到最佳的口译效果，促进双方的交流。

第六节　人机协作

机器翻译又称为自动翻译，是利用计算机将一种自然语言（源语言）

转换为另一种自然语言（目标语言）的过程。机器翻译采用的原理一般是借助语料库技术，根据不同句子结构处理词汇辨识、惯用语的对应等，实现从源语言到目标语言的自动翻译。机器翻译加上语音识别，可以非常便利地讲机器处理的信息以声音的方式呈现出来。由于便捷迅速，在当今社会的作用发挥着越来越重要的作用。

本节主要从机器翻译的发展开始进行简要介绍，对机器翻译常见的几种方法加以论述，针对机器翻译出现的问题提出一些优化策略，为提高机器翻译的质量提供理论基础。通过介绍机器翻译的产生、发展，及其主要的工作原理和方法，可以分类解析找出机器翻译过程中存在的问题，提出对机器翻译的优化策略，指出机器翻译在口译中的适用性，并以"AI 同传"的案例来探讨机器翻译的"瓶颈"和人机耦合的出路，从而对未来翻译中的人机协作的发展和研究带来启发意义。

一、机器翻译的产生、发展及优化

机器翻译的发展经历了草创期、萧条期、复苏期、繁荣期。[①] 几经波折之后，机器翻译迎来了空前繁荣。虽然机器翻译仍有很多问题还没有得到很好地解决，比如指代问题和语境问题等，但关于机器翻译方面的研究越来越多，知网关于机器翻译的论文数量已达到 13 440 条，机器翻译的热门程度可见一斑。机器翻译涉及学科较广，比如数学、语言学、认知学、计算机科学等学科，现已是智能领域最难攻克的课题之一。如今，机器翻译研究也一步步走向更加深入的层面，从基于规则的机译技术，到基于实例的机译技术，再到基于统计的机译技术，最终发展到目前主流的神经网络机译技术，机器翻译质量越来越得到人们的肯定。[②]

机器翻译的想法可以追溯到 17 世纪，不过当时仅仅是一个梦想。虽然 20 世纪 30 年代中期就已经有人为机器翻译提出了专利申请，但后来我们所熟知的机器翻译只有在第一台计算机出现后才出现。1949 年，美国人韦

---

① 冯志伟. 自然语言的计算机处理［M］. 上海：上海教育出版社，1996.

② 参见：http：//www.sohu.com/a/250903145_ 119709. 访问日期：2019 年 9 月 5 日。

弗发表《翻译备忘录》，由此机器翻译的思想正式提出。1954 年，美国乔治敦大学首次进行机器翻译实验，表明了机器翻译的可行性，标志着机器翻译的开创，拉开了机器翻译的序幕。① 虽然如今机器翻译已成为一种热门领域，但纵观历史，机器翻译几经坎坷。在机器翻译发展初期，随着语言学的发展，句法分析引入机器翻译，使人们对机器翻译饱含热情。但随着机器翻译的发展，机器翻译的各种弊端日益涌现，机器翻译的发展也遭遇"瓶颈"。1966 年，美国语言自动处理咨询委员会（ALPAC）发表报告，不再对机器翻译领域进行投资，机器翻译的发展跌落谷底，接下来的15 年，机器翻译在美国发展停滞不前。20 世纪 70 年代中期，国际贸易繁荣发展，同时政治环境不断演化，由此刺激了欧洲、加拿大和亚洲国家机器翻译的发展。20 世纪 80 年代中期以来，本土化蓬勃发展，计算机辅助翻译工具进入译者视野，比如电子术语数据库和翻译记忆库等。20 世纪 90年代，语音翻译产生。在 21 世纪最初十年，机器翻译和翻译辅助工具的使用越来越广泛，人们可以利用应用程序进行自动翻译，使得机器翻译越来越成为大众市场产品。②

二、机器翻译的工作方式及存在问题

（一）机器翻译两种主要工作方式

机器翻译的两种主要方法，包括基于实例的机器翻译和基于统计的机器翻译。

1. 基于实例的机器翻译方法

1981 年，日本机器翻译专家长尾真率先提出基于实例的机器翻译思想，认为译者进行翻译工作时，并不通过深层的语言学分析，而是先将输

---

① 赵杨. 汉英机器翻译之交互翻译策略研究［J］. 海外英语，2018（17）：149-151.

② Delisle, J. & Woodsworth, J.（2012）. Translators through History［M］. Amsterdam：John Benjamins Publishing Co.

入的句子分解为一些短语碎片，然后把这些短语碎片翻译为其他语言，最后再将翻译后的短语碎片重构成一个完整的句子。因此，在利用机器进行翻译工作时，机器翻译工作方法可以效仿人工翻译。人们可以在计算机中事先存储一些实例，并利用机器根据所给句子搜索与之类似的句子，然后译者可以对实例的译文加以调整，从而实现机器的翻译，即为基于实例的方法。基于实例的翻译方法的出现大大促进了机器翻译的发展，该方法在翻译的过程中对存储的语料库进行查询并且加以利用，使机器翻译的质量大大提升。

2. 基于统计的机器翻译方法

统计机器翻译最早由 IBM 公司研究者提出，时间为 1990 年。基于统计的机器翻译方法同样也是基于大量的双语平行语料库，对语料库进行统计分析，然后利用数学理论将语料库中的翻译知识抽象成统计模型，利用该模型进行翻译。基于统计的机器翻译以数学理论为基础，以概率形式呈现翻译知识，且翻译知识直接来源于语料库，不需要人工构造的翻译知识，翻译过程即在所有译文中搜索出最优化和使用频次最高的译文。因此，译文与传统方法相比，会显得更加地道。如今，由于互联网的发展，语料库的规模越来越大，也使得统计机器翻译的技术越发成熟。

（二）机器翻译存在的主要问题

1. 宏观问题

我们知道，基于实例的翻译方法其原理为在翻译系统中，建立双语对照的实例库。实例库中包含两个字段，一个字段保存源语句子，另一个字段保存与之相对应的译文，每输入一个源语言的句子时，系统就把这个同实例库中的源语言句子字段进行比较，找出与句子最为相似的句子，并模拟与这个句子相对应的译文，最后输出译文。① 因此，基于实例的机器翻译在利用实例库进行准确翻译的同时，也带来了一些新的难题。比如，双语对齐语料库的构建问题。目前短语和词语层次的语料库对齐问题仍存在诸多问题，实例库的涵盖范围也并不全面。同时对两个双语片段进行匹配时，双语片段相似度的计算问题还有待解决，经过检索之后，如何将实例片段重构为译文也存在较大难度。

与基于实例的机器翻译方法类似，统计机器翻译方法同样是以建立语料库为前提的。因此，统计机器翻译对语料库的依赖性较强，统计模型的建立直接依赖于语料库的质量，因此建立规模宏大而地道的语料库是统计机器翻译的关键。目前语料库的规模已有很大发展，但仍有进一步发展的空间。基于短语的统计机器翻译本身也存在许多问题，比如短语非连续性和泛化问题十分严重，统计机器翻译发展也遭遇"瓶颈"。人们不得不再引入句法，基于词和短语的统计机器翻译不得不转向基于句法的统计机器翻译，但总体而言，统计机器翻译中用到的语言知识仍然是比较有限的，这都亟须研究工作者进一步探究，将更多的语言知识融入统计机器翻译中。

2. 微观问题

机器翻译仍处在发展阶段，机器翻译技术虽然取得巨大进步，但是由于自然语言极其复杂，译文质量与人工翻译仍有较大差距。机器翻译存在的许多问题也日益凸显。

（1）词汇问题

语言只有在特定的文化背景中才起作用，对语言的正确理解离不开具体的文化情境。同一个词汇，置于不同的背景中，具有不同的意义，这点对译者来说相对简单，但若想要机器进行识别，操作起来就特别困难。比如，"'小龙'经济进入困境"，在 Google 中的译文为 "'Little Dragon' E-

---

① 汪云，周大军. 基于语料库的机器翻译的现状与展望 [J]. 大学英语教学与研究，2017（5）：45-50.

conomy is in trouble"。但是，显然这样字对字直译的译文是不正确的。这里所谓的"小龙"经济其实是指东南亚原来一些发展中国家和地区的经济发展水平进入新兴工业国和地区的水平。但是此种深层意思背景下对应的英语表达形式是"tiger economy"而非"little dragon economy"，语言背景下词汇的深层意思，机器翻译很难准确识别，这也成为机器翻译发展中亟待解决的问题。

（2）句法结构问题

我们知道，汉语的句法结构词序富于变化，对于意群来说，切分不同，表达的意思也就不同。对于机器而言，不能实现准确的切分，表达出原语的深层意思，也成为机器翻译译文质量不高的一个原因。我们可以适当举例。比如："一般，在白天鹅比较活跃。"我们将其输入到 google 中进行翻译，相应的译文为："Generally, the white swan is more active." 译文语法上没有什么错误，但显然机器对这句话的意群进行了错误的切分，导致译文的质量极为低下。

（3）语法问题

英语和汉语存在巨大的差异，英语中会由单词形式和数的变化表示时态、语态等语法问题，但汉语则不然。汉语常为流水小句，也多无主语句，但英语由于语法的要求，句子中少有无主语句。译者在翻译过程中很容易注意到这些变化，熟谙两种语言的差异，并进行适当转换。但机器翻译在此方面仍然存在很多障碍。我们以"推动文化产业高质量发展"为例。其在 google 中输入后得到的译文为"Promote the high quality development of the cultural industry"，这样的译文其实是不符合英语语法的。翻译为必须添加主语成分或者将其转换为被动形式，才能得到更地道的译文，但显然，机器翻译的发展还有一段很长的路要走。

三、人机协作翻译的前景展望

在 2017 年，提供翻译服务的科大讯飞曾表态，现阶段人工智能技术发展不能被神化。虽然机器翻译已经取得非常大的进步，在衣食住行等常用生活用语上的中英翻译可以达到大学六级的水平，能够帮助人们在一些场景处理语言交流的问题，但距离会议同传以及高水平翻译所讲究的信、达、雅还存在很大的差距。也就是说，受语音和语言复杂性的影响，距离实时语音识别还有很长的路要走。

国际级会议第一次正式使用 AI 作为翻译，是在 2018 年博鳌亚洲论坛上。支持 AI 正式亮相使用 AI 作为翻译，技术合作方不是 Google，不是搜狗，也不是科大讯飞，而是之前鲜有曝光的腾讯同传——腾讯翻译君和微信智聆团队。当前，语音翻译采用的主流方法是语音识别和机器翻译级联的方式实现，对输入语音先进行语音识别得到文本结果，然后再基于文本进行机器翻译。不过，由于口语句子中含有大量非规范语言现象，如重复、省略、颠倒，以及语义逻辑不清，断句困难等问题，导致后续机器翻译带来严重的挑战。此外，复杂环境下语音识别受发音人口音、环境噪声，以及和语言中存在的同音词、易混淆词等复杂音素的影响也存在识别错误，对最终机器翻译性能也可能带来很大影响。

谷歌也推出过一款无线耳机叫作"Pixel Buds"，该公司宣传这款产品时称它是一款革命性的工具，支持实时翻译功能。使用只要轻敲 Pixel Buds 发出指令，手机上的谷歌翻译应用就会打开。当句子说出后，谷歌翻译会将其翻译成目标语言，并进行转录，然后通过手机读出来。这款产品在推广舞台上的实时翻译演示获得了巨大成功，让人们一度认为谷歌的新技术甚至会让口译翻译者丢掉工作。然而，当其推上市场时，在实际应用中翻译的质量没有达到公众的预期。科技网站 Tech Insider（技术内幕）用十种不同的语言对谷歌实时翻译功能进行了测试，发现它可以口译翻译一些基本问题，比如"最近的医院在哪里"，但当句子变得更复杂，或者说话人有口音时，翻译就会出现很多偏差和错漏。评论员们得出的结论是，这种实时翻译似乎有点"欺骗嫌疑"，口译工作者现在不必担心他们会丢掉工作了。

应该说，科大讯飞在语音领域技术领先，但是仍面临着不少"瓶颈"。就像所有的 AI 产品一样，谷歌翻译助手也同样需要学习，需要努力理解对它说出的话，其进入市场的过程还没有完成。干扰是任何致力于提高语音识别技术的计算机科学家的克星。因此，在实际应用系统中，通常会在语音识别和机器翻译之间增加一个语音识别后处理模块，通过对识别结果进行规整、断句、顺滑、标点预测，甚至纠错，以此来尽可能地减小口语化和识别错误的影响。

从科大讯飞的产品技术方向来看，主要包括语音交互、机器翻译、文本识别。其中，语音交互是科大讯飞的老本行，包括语音识别、语音合成等。尤其是语音合成方面，科大讯飞在业界比赛中屡次夺冠。另外，采用日趋成熟的自然语言理解，也为语音交互提供了更强的支撑。但是在技术成熟的同时，仍有难题需要攻克。比如，遇到同音字识别、环境比较嘈杂的情况以及中文和英文夹杂的时候，语音的识别率就会下降。

刘庆峰在2018世界人工智能上表示，科大讯飞是全球唯一在语音合成中机器超过人工的公司，在安静的环境下，演讲主题确定的情况下语音准确率高，但是多人说话噪声环境下的识别率是关键。在他看来，通过大规模后台服务集群，语音识别正在走向实用。同时，用户也对方言、多人说话、安全保护等方面提出了新要求。目前，科大讯飞已经和上海外国语大学成立了研究院，探讨人机协同模式。对于人工耦合，科大讯飞的人工智能系统会结合听和看的信息，也会针对关键词进行解释，相当于有一个助手在帮助译者进行翻译，降低了同传口译者的工作强度。

根据最新报道，在刚刚结束的2018年国际口语机器翻译评测比赛（International Workshop on Spoken Language Translation，IWSLT）中，科大讯飞团队在端到端模型（End-to-End Model）的评测比赛中，以显著优势夺得第一名，还成为英德口语翻译任务中唯一受邀做口头报告的参赛团队。端到端语音翻译技术路线，是通过构造一个完整的神经网络模型，联合优化语音识别、识别后处理和机器翻译，建立源语言语音信号到目标语言文字的映射关系，进而实现从原始语音到目标译文的翻译。作为一种解决语音翻译的新思路，从目前看是初步可行的。一旦技术研究成功，理论上可以让语音翻译更准更快，未来也将为翻译机器性能的提升带来极大促进。

科大讯飞联合优化语音识别和机器翻译的新技术路线，理论上更具前景，一旦技术研究成功，将为翻译机器性能的提升带来极大促进，进一步奠定其在语音翻译的前沿地位。同时我们也应看到语音本身不是最难的，但是语言背后需要人类的知识系统以及专业领域的能力，这些数据的掌握并非易事。自然语言处理技术需要得到攻克，这就涉及机器的知识、情感、逻辑等能力，而这三个人类在幼儿时期就能掌握的机能，对于机器来说是难上加难。即便人工智能公司目前对翻译的野心很大，但短时期内系统性地解决这些问题还是较为困难。

四、结论

机器翻译一路走来，发展如火如荼，也已经获取了很大的进步。虽然机器翻译仍然存在许多问题，但其在翻译领域的重要性不可忽视。如今人机交互翻译仍是现阶段有效提高译文质量的途径。要使机器翻译快速发展，科学技术的提高无疑是必需的途径。但是在提高科学技术的同时，也必须加大语言学的研究力度，因为技术的提升也是要建议在相关研究的透彻之上，正如刘涌泉曾称：机器翻译还不能令人满意，主要原因是语言研究不过关。① 虽然其观点仍有待商榷，但无疑道出了机器翻译面临的困境。

由于语音翻译任务的复杂性以及训练数据搜集的困难，无论传统的基线模型方案还是最新提出的端到端语音翻译方案，在实际应用中都还面临一系列的难题，需要学术界和产业界共同努力。至于新技术的应用，如果能减少对有监督语音翻译平行数据的依赖那是最好不过的，每个技术都存在一定的可能性，如可以尝试借用现有的语音识别训练数据和机器翻译训练数据，值得语言学家和技术科学家共同努力探索。研究人员需加大研究力度，在提高科技技术的同时，语言学研究也需要跟上科技技术的发展，两者相互促进，更好地跨越机器翻译障碍，让机器翻译更好地为人们服务。

---

① 刘涌泉. 机器翻译归根到底是个语言学问题. 语言文字应用 ［J］. 1997 （3）: 79-82.

第四章　案例教研和翻译人才培养

随着社会的发展和技术的推进，国际贸易往来也随之增多，国家对贸易人才的需求量也就不断加大。任何人才的培养都是为了国家的发展，商务英语翻译员作为外贸人才中不可或缺的一部分。衡量人才水平的标准也不再是分数的高低，而是人才的综合素质。将案例教学法运用到对商务英语翻译人才的培养中，对传统教学模式来讲是教学方法的革新，对学生来讲是能真正学到知识的一种学习手段，通过这种方法，能使商务翻译的教学更具有实践性和应用性，培养出真正的高素质人才。

传统教学活动存在以教师为中心、教学模式缺乏互动、学生实践机会相对较少的现象。理论和实践课时不尽合理，理论课时占了多数时间，这些都偏离了商务翻译教学注重实践的宗旨。案例教学法应用于商务翻译课程，在理论与实践相结合的过程中，引导学生进行自主分析、思考，可以实现教学目标，培养出符合社会需求的应用型人才。教师在组织课堂讨论的过程中，需要强调的是解决问题的思路，而不是追求问题的答案，这一特点也与案例教学法的教学目标不谋而合。

在商务翻译课程教学中引入案例教学法，有利于提高学生学习的积极性和创造性，引导学生通过自己的观察、分析、思考、选择、领悟去获取较全面的知识，并灵活地运用所学的知识解决实际问题。案例教学法能适用于翻译教学，实质上是由翻译这门课程的自身特点及其教学目标所决定的。而且，我们的翻译教学实践已证明了案例教学法的可行性、有效性及可操作性。由此可见，案例教学法在翻译人才培养中的应用前景广阔，发展空间巨大。当然，这个新兴领域还有很多不足之处有待探索与研究。案例教学尚有其不足之处，要使之成为翻译教学中不可或缺的教学方法，尚需不断实践、总结和完善。

由于翻译涉及诸多领域，可根据不同课程教学重点设计不同的教学案例，将每课程中各单元的知识点恰当地融入案例的分析和制作过程中。在编写教案时，应在反映当代社会、科技、文化、外事、外贸、媒介、影视、军事和外交等方面内容的素材中选编。在商务翻译课程的案例编写方面，强大的语料库功能可成为选取案例的重要来源，为教师编写案例提供参照与灵感，减轻教学负担，并衍生出多种优秀的实践版本，从而为翻译人才的培养提供最基本的前提保障。

第一节　翻译案例分析的主要作用

随着经济全球一体化的到来，商务英语翻译在商务活动中显得越来越重要，而涉外商务几乎关联到所有经济活动领域，社会对复合型、应用型外语人才的需求也就越来越大。商务英语最大的特点是英汉语言技能与各种专业知识密切结合，在教学中既要注重对基础语言能力的培养，同时还应强化学生的实践能力培养。因此，案例教学法在商务英语学习中的作用举足轻重，对商务翻译能力的促进更是有目共睹。

一、翻译案例教学的特点和流程

就语言学而言，国外的案例教学法在第二语言教学中一般应用于专门用途英语，即 ESP 的教学以培养各种专业型英语人才。[①] 例如，有的学者探讨了案例教学法在商务英语教学中的应用，促进了案例教学法在第二语

---

① Bailey，M. K. *Language teacher supervision*：*A case - based approach*［M］. Cambridge：Cambridge University Press. 2006.

言教学中的应用研究。①一般的英语翻译主要是生活方面的话题，需要学习的领域也是日常生活中的"衣食住行"，其中很少涉及专业术语及专业性很强的商贸知识。与其他普通翻译相比，商务英语翻译最显著的特点就是商务英语的使用更为常见、复杂，难度也大得多，往往要求翻译人员具备相关专业的知识，并掌握与其对应的英语词汇，以及一些特定的商务交往准则。

由于学习商务翻译，主要是为以后从事的职业做好准备，而从事这方面工作的翻译人员都不可避免地要与人打交道。这就要求翻译人员对与商务英语有关的知识掌握非常扎实，也要头脑灵活、随机应变。除此之外，商务翻译还需要能覆盖与商务有关各个方面的知识，才能遇事不慌，顺利完成各项翻译工作任务。

随着案例教学法在诸多领域的专业教学中应用越来越广泛，各实施单位逐渐形成一套较为完善的操作体系。不同专业领域尽管在案例选取上有所不同，但教学模式和操作流程都大同小异，商务翻译案例教学的流程也主要由几个关键环节组成，主要包括以下四大模块，缺少这些关键环节，翻译的案例教学法将无法进行，即便勉强开展了，也往往无法取得相应的教学成效。

（1）翻译案例选编。按照学生的能力水平，紧扣教学目的，编写或搜集翻译学科领域的案例，做到与时俱进。

（2）商务翻译案例讨论。以小组形式展开，交流探讨，集思广益，强化理解，深化知识和策略。

（3）翻译策略归纳总结。教师总结，分析重难点，提炼理论和翻译策略。

（4）翻译试译实践。把相应的策略应用到翻译实践中，巩固所学知识点。

总之，教师可以根据一定的教学目的，选择具有代表性的国外案例作

---

① Jackson, J. Case-based teaching in a bilingual context: Perceptions of business faculty in Hong Kong [J]. English for Special Purposes, 2004 (23): 213-32.

为教学材料，通过组织学生解读英文文本、小组讨论、小组间点评、教师点评、对比国内样本等进行多向互动交流，使学生更加充分地领悟相关理论、策略与技巧的应用，从而提高翻译思维和职业技能，同时促进学生交流与沟通的能力、团队合作能力和解决问题能力。

二、案例分析对翻译人才培养的意义

案例法在翻译人才培养中所起的作用，主要体现在以下两个方面。

（一）案例分析法切合商贸形势的发展

顾名思义，案例教学法就是通过对具体例子的讲解和分析达到教学目的，这种教学方法诞生于 20 世纪初期，但那时人们对教学案例法的使用基本处于探索阶段，直至 60 年后，教学案例法才得到了高校教师与培训机构的重视，被广泛应用于各门学科。案例教学法不要求学生对案例有一定的共识，它更关注的是学生分析问题的过程与方法。

当前，国际商务活动和对外经济关系的蓬勃发展使得翻译成为各大高校和培训机构开设的热门专业，也反映了社会对复合型专业外语人才的不断需求。商务翻译不同于其他普通英语课程的特点在于英语语言知识与商务专业知识的结合，以及语言应用能力和解决商务问题能力的结合，这就要求我们在教学中，教师不但要注重培养学生系统而扎实的语言功底，而且要重视培养学生解决商务实践问题的能力。然而，我国的在校大学生大多没有工作经验，缺乏对商务英语知识运用环境的了解，误把商务英语课程看作单纯的英语语言学习课程。这在某种程度上严重影响了教学效果，也降低了学生的学习积极性，因为商务翻译的基本目的在于提高商务情景中通过英语听、说、读、写、译进行交流的水平。

商务翻译最主要的特点就是将语言技能与商务专业知识结合在一起，在课堂上，教师就要重视培养学生的语言能力，同时还需关注学生的商务专业技能。目前，商务翻译教材有些过于重视单词语法的解释，有些则侧重商务专业理论的讲解，加上理论介绍非常枯燥，上课效果收获甚微。种种迹象促使教师要改变教学方法，而案例教学法就是非常好的形式。

（二）案例法促进学生职业能力的提升

对于商务英语的翻译来说，工作的环境和背景往往要求翻译人员具有相关专业的知识，并掌握与其对应的英语词汇，其中还不乏一些特定的商务交往准则，这就要求商务英语翻译人员对与商务英语有关的知识掌握要非常扎实，而且要头脑灵活，有随机应变的能力，这样才能做到遇到问题有条不紊，顺利出色地完成各项翻译工作。

案例研究通过教师对具体例子的讲解和分析，然后引导学生将其用到实践的锻炼中来达到教学的目的。案例教学法在教学中提供背景材料、能够让学生在学习的过程中分析商务环境、运用商务知识，从而提高语言学习效果，增强学生学以致用、解决实际问题的能力。当然，案例教学法不要求学生对案例都有一致的看法和处理方法，它主要关注的是学生分析问题的过程与方法。案例教学法以现实生活中发生的具体案例为教学要点，在教师讲解了知识体系及要点、难点之后，学生通过分析案例将自己所学到的课本知识运用到解决生活的实际问题当中，真正做到"学以致用"。

商务翻译人才不仅要掌握书本上的英语知识，还要熟悉商务交往礼仪进行大量的国际交流，而案例教学法最大的特点就是具有实践性，这恰好与此要求相吻合，案例教学有助于培养商务英语翻译人才处理实际问题的能力。由于知识的学习的根本目的就是要在现实的社会实践中发挥作用，案例教学法恰好与对商务英语翻译人才的培养相适应。

三、案例法与翻译课程结合的作用

根据上述分析，我们不难看出，在商务翻译教学中适当地采用案例教学法会给学习效果和质量带来较大的提升。

首先，从商务翻译的教学重点来看，案例教学法恰好与对商务英语翻译人才的培养相适应。商务英语翻译人才不仅要掌握书本上的英语知识，还要对商务交往礼仪进行学习，而案例教学法最大的特点就是具有案例实践性，这恰好有助于培养商务英语翻译人才的处理实际问题的能力。然而，现在不少学校教育大多只停留在书面知识的教学中，缺少在实践中检验的过程，导致很多学生在离开学校进入社会后刚开始都会显得手足无措，因为我们在校并没有接触过与本专业学习有关的具体问题，没有得到模拟情景的锻炼，无法把理论知识与现实问题结合。

其次，让学生在平时的知识学习中处于适当的模拟商务翻译的语言氛围，投入设置的模拟情景中学习和处理问题，这会更为有效地提高学生的语言处理和应用能力了。案例教学法的核心恰恰就是通过举实际例子来对相关问题进行具体分析。将案例教学法与商务英语翻译的讲授相结合，能够使学生通过教师举出的实际例子来感受商务英语的工作环境和氛围。

此外，通过案例教学法还能进行商务英语翻译的相关模拟测试，教师通过虚拟"现实情况"锻炼商务英语翻译人员处理突发问题的临场反应能力。这种教学方法也能提高课堂时间利用率让学生成为课堂的主人公，自主把握课堂节奏，掌握处理真实问题的能力，提升学习的主动性和效率，使学生更好地了解社会，积累处理商务英语工作问题的实际经验，为学生日后走出校园、步入社会工作打下良好的基础。

第二节　案例教学与商务翻译技能训练

案例教学法是教师按照学生的英语基础，结合教学目标与内容，融入一些经典案例，由此启发学生借助对案例的分析和学习来解决现实问题的教学方法。案例教学法能够在商务翻译教学中增强教学效果，同时还可培养学生思考与归纳等方面的能力，可以在教学中进行广泛的推广，尤其是针对那些意在培养实践技能和职业能力的课程上。随着社会形势的改变，目前很多企业都需要复合型专业人才，因此高校开办翻译专业，不仅要重视基础知识的传授和建构，还应当将重点放在运用商务英语知识解决现实问题的能力与技巧的训练上，其中提升商务口笔译技能更是重中之重。

一、案例研究与口笔译能力的提升

通过比较案例分析的教学特点、商务英语的学科特色，我们可以了解二者结合的必要性及重要性。案例教学法具有一定的兼容性，可与其他教学法有效结合。成功的商务英语教学应当将讲授法、案例法，以及交际法等教学方法结合起来灵活运用。针对商务的概念理论与专业知识来说，借助不同的教学方法更容易被学生掌握。当学生熟悉了基本的理论知识后，就可有效借助案例教学法，顺利实现教学目标。案例分析的实际可操作性不仅可以提高译者的反应能力，加强译者的材料敏感度，还可以使译者通过接触多种现实案例举一反三，自己总结出一套商务翻译的应变措施。通过不同案例实践，从个别到一般，总结出一般规律，逐步建立针对商务英语翻译的体系。

商务英语翻译课程教学的本质就是实践，学习语言就是为了利用语言来达到某种目的。对学习语言的人来说，最大的挑战就是用自己所学的媒介语与他人沟通交流，这也是日后从事翻译工作最基本的要求，因此，在商务英语翻译的教学中，只有真正将语言运用起来，才符合案例教学法的基本要求。学生在步入社会之前，往往只是在校学习相关专业的知识，这使不少专业的学生在离开学校进入社会后刚开始都会显得手足无措，因为学生在校并没有接触过与社会有关的具体问题。而案例教学法恰恰填补了高校教育脱离社会这一不足，使商务英语翻译课堂的学习内容与社会热点问题密切相关，学生不仅能锻炼自己商务英语的运用能力，还能了解商务英语的重要性，提高学生对学习的兴趣。

第一，真实的模拟情景。假如课堂上选择的案例都与生活息息相关，就能够让学生置身于案例情境中，使学生身临其境地感受，同时站在当事人的角度去考虑问题，并借助现有知识来解决问题，具有较强的实战性质。

第二，能够促进学生拓展知识面。学生想要更好地熟悉案例，除了在课堂上认真学习外，还应充分借助其他资源，如辅导材料、配套课件或网络资源等，并根据需要组成课外学习小组，展开小组讨论，如此便可有效拓展知识面。

第三，丰富学生的个性发展。在英语课堂上，学生分析案例后踊跃发言，积极表达自己的观点，勇敢地表现自己，如此便可锻炼学生的思维能力，逐步提高学生解决问题的能力与语言表达能力等，也有助于确立以学生为主的教育模式，提高学生的地位，培养学生的个性。

二、案例法在 MTI 教学中的应用和发展现状

在全球化发展迅猛，中国与世界政治、经济、文化交流日益密切的今天，培养高质量翻译人才对于国家和社会的发展具有不可或缺的作用。以实战为核心、以就业为导向的翻译硕士专业学位（MTI）于 2007 年应运而生，至今已发展十多年了，为我国翻译学科的发展指明了方向。然而，MTI 教育发展至今，在许多方面依然有待进一步成熟提升，尤其是教学方法的进一步提升。

为了大体了解我国案例教学法在翻译硕士教学中的应用及研究情况，笔者分别在维普网、中国知网、万方数据三家互联网文献搜索平台，以"案例教学、翻译硕士和"案例教学、MTI"为关键词进行文献数据检索，结果寥寥无几。在现有的有效文献中，2009 年，冯全功、苗菊发表在第 6 期《山东外语教学》中的《实施案例教学，培养职业译者——MTI 笔译教学模式探索》可以说打开了我国案例教学模式应用于 MTI 教育研究的新视角，很大程度上推动了案例教学法在又一新领域的发展。然而十年过去了，我国的翻译硕士专业学位（MTI）试点工作依然没有完全结束，在课程教学、培养模式等许多方面仍处于探索阶段，将案例教学法迁移至 MTI 教育的教学理念更是刚刚起步。

　　"翻译硕士是专业学位，也是一种职业学位，重在提升操作能力、强化实践训练。"① 案例教学法的实践性和实用性与 MTI 教学目的及其相符，是对 MTI 教学方法的丰富与发展，融入案例教学法后的 MTI 培养模式将进一步走向成熟。翻译硕士教学的定位是以实践为核心、以就业为导向的翻译硕士专业培养模式。不同于以往外语人才的培养模式在教育理念上偏重专业的学术性，针对翻译的专业性的应用性重视不够的情况，MTI 课程的教学改革要求突出实践性与实用性，而案例教学法最突出的特点恰恰就是实践性和实用性，因此，在 MTI 教学中的应用意义不言而喻。

　　案例研究法可以让学习者清晰地观察课堂范围内的理论工作如何应用于现实生活中的情况，商业英语教学中运用案例研究法的有效性也为该领域众多研究者所证明。例如，不少学者认为，案例法是专门用途商务英语最合适的教学模式。有的学者指出了案例法在高质量和有效的商业计划中的必要性。案例教学法有助于提高学生的实践能力，培养学生独立思考、分析、推理问题的能力，帮助学生熟悉企业对翻译类型的需求及对口译员的要求，使学生在今后的实习与就业中能够投其所好，少走弯路。

　　案例教学法常常用于法学、医学、科学管理、风险投资等实践性较强的学科领域，其实践性体现在教学内容、教学过程和教学成果等方面，在 MTI 专业教学中引入案例教学法，是对传统教学中存在的弊端进行大胆的改进尝试。传统教学往往把外语专业等同于翻译专业，把外语人才误认为翻译人才，忽视了翻译专业人才的专门性和特殊性，注重翻译理论知识的讲述，在翻译技能上着重介绍翻译的技巧，忽略了对学生创新能力的培养与训练，这样的教学过程和效果，与教学目标相违背。而引入案例教学法，能很好地解决这个问题。一方面，案例教学最突出的特点是教学目的明确，即培养学生实际分析问题和解决问题的能力。另一方面，案例教学有鲜明的实践性，案例教学法符合人类的认知规律，有助于提高教师和学生的综合翻译能力。

---

① 黄忠廉. 翻译硕士专业学位更应突出应用性和实践性［N］. 中国社会科学报，2010-6-15.

作为一种培养实用型、技能型人才的有效教学方法，案例教学法在 MTI 教学中的重要意义在于，案例教学法是实现"教学改革"的重要方式，是实现"知行合一"的有效途径，也是实现"启发互动"的直接手段。从实践性、实用性角度考虑，案例教学法让学生广泛参与课堂讨论，重视其应用能力的培养，在 MTI 教学中具有不可替代的作用。将案例教学模式应用于 MTI 教学中优化了 MTI 教学方法，使 MTI 课堂与社会实际需要对接，培养更多高层次、应用型、实战性口笔译人才，满足时代发展需要，促进国家社会间的政治、经济、文化交流，跟上全球化的步伐。

三、案例教学的原则和注意事项

在实施案例教学法时，教师不是仅仅做一个旁观者，不能只抛出一个案例就什么也不管了。教师要遵照学科特点，循着一定的原则，在课前结合所要学习的知识，认真地选择适合的案例，同时做好教案，设置好模拟的活动情景。在课堂中也要积极地调动学生们参与的热情，课后更要根据学生们反馈的情况了解不同学生的学生情况，做到统筹协调，不断改进教学方式，把该注意的事项落到实处。

（一）翻译课程案例选择的原则

在翻译人才培养中采用案例法，大致也可以遵循三个操作流程：首先，教学准备阶段和教学实施阶段构成。准备阶段包括理论准备和案例准备，实施阶段包括陈述案例、小组讨论、班级讨论、案例总结、撰写案例报告；其次，在全英文教学过程中，将案例教学法的操作流程为确定教学目标、案例选择、案例布置、案例讨论、教学评价和反馈；最后，精心选择教学案例、周密组织安排教学、及时进行总结反思。其中，周密组织安排教学又包括呈现案例，指导学生欣赏（或阅读）；提出问题，引发学生分析；集体归纳，回归教学内容；总结评价，提升学习水平。

案例运用得当可以收到事半功倍的效果，为了走好案例教学法的第一步，案例教学的成功与否和案例的选择有很大的关系。正确地选择案例应注意以下几个原则。

（1）典型性。学生通过分析典型案例可得出一般事物的共同规律、普遍情况，从而达到触类旁通的理想效果，一些典型的翻译策略的吸收，翻译错误的规避，都有赖于从典型个案中获取直观经验。

（2）针对性。案例主题既需与教材相符以达到教学目的，还需针对教学对象，翻译硕士研究生多为没有实战经验的年轻学生，因此过于复杂的案例即便典型，也不适用于课堂。理想的案例不仅难度合适，展开讨论所需的时间也要恰当。

（3）时效性。如今的社会变化之快，一成不变的案例不能适应迅速发展的时代，达不到预期的教学效果。案例需要与时俱进，不断创新，以便达到吸引学生、和社会发展同步的目的，迎合社会实际的需求。

（4）系统性。案例应来自不同领域、层次、类别以提高学生综合能力并完善其相关的知识系统。翻译案例要涵盖商务领域各种典型话题和场合的口笔译需求。

（5）实践性。源自真实生活的案例说服力强，更容易激发学生探索与讨论的兴趣，引起学生的共鸣，在切身体会中加深对所学知识的掌握。

（二）案例教学的注意事项

运用案例教学法，系统进行商务口笔译技能的训练和提升时，还必须严格注意以下事宜，否则就有可能达不到原本的教学目的和意图。

1. 处理好和传统教学模式的配合使用

传统的教学方法要求学生掌握课本知识和基础理论，而案例教学法则是以生活中的实际案例材料为主，这能使学生脱离接触课本以外的东西，通过分析案例材料掌握原本"死性"的课本知识。然而，很多时候教师的教学风格只偏向一种，比如只偏重传统的教学模式就会损害到课堂的趣味性和学生的参与度，是不利于学生今后的学习发展的。但如果只偏向于案例教学法的话也会出现问题，大量的案例教学法应用短时间内会勾起学生们的学习兴趣，然而总体来看也会加大学生的活动负担，让学生忽视对基础知识的记忆和学习，并且也会渐渐地失去原有的学习活力和良好的课堂氛围，这样造成的后果往往会更加严重。因此，两者相辅相成，偏废任何一方或注意度的缺失都会达不到预期的教学目标。

2. 做好课堂预习，充分发挥案例教学法的作用

传统的教学方法并不重视学生的课前预习和课堂上的案例分析及讨论，一般教学的过程主要是先由教师讲授知识要点，学生在课上被动接受，最后再完成课后作业这几个步骤组成。大多数学生已经习惯了传统的教学模式，而案例教学法则要求学生成为课堂的主体，教师要做的只是相应的正确引导。因此，做好课前预习至关重要，只有提前掌握好必要的知识才能对课堂上老师抛给的案例进行阅读、理解、分析、思考和探讨，以便在头脑中形成独立的思维逻辑和分析问题的方法。要充分发挥案例教学的作用，必须让学生提前做好预习和准备工作，才能使学生不断对自己的思维逻辑进行调整和完善，提高学生周密分析问题、妥善处理问题的能力。

3. 依据现实情况安排教学内容

我们知道，现实中课堂的具体情况千变万化，并不是所有学生都适合案例教学法的运用的，案例教学法需要学生有着较强的基础和活动能力。教师在教学开始前应该对本班学生的基础能力和性格特点做出一些了解。基础水平弱的班级就不适合案例教学法，传统模式的学习方式更能让这些学生们受益。在大多数学生都比较内向的班级也同样不适合，大量的课堂情形表演会加大心理负担，容易出现一些心理问题，这对于学生和老师双方来说都是极为不利的。

4. 撰写案例报告，注重学习反馈

案例教学除了教师要严格要求自身之外，对学生的要求也更多。在每

次商务英语翻译教学结束后，教师都要让学生课后完成本节课的案例报告。案例报告格式要规范，尽量要求用英文书写，并且要涉及相关的翻译技巧的讨论。撰写案例报告其实就是对讨论的结果进行巩固的过程，学生的课后反馈能让教师更直接地了解到学生的学习和接受情况，然后依据反馈结果及时地调整课堂进度和方法。只有在课前、课中、课后三管齐下，协调共进，才能完全发挥出案例教学法应有的作用。

总的来说，案例教学的优点显而易见：局限性小、提供了简单易懂的理论解释、有可能发现被传统方法忽视的特殊现象、对现实进行详尽的分析更回答了过程和原因，等等，而案例研究本身的多重性质，如实践性、多样性、扩展性、趣味性等其他有效的适用性，都对复杂多样且专业化极强的商务翻译能力的提升起到一定程度的促进。如果能与传统课堂相互配合，必能在训练学生口笔译技巧和职业能力上发挥出更大的效用。

第三节　商务翻译的案例库建设

目前，案例教学法在我国仍处在启动试点的探讨阶段，教育部门、各大高校和教学人员等投入了大量精力进行推广。尽管已经收获了不少成果，但其发展过程仍然面临种种困境。其中最突出的问题之一就在于案例库的建设。尽管传统教学的某些惯性可能会成为案例教学的阻碍因素，但通过注重在课堂中导入实际场景，注重实践和实际应用可以使上述问题得到有效解决。总体而言，在与国际接轨的课程中推进案例教学法的阻力是相对较小的，若能做好案例库的建设并进行推广实践，会更有利于案例教学的进一步推动和实施。

一、商务翻译案例教学的实施步骤

一般来说，案例教学法应用于翻译硕士专业课程教学中主要应包括准备、实施等基本环节，准备阶段包括理论准备和案例准备，而实施阶段主要分为陈述案例、小组讨论、班级讨论、案例总结，以及撰写案例报告等环节。这些流程和实施要点，可以通过一个表格形象地体现出来（表4-1）。

表4-1　案例教学实施步骤和师生活动要点

活动　　角色 时间	教师（引导作用）	学生（主体）
课前	● 选择案例 ● 分发案例 ● 提出案例分析的要求	● 阅读并分析案例 ● 写出分析提纲为讨论环节做好准备
课上	● 倾听小组的分析报告并对学生提出的问题进行简要回答 ● 静观全班讨论动态 ● 对学生的讨论进行简短的引导、启发 ● 对于学生的发言内容做出评论，引出翻译策略讨论 ● 再次梳理案例及学生观点并进行课堂总结	● 小组讨论、交流每个人的分析成果 ● 选派代表进行信息整合并做发言 ● 认真倾听各小组讨论成果并参与全班讨论，就不同问题各抒己见 ● 倾听教师评论与总结，总结翻译策略
课后	● 回忆并记录学生的译文或观点 ● 总结并更新案例	● 梳理自己的译文并反思不足之处 ● 撰写案例报告，深化对翻译知识的理解与记忆

从表4-1可以看出，案例法的实施流程，可以先以小组为单位划分参与者并选派组长，让组长和成员分别自我介绍，互相认识并熟悉，以培养一个友好、轻松的氛围。其次分发个案材料，让参加者熟悉个案内容，各组分别讨论研究个案，并找出问题的症结所在，找出解决问题的策略。再次，全体讨论解决问题的策略，挑选出最理想、最恰当的策略。最后，进行整理总结并且教师要接受参加者对个案内容的质询。教师与学生的具体

活动步骤和师生的活动要点，可以通过更加形象的简表列下，作为实施的框架和纲领。

总的来说，案例教学法的基本形式包括案例列举法、案例评价法、案例研讨法、案例赏析法、案例实践法。无论以哪种方法为主，在案例教学的实施过程中，都应该做到：明确教学目标、深化课程改革、做好线上反馈和数据采集整理的工作。参加者必须对相关的步骤有了大概的了解后，才能使他们顺利进入角色，使培训工作顺利完成。

二、商务翻译案例教学中的问题与对策

案例研究法的难点在于它有一定的难度深度，被动变主动是一种对学生的考验，也要求教师知识储备丰富，业务素质优秀，课前准备充足，是一种新的挑战。目前，案例教学法在 MTI 专业教学中应用的局限性有：适用范围有限，适用对象有限，适用时间有限，使用效果不一定都非常理想。加上我国传统教育体制和模式的影响，学生特殊的性格特点和学习模式的影响，商务英语教师的案例分析教学素养及技能不足，以及案例分析教学所需的软硬件环境不足，都给实训课程的案例教学实施带来一定的困难。

（一）MTI 案例法教学存在的主要问题

案例法在 MTI 课程中的应用，主要通过把管理、法学、医学等相关专业（尤其是 MBA 等专业学位）已经相对发展成熟的案例法移植到商务翻译的教学与研究上，具体实施往往从讨论案例的适用性开始，通过不同场景或话题的商务口笔译案例，探讨案例中翻译的成功或失败之处，研究错误的产生原因并总结归纳相应的翻译策略，从而全面提升商务口笔译能力。我们来看下面关于香皂品牌翻译探讨的一个案例：

从商标名翻译的角度看，"力士"的拉丁文原名 Lux 让人联想到沐浴在阳光下健康有光泽的皮肤，同时在英文中"Lux"和"Lucks"的发音相

同，有好运祝福的含义，满足了商标名易读易记的原则，但中文译名"力士"和原商标的寓意和内涵相差甚远。反之，"舒肤佳"（Safeguard）不仅完美贴合品牌形象，还带给人心理享受，让人产生使用后会全身舒爽的联想。由于女士偏爱于表现女性温柔、浪漫气质与典雅、亲切风格的商标，"舒肤佳"洗涤用品似乎给天下关爱肌肤的女性找到了自己的 bodyguard（保镖），非常迎合女性喜欢受保护、有安全感的心理需求。所以，力士之所以销量和接受度不及舒肤佳的主要原因有二：一是缺乏亲和力。"力士"一词显男性化，而在中国，洗化产品的消费人群主要是女性；二是商标名与其产品功能性联系不够紧密。

可见，针对商务笔译中"商标品牌"内容的翻译，就可以把实践翻译案例的探讨和常用的经济学理论框架、市场营销研究成果等结合起来，具有很强的实用性和针对性，然而，这种结合式的讨论能够获得的相应参考非常少。案例法教学存在的主要问题包括以下几点。

首先，案例教学法与传统教学模式间的矛盾难以化解。传统的授课教学法依然占据翻译教学的主导地位，MTI 教育亦不例外。而以实践为核心、就业为导向的 MTI 培养模式不同于以往的学术型人才培养，需要对翻译的专业性、实用性予以足够的重视，但传统的教学惯性依然很强大，想做到这一点是十分困难的。

其次，案例库不够完备，经典案例少。案例教学对于系统知识的传授有局限性。案例只是对典型问题的描述，因此学生据此获得的知识是零散的，缺乏系统性。既典型又适用于学生，还需与教材知识或其他跨专业体系相契合的案例少之又少，这也是案例编写过程中的重要原则，也是困难之所在。

此外，教师的实战经验不够，很可能使案例教学流于形式。在案例教学中，教师既需要深厚的专业功底，又需具备一定程度的工作经验才可真正解决学生在讨论中提出的具体问题，这对教师的实践能力提出了较高的要求。

（二）MTI 案例法教学问题的应对策略

在具体实施过程中，针对上述问题，在结合平时教学实践的基础上，我们认为应该特别注意从以下几个方面进行加强和完善。

1. 运用现代化教学方式，把案例法与多种手段相结合

案例教学需要在一定理论基础上进行，只有将基本概念、基本原理理解透彻，才能充分展开案例讨论。案例教学与其他传统教学法相辅相成，教师应针对不同的教学内容，不同的教学目的，采用不同的方法，以达到最佳的教学效果。将案例教学与传统授课相结合，要求学生先消化翻译教材中的基本理论，在此基础上展开案例教学，综合运用各种教学方法，博采众长，兼容并包，培养理论功底深厚的实战性翻译人才。多媒体、语料库、翻译工具的引进体现了 MTI 教育的与时俱进，教师需要掌握这些翻译技术和翻译工具并充分利用发达的网络媒体，可以将案例讨论的一部分置于线上，这样可节约时间，提高课堂效率，让学生在有限时间内得到更多收获。

2. 探索多学科知识，处理完善案例教学的方法手段

采用案例教学法对教师的知识结构、教学能力、工作态度及教学责任心的要求很高，教师应该充分准备，强化多学科知识。使用案例教学法，需要运用大量的专业知识和跨学科知识作为支撑，选好案例精心设计，这是案例教学成功的首要条件。传统教学方法主要采用的是注入式方法，教师被置于传授者的地位而显得过于主动，而学生则显得过于被动。采用案例教学法，就是将学生的主动性、积极性调动起来。因此，在已有的教学方法基础上，应当多采取讨论式教学方法，加强师生的互动。翻译硕士专业案例教学的授课模式可以采用研讨式（seminar），否则将会直接影响讨论的教学效果。评价方式也不能与传统教学法的评价方式相同，必须采用有效激励学生及完善评价措施。

3. 加强案例库建设，不断完善教师的专业能力

为了真正使案例教学法的功能发挥出来，有必要建立丰富的案例库，专门为案例教学法服务。对于案例的选择，要根据教学目的、内容等因素，有针对性地收集，并且要注意时效性、案例的疑难复杂程度等。案例的展示可以是多媒体形式，也可使用文字打印的书面形式，甚至可以是观摩审判。还有一种案例是教师根据教学需要自行设计的模拟案例，这类案例应以培养学生创新能力和实际翻译能力为主，加强引导，提高学生思考、分析能力。为学生选择恰当典型的译文案例是翻译案例教学的关键所在。取材于真实工作的案例说服性强、更易提高学生的主动性、参与度，实战经验丰富的职业翻译或教师应多多贡献自己的经验以丰富案例库。案例教学法提倡的现实性、互动性和开放性要求教师必须具备相当的素质和水平，所以要尽快培养或引进能够胜任案例教学法的、具有丰富行业知识且阅历丰富的翻译师资，提高教师整体队伍的专业素养和实际应用能力。

三、案例库的选题要求和研究规范

案例教学法寓原理于讨论之中，重在讨论过程，通过案例透视，体现因材施教，能够调动学生的学习积极性，充分凸显了学生是案例教学过程的主体，所学知识可操作性强。案例教学法的优势主要体现在：它是一种问题探究式教学法，能够激发学生的学习兴趣，促进学生学习的主动性，引导学生思考与交流，提高教学质量与效率；同时，案例法将理论与实践紧密地结合起来，强化学科专业能力，能使学生的思维得以开发，思路得以拓展，掌握团队合作技巧，提升理解分析能力，从而提高利用知识解决实际问题的能力。因此，商务翻译案例库，可参照普通案例研究和案例库编写要求（见书后附录）的选题和规范，进行相应的前期工作，这对顺利开展案例教研来说是必不可少的。

（一）商务翻译案例选题的基本要求

翻译案例的选题应是商务贸易工作场合翻译的典型问题，或结合社

会上的热点问题，或口笔译翻译实践中的代表性问题；遵循发现问题、分析问题和解决问题的流程，最好是原创性案例，也可以是综合性案例。原创素材可以通过调研、访谈等得到的第一手材料，转引的二手资料可以作为补充。

案例教学可以转变教育理念，注重培养实践能力，但这个模式走进翻译课堂并不是要占据绝对主导地位，而是与传统授课方式相结合。"最初可作为传统授课方式的补充，再循序渐进，扩大其实施比重和应用范围，以充分发挥案例教学的优势。"① 因此，商务口笔译案例库建设可以参考管理学、法学、教育学、医学等学科中盛行的相关案例作业，根据 MTI 专业学位的特点，面向特定的商务话题，以提升职业能力为导向，在背景资料、研究计划、分析思路、思考题的设计等方面，进行全盘的综合考虑，可以以学校、单位的相关事实等为原型进行编写，也可参考各学科领域较为成熟的案例模式组织编写。

案例研究包括文本写作和 PPT 陈述两部分。案例陈述（Presentation）用英文加 PPT 进行，做到生动翔实，文字、图片、表格、动画、音像相结合，并在之后互动环节向听众邀请或提问两三个问题（内容可涉及案例要点、分析思路等）进行后续讨论（follow-up discussion），陈述的时间为 5~15 分钟，讨论时间则视情况而定。研究报告可用中文或英文写作，字数为 3000~5000 字或 1500~3000 个英文单词，要按照相应模板和规范进行写作。

另外还要考虑的是，在选取案例环节中，需要注意以下两点：其一，翻译材料案例的编选首先必须符合教学目标的需求，是能够反映相关内容的典型案例，具有科学性。其二，案例要符合客观实际，要典型、真实、贴近生活，应符合翻译发展的趋势，把本学科最新的成果展示给学生，显示出时代性。

---

① 冯全功，苗菊. 实施案例教学，培养职业译者——MTI 笔译教学模式探索 [J]. 山东外语教学，2009（6）：28-32.

（二）案例研究报告的模板及规范

尽管目前的某些条件可能会成为在商务翻译教学中的阻碍因素，但优秀案例库的建设是重中之重。在案例编写方面，强大的语料库功能可成为翻译教学实际案例的重要来源，为教师编写案例提供参照与灵感，减轻教学负担。和一般的案例教研作业相同，商务翻译的案例研究报告也要遵循一定的模板进行规范化作业，其组成部分主要有以下几个方面。

（1）标题：即案例的题目。

（2）中文摘要及关键词：摘要在300字以内，概括案例的主要内容，关键词3~5个。

（3）引言：主要是对该案例背景的介绍，包括案例的行业、单位、基本情况介绍（人员组成情况、单位规模、单位组织结构等）、时间、地点、主要人物、主要事件等信息。

（4）正文：根据案例教学的要求，详细完整地叙述整个案例，包括案例单位的具体情况、案例的过程及结果、参与人员情况、相关数字、表格等信息，叙述要客观，不带有任何偏向色彩，不带有引导性。

（5）结束语：可以是对正文的精辟总结，也可以是提出决策问题引发读者思考或者自然淡出。

（6）参考文献：需要注明案例中对文献或真实情况的引用部分。

（7）思考题：紧密结合案例中的事实、理论或实践知识；要能够引发听众思考，具有可讨论性，能通过后续学习和查找资料来完成，不能用简单的偏向性答案来解决。

（8）附录：需要读者了解的但不能放在正文中的相关材料，如调查问卷、数据说明等。

（9）脚注和图表：脚注以小号字附于有关内容同页的下端，以横线与正文断开；图表可插置到正文相关位置，所有的图表都应编号，设标题，并有必要的说明。

总之，对案例教学法在商务翻译课程教学中的应用进行分析与总结，能对其未来的发展提供有利的理论依据。无论借鉴国内还是国外的案例教学经验，我们所获得的不仅仅是教学方法的改革，追本溯源，需要转变的是教学理念。运用案例教学过程中要以学生为主题，但也不能淡化教师的主导作用。展望今后的发展，将案例教学法融入商务翻译教学依然任重而道远，需要师生双方的配合和努力，才能为卓有成效的案例教学提供最基本的保障。

附录：

案例报告撰写要求

一、案例库、案例的基本要求

1. 案例库中的案例，应当根据所依托的专业学位的特点，以提升学生的职业能力为导向，面向特定职业领域，在案例选题、背景资料、课堂计划、分析思路、思考题的设计等方面，注重培养学生适应相应专业岗位的综合素质。具体形式要参照各专业学位教育指导委员会的相关建设要求。

2. 案例库案例可分为综合课程案例、单一课程案例、知识点案例。综合课程案例是指涉及多门课程知识的案例，一般不少于 5 000 字；单一课程案例是指只涉及某一门课程多方面教学内容的案例，一般不少于 3 000 字；知识点案例是指只涉及某一门课程某一特定知识内容或知识点的案例，一般不少于 1 000 字。

3. 每个案例库中应包含 15 个以上案例，要求制作案例库教学手册；案例应结合社会上的热点问题，或领域内的重点问题，或实践中的代表性问题；应有一定数量的综合性案例及原创性案例，原创性案例不少于 80%。

4. 案例应当包括文本和多媒体课件两部分。每个案例中多媒体课件应做到文字、图片、表格、动画、音像相结合。

5. 案例需以学校、单位的相关事实等为原型进行编写，核心素材必须是通过实地调研、访谈得到的第一手材料，转引的二手资料可以作为补充。

二、案例主体（正文）的基本结构及相关要求

1. 标题：即案例的题目。

2. 中文摘要及关键词：摘要在 300 字以内，概括案例的主要内容，关

键词 3—5 个。

3. 引言：主要是对该案例背景的介绍，包括案例的行业、单位、基本情况介绍（人员组成情况、单位规模、单位组织结构等）、时间、地点、主要人物、主要事件等信息。

4. 注释：需要注明的案例中对真实情况的修改部分。

5. 正文：根据案例教学的要求，详细完整地叙述整个案例，包括案例单位的具体情况、案例的过程及结果、参与人员情况、相关数字、表格等信息，叙述要客观，不带有任何偏向色彩，不带有引导性。也可参考各学科领域较为成熟的案例模式组织编写。

6. 结束语：可以是对正文的精辟总结，也可以是提出决策问题引发读者思考或者自然淡出。

7. 思考题：既要紧密结合案例中的事实，同时又属于学生应掌握的理论及实践知识；思考题要能够引发学生思考，具有可讨论性，需要学生通过多方面学习和查找资料来完成，不能用简单的偏向性答案来解决。

8. 附录：是指需要学生了解的但不能放在正文中的相关材料，如表格注释、数据说明等。

9. 脚注和图表：脚注以小号字附于有关内容同页的下端，以横线与正文断开；图表可插置到正文相关位置，也可以布置在专页或篇尾，所有的图表都应编号，设标题，并有必要的说明。

10. 案例使用说明：由任课教师参考但不展现给学生的部分内容，包括教学目标、案例涉及的知识点、案例分析思路、背景信息、案例要点、课堂计划等教学辅助信息。

11. 其他需要注明的事项。

参考文献

[1] Cynthia Roy, Interpreting as a Discourse Process, New York: Oxford University Press, 2000.

[2] E. A. Martin, A Dictionary of Law, Oxford: Oxford University Press, 1997.

[3] E. F. McQuarrie & D. E. Mike, On Resonace: Acritical Pluralistic Inquiry in Advertising Rhetoric, Journal of Consumer Research, 1992 (9).

[4] Eugene A. Nida, Language and Culture Context in Translating. Shanghai: Shanghai Foreign Language Education Press, 2001.

[5] Eugene A. Nida, Toward a Science of Translation, Shanghai: Shanghai Foreign Education Press, 2004.

[6] Eugene A. Nida. The Theory and Practice of Translation, Shanghai: Shanghai Foreign Language Education Press, 2004.

[7] Eugene Nida & Taber Charles, The Theory and Practice of Translation, Leiden: E. J. Brill, 1969.

[8] J. C. Richards & T. S. Rodgers, Approaches and Methods in Language Teaching, Cambridge: Cambridge University Press, 2001.

[9] J. Delisle & J. Woodsworth, Translators through History, Amsterdam: John Benjamins Publishing Company, 2012.

[10] J. Gibbons, Language and the Law, New York: Longman, 1994.

［11］ J. House, Translation Quality Assessment：A Model Revisited, German：Gunter Narr Verlag Tubingen, 1997.

［12］ J. Jackson, Case-based Teaching in a Bilingual Context：Perceptions of Business Faculty in Hong Kong, English for Special Purposes, 2004 (23).

［13］ John F. Wilson. Carriage of Goods by Sea, London：Pitman, 1988.

［14］ Lawrence Venuti, The Translation Studies Reader, London and New York：Routledge, 2000.

［15］ M. K. Bailey, Language Teacher Supervision：A Case-based Approach, Cambridge：Cambridge University Press, 2006.

［16］ N. Maynor, The Language of Electronic Mail：Written Speech? AL：University of Alabama Press, 1994.

［17］ P. Newmark, Approaches to Translation. Shanghai：Shanghai Foreign Language Education Press, 2001.

［18］ R. Anderson & W. Bruce, Perspectives on the Role of Interpreters, London：Routledge, 2002.

［19］ S. Wassermann, Introduction to Case Method Teaching：A Guide to the Galaxy, New York：Teachers College, Columbia University. 1994.

［20］ T. J. Walski, Case Studies of Educational Administration, New York：Longman, 1991.

［21］ 曹丹红. 小议术语的翻译 ［J］. 上海翻译, 2006 (3).

［22］ 曹万忠, 熊曦瑞. 生态翻译学视角下的文博翻译研究——以信阳博物馆解说词为例 ［J］. 外语教育与翻译发展创新研究, 2019 (8).

［23］ 查明建, 田雨. 论译者的主体性 ［J］. 中国翻译, 2003 (1).

［24］ 陈恒汉. 走读亚细安——境外田野工作 11 地 ［M］. 北京：中国言实出版社, 2015.

［25］ 陈宏薇, 李亚丹. 新编汉英翻译教程 ［M］. 上海：上海外语教育出版社, 2013.

［26］陈娟，李蕾. 评价理论视域下的贵州会展外宣文本英译研究［J］. 铜仁学院学报，2018（12）.

［27］陈谭，程瑛. Seminar 教学法、案例教学法及其课堂教学模型构建［J］. 湖南师范大学教育科学学报，2004（4）.

［28］陈小慰. 翻译功能理论的启示——对某些翻译方法的新思考［J］. 中国翻译，2000（4）.

［29］陈小慰. 商务语篇的翻译［J］. 中国翻译，2004（3）.

［30］陈颖. 基于目的论视角下的英文化妆品说明书翻译［J］. 学科园地，2010（8）.

［31］陈振东. 浅论英语商标翻译［J］. 上海翻译，2005（2）.

［32］崔刚. 广告英语3000句［M］. 北京理工大学出版社，1993.

［33］崔启亮. 论机器翻译的译后编辑［J］. 中国翻译，2014（6）.

［34］丁红朝. 交际翻译理论在商务英语翻译中的应用［J］. 企业家天地（理论版），2010（7）.

［35］董晖. 习语翻译中的借用译法［J］. 成都信息工程学院学报，2003（3）.

［36］董姿均，张磊. 消费心理视角下企业网站英文简介的特殊翻译［J］. 商场现代化，2017（20）.

［37］范文. 机器翻译：原理、方法与应用［J］. 广西师范学院学报（哲学社会科学版），2015（3）.

［38］冯建中. 口译实例与技巧［M］. 太原：书海出版社，2007.

［39］冯全功，高琳. 基于受控语言的译前编辑对机器翻译的影响［J］. 当代外语研究，2017（2）.

［40］冯全功，苗菊. 实施案例教学，培养职业译者——MTI 笔译教学模式探索［J］. 山东外语教学，2009（6）.

［41］冯修文. 应用翻译中的审美与文化透视［M］. 上海：上海交通大学出版社，2010.

［42］冯志伟. 自然语言的计算机处理［M］. 上海：上海教育出版社，1996.

［43］扶丽华. 从评价理论看商务语篇态度的表达及翻译［J］. 中国科技翻译, 2010（1）.

［44］福柯. 权力的眼睛——福柯访谈录［M］. 严锋, 译. 上海：上海人民出版社, 1997.

［45］傅慧芬, 孟繁怡, 赖元薇. 中国品牌实施外国消费者文化定位战略的成功机理研究［J］. 国际商务, 2015（4）.

［46］傅敬民. 商务英语翻译教程［M］. 上海：华东理工大学出版社, 2011.

［47］高永伟. 译"龙"亦译"虎"——谈翻译应遵循译入语的习惯［J］. 上海科技翻译, 2000（4）.

［48］郭凤广. 案例教学法的误区分析及实施例谈［J］. 中国电化教育, 2007（9）.

［49］贺雪娟. 外贸单证实务［M］. 北京：科学出版社, 2006.

［50］胡庚申. 从术语看译论——翻译选择适应论概观［J］. 上海翻译, 2008（2）.

［51］胡庚申. 生态翻译学的研究焦点与理论视角［J］. 中国翻译, 2011（2）.

［52］胡庚申. 生态翻译学解读［J］. 中国翻译, 2008（6）.

［53］黄以平. 论文化差异对商务英语翻译的影响及策略［I］. 淮海工学院学报（社科版）, 2011（20）.

［54］黄忠廉. 翻译硕士专业学位更应突出应用性和实践性［J］. 中国社会科学报, 2010（15）.

［55］贾文波. 谈对外广告翻译的情感传递［J］. 上海外国语大学学报, 1996（2）.

［56］贾文波. 应用翻译功能论［M］. 北京：中国对外翻译出版公司, 2004.

［57］蒋欣. 浅谈商务英语专业课程教学中的案例教学法——从"教学型"到"研究型"的转变［J］. 佳木斯职业学院学报, 2015（5）.

［58］蒋秀娟. 案例教学法与商务英语课堂［J］. 国际商务研究, 2006（6）.

［59］解金沙. 是商标? 是品牌? 还是其他?［J］. 中国科技翻译, 1998 (3).

［60］黎孝先. 国际贸易实务 ［M］. 北京：对外经济贸易大学出版社, 2004.

［61］李春红, 汤雪琪. 报关英语中英文单据翻译的实践与应用 ［J］. 中国科学翻译, 2009 (3).

［62］李广荣. 跨文化交际与商标翻译 ［J］. 国际经贸探索, 2002 (2).

［63］李家春. 案例教学法在 MTI 笔译教学中的应用 ［J］. 教育探索, 2014 (11).

［64］李建红. 从外贸英语的写作要求谈汉英翻译 ［J］. 重庆社会工作职业学院学报, 2006 (1).

［65］李明. 语类观照下商务语篇类型的翻译研究——以一则汉语 “谅解备忘录” 的英译为例 ［J］. 广东外语外贸大学学报, 2010 (5).

［66］李文革. 西方翻译理论流派研究 ［M］. 北京：中国社会科学出版社, 2004.

［67］李玉英, 邱晴. 呼唤型文本的翻译补偿策略 ［J］. 江西社会科学, 2011 (12).

［68］李月菊. 中西汇票的特点及其翻译 ［J］. 中国翻译, 2007 (1).

［69］廖文玉. 国际商务英语合同的翻译准则及其中译技巧 ［J］. 商场现代化, 2010 (4).

［70］林超伦. 实战笔译 (英译汉分册) ［M］. 北京：外语教学与研究出版社, 2011.

［71］林菲. 车到山前必有路, 有路必有丰田车 ［J］. 广告主市场观察, 2018 (12).

［72］刘白玉, 窦钰婷. 商务英语翻译研究 ［M］. 华中师范大学出版社, 2012.

［73］刘彩霞. 商务英语的语言特点和翻译原则 ［J］. 新作文 (教育教学研究), 2008 (16).

［74］刘法公. 论商标汉英翻译的几个关键问题 ［J］. 中国翻译, 2003 (3).

[75] 刘红梅. 任务驱动式案例教学法的构建与应用 [J]. 教学研究, 2016 (4).

[76] 刘颖. 企业网站翻译的适用原则与独特方法解析 [J]. 对外经贸实务, 2011 (1).

[77] 刘涌泉. 机器翻译归根到底是个语言学问题 [J]. 语言文字应用, 1997 (3).

[78] 罗国华. 外向型企业英文网站之公司简介翻译研究——以浙江嘉兴外向型企业为例 [J]. 浙江外国语学院学报, 2011 (5).

[79] 罗瑜珍, 黄彩燕. 商务英语合同汉译技巧初探 [J]. 闽西职业技术学院学报, 2011 (2).

[80] 马伟林. 人际功能的拓展——评价系统述评 [J]. 南京社会科学, 2007 (6).

[81] 孟琳, 詹晶辉. 英语广告中双关语的运用技巧及翻译 [J]. 中国翻译, 2001 (5).

[82] 苗坤. 中西文化差异对商务英语翻译的影响 [J]. 黑龙江教育学报, 2015 (11).

[83] 莫爱屏. 口译中译员主体性意识的语用研究 [J]. 中国外语, 2010 (3).

[84] 穆雷. 中国翻译教学研究 [M]. 上海：上海外语教育出版社, 1999.

[85] 宁海霖, 许建忠. 知"异"方可"译"——谈企业简介的汉译英 [J]. 中国科技翻译, 2008 (4).

[86] 潘丽红. You-Attitude 礼貌原则下的英文商务信函写作 [J]. 职教论坛, 2007 (16).

[87] 彭利元, 蒋坚松. 语境·对话·翻译 [J]. 外语与外语教学, 2005 (9).

[88] 戚云芳. 广告与广告英语 [M]. 杭州：浙江大学出版社, 2003.

[89] 乔娇. 小议中国商务汉英翻译现状 [J]. 河北北方学院学报（社会科学版）, 2011 (5).

［90］任文，蒋莉华. 从话语分析的角度重识口译人员的角色［J］. 中国翻译，2006（2）.

［91］任文. 联络口译中译员的主体性意识研究［M］. 北京：外语教学与研究出版社，2010.

［92］邵琳. 彼得·纽马克文本类型翻译理论对翻译批评的启示［J］. 科技资讯，2007（4）.

［93］司显柱，庞玉厚. 评价理论、态度系统与语篇翻译［J］. 中国外语，2018（1）.

［94］司显柱. 朱莉安·豪斯的"翻译质量评估模式"批评［J］. 外语教学，2005（3）.

［95］苏淑惠. 广告英语的文体功能与翻译标准［J］. 上海外国语大学学报，1996（2）.

［96］孙顺平. 商标名的翻译原则与品牌文化［J］. 皖西学院学报，2005（3）.

［97］孙致礼. 译者的职责［J］. 中国翻译，2007（4）.

［98］覃俐俐，王克非. 从译者到教师——翻译教师职业身份转化案例研究［J］. 上海翻译，2018（4）.

［99］谭巍，黄梅银. 我国管理学案例教学法研究综述［J］. 教育教学论坛，2018（34）.

［100］唐余俊，王军元. 商品说明书语言［M］. 上海：汉语大辞典出版社，2006.

［101］童彬霞. 动态对等理论在化妆品品名翻译实践中的应用［J］. 科协论坛，2010（6）.

［102］汪淳玉. 外贸英语语态选用的一般规律［J］. 南京航空航天大学学报（社会科学版），2000（3）.

［103］汪云，周大军. 基于语料库的机器翻译的现状与展望［J］. 大学英语教学与研究，2017（5）.

［104］王朝晖，刘刚凤. 新视野下商标翻译原则与标准的探讨［J］. 西南

民族大学学报（人文社科版），2009（7）.

[105] 王传英，卢蕊. 本地化翻译规范研究 [J]. 上海翻译，2015（2）.

[106] 王青梅，赵革. 国内外案例教学法研究综述 [J]. 宁波大学学报（教育科学版），2009（3）.

[107] 王小慧. 商务英语语言特点实证研究探索 [J]. 现代企业教育，2009（18）.

[108] 王雪玲. 论《到灯塔去》的空间叙事艺术 [J]. 学术交流，2009（12）.

[109] 王艳双. 案例分析法在企业管理课程教学中的应用 [J]. 电大理工，2018（1）.

[110] 王英振. 浅析女性化妆品英文说明书的文体特征 [J]. 华中农业大学学报（社会科学版），2007（5）.

[111] 王玉西. 探究案例教学法在翻译硕士专业教学中的应用 [J]. 中国翻译，2012（4）.

[112] 王卓，洪宇. 商务英语教学中多维度心理模型建构研究——以商务谈判课程为核心 [J]. 黑龙江高教研究，2015（1）.

[113] 王宗炎. 纽马克论翻译理论和翻译技巧 [J]. 中国翻译，1982（1）.

[114] 吴金凤，英语形合、汉语意合与汉英翻译策略 [J]. 常州信息职业技术学院学报，2012（3）.

[115] 武亚军，孙轶. 中国情境下的哈佛案例教学法：多案例比较研究 [J]. 新华文摘，2010（9）.

[116] 武玥. 海外翻译能否破解华人之"囧"？[J]. 人民日报（海外版），2014：1（15）.

[117] 夏康明，代礼胜. 汉译英理论与实践——跨文化视角下的汉英翻译研究 [M]. 四川大学出版社，2013.

[118] 肖辉，陶玉康. 等效原则视角下的商标翻译与文化联想 [J]. 外语与外语教学，2000（11）.

[119] 徐珺，夏蓉. 评价理论视域中的英汉商务语篇对比研究 [J]. 外语

教学，2013（3）.

[120] 徐珺. 评价理论视域中的商务翻译研究 [J]. 解放军外国语学院学报，2011（6）.

[121] 徐晓晔. 变译策略在中国企业简介英译中的使用 [J]. 湖北经济学院报，2009（7）.

[122] 徐叶香. 宝洁公司多品牌策略研究 [J]. 中国商贸，2010（29）.

[123] 许金杞. 意美、音美、形美——英文商标的汉译 [J]. 外语与外语教学，2002（10）.

[124] 姚纯贞. 关于国际商务合同的翻译研究 [J]. 中国商贸，2013（8）.

[125] 叶子南. 高级英汉翻译理论与实践 [M]. 北京：清华大学出版社，2008.

[126] 易露霞，陈新华，尤彧聪. 国际贸易实务双语教程 [M]. 北京：清华大学出版社，2016.

[127] 殷格非，等. 企业社会责任管理基础教程 [M]. 北京：中国人民大学出版社，2009.

[128] 余桂兰. 我国出口企业对外宣传资料的翻译问题及解决办法 [J]. 对外经贸实务，2010（12）.

[129] 袁洪智，薛璟琰，吴嘉轶 [J]. 国际商务英语语言与翻译研究 [M]. 长春：吉林大学出版社，2012.

[130] 原虹. 论语义翻译和交际翻译 [J]. 中国科技翻译，2003（2）.

[131] 张沉香. 影响术语翻译的因素及其分析 [J]. 上海翻译，2006（3）.

[132] 张凌. 化妆品商标翻译探讨 [J]. 商场现代化，2009（1）.

[133] 张美芳. 翻译研究的功能途径 [M]. 上海：上海外语教育出版社，2005.

[134] 张民杰. 案例教学法——理论与实务 [M]. 北京：九州出版社，2006.

[135] 张先刚. 评价理论对语篇翻译的启示 [J]. 外语教学，2007（6）.

[136] 赵昌彦，武俊. "文本类型" 与 "策略选择"：纽马克文本类型翻译

理论及其应用探析 [J]. 教育现代化, 2017 (4).

[137] 赵春芳. 英文商务合同的词汇特征及翻译 [J]. 产业与科技论坛, 2015 (8).

[138] 赵广发, 胡雅玲, 薛英英. 英语实用文体翻译理论与实践研究 [M]. 北京: 中国水利水电出版社, 2016.

[139] 赵菁晶. 当代商务英语语言与翻译研究 [M]. 北京: 中国水利水电出版社, 2016.

[140] 赵林晶. 浅谈国际贸易谈判中的沟通过障碍与解决策略 [J]. 改革与开放, 2012 (12).

[141] 赵琦. 论案例教学法在高校商务英语教学中的运用 [J]. 广西师范学院学报 (哲学社会科学版), 2014 (2).

[142] 赵杨. 汉英机器翻译之交互翻译策略研究 [J]. 海外英语, 2018 (17).

[143] 赵振强. 案例教学法在翻译教学中的应用研究 [J]. 外语研究, 2012 (10).

[144] 仲伟合, 钟钰. 德国的功能派翻译理论 [J]. 中国翻译, 1999 (3).

[145] 仲伟合. 翻译硕士专业学位 (MTI) 的设置 [J]. 中国翻译, 2006 (1).

[146] 周幼华. 从会议口译中的信息把关看译员的显身意识——实例分析 [J]. 江苏外语教学研究, 2012 (1).

[147] 朱益平, 王靖涵. 国内近十年商标翻译研究综述 [J]. 西北大学学报 (哲学社会科学版), 2009 (1).

后　记

　　商务翻译的案例教学与研究主要是基于国际商务贸易的基本过程，进行内容设定和章节撰写。这本书共分四章，主要包括案例法研究综述、商务翻译相关话题的案例描述、不同理论视角下的案例分析、各种商务场合翻译策略的讨论、口笔译能力的综合训练和提升，以及案例教学和翻译人才培养等。

　　作者多年来一直从事商务英语及商务翻译的教学与研究，长期担任剑桥商务英语考试（BEC）考官，累积了一定的商务翻译课程的讲授经验。在这些话题范围里进行翻译案例分析和翻译策略的教学训练，基本上可以帮助建构并提升国际经济和国际贸易过程中所需要的商务翻译能力。

　　此书的写作和教学同步，部分案例源于华侨大学外国语学院翻译系2015级和2016级，翻译硕士2017级和2018级的作业并编写成试用题材，作为本科生《商务翻译》《高级商务英语》等课程和MTI研究生《高级商务翻译》《高级商务英语和翻译案例》等课程的案例陈述分析和翻译策略探讨等环节的补充素材或资料。实际上，无论是笔译还是口译，其目的大都是服务于国际经济与贸易活动，包括在外企、外贸、外事、商务管理公司承担商务翻译、外贸洽谈、外贸业务员、外贸跟单、商务管理、驻外商务代理、涉外文秘等工作领域，这也是本书探讨的主要范畴。

　　感谢2018至2019两年期间同学们的认真作业和反馈支持，他们在课堂中的讨论和发言常常让教师思考良多，也给本书内容带来不少有益的启发。笔者所带的翻译硕士刘婉霞、凌冬梅、董蕾、彭艳凤、韩文英、何诗慧等人参与了一些与其研究相关的内容之撰写校订工作，MTI 选修课的研究生和翻译系本科生的作业对部分案例搜集和分析也有贡献（文内注明）。从课题立项到构思书稿，从章节编排到定稿修订，作者也从中得到不少经验积累和深入学习，真切地印证了教学相长的道理。

本书的出版得到华侨大学 2018 年研究生教育教学改革研究项目 "MTI 商务翻译 Case Study 案例库"（编号：18YJG30）的资助，以及福建省社会科学规划项目、福建省高校人文社会科学研究基地 "中外文学与翻译研究中心" 等的支持，在此并致谢忱。